w

Karola Kostial

# Das andere Ladakh

## Abenteuer im indischen Himalaya

Wiesenburg Verlag

Bibliographische Information der Deutschen Nationalbibliothek:

Die Deutsche Nationalbibliothek verzeichnet diese Publikation
in der Deutschen Nationalbibliographie;
detaillierte bibliographische Daten sind im Internet
über http://dnb.ddb.de abrufbar.

3. Auflage 2011
Wiesenburg Verlag
Postfach 4410 · 97412 Schweinfurt
www.wiesenburgverlag.de



Umschlaggestaltung + Layout:
Media-Print-Service Luff · 97456 Dittelbrunn



Kontaktaufnahme mit der Autorin über:
www.karola-kostial.de

ISBN 978-3-940756-35-0

**Inhaltsverzeichnis**

Das andere Ladakh - Abenteuer im indischen Himalaya

**Akt VI**

# Vorwort

Dieter Glogowski, Foto- und Fernsehjournalist

„Unsere Kinder sind unsere Meditation." Seit der Geburt meiner Tochter Maya begleitet mich dieses Zitat des französischen Mönchs Matthieu Ricard: Dieser Satz ist sicherlich in vielerlei Hinsicht auf die grandiose Arbeit der Ladakh-Hilfe e.V. anwendbar. Vor der Gründung der Ladakh-Hilfe im Jahr 2003 waren die Eltern behinderter Kinder in Ladakh auf sich selbst angewiesen. Es fehlte völlig an therapeutischen Erfahrungswerten und Vorstellungskraft über Therapierbarkeit. Ob angeborene oder durch Unfall verursachte Behinderung, die Ladakh-Hilfe e.V. ist ein wichtiger Partner, der im sprichwörtlichen Sinn, ideal dem Verständnisbild der ladakhischen Bevölkerung, mit Rat und Tat zur Verfügung steht. Das Ausbildungskonzept, ladakhische Therapeuten auszubilden und ein flächendeckendes Versorgungsnetz aufzubauen, entspricht dem Zeitgeist der „Hilfe zur Selbsthilfe". Das Selbstbewusstsein der Eltern wird gestärkt, die Selbsthilfe gefördert und ein neuer Bezug im Umgang mit dem behinderten Kind aufgebaut.
Ich wünsche Frau Kostial und der Ladakh-Hilfe weiterhin Kraft, Gelassenheit und Glück. Mögen viele Menschen sich berührt fühlen von Karola Kostials Mut, Dinge zu ändern, die zu ändern möglich sind.

Herzlichst und tashi delek,

Dieter Glogowski

# Vorwort

Geshe Lama Nawang Changchup, Kloster Lingshed
Leh, Ladakh, August 2008

„Mit großer Bewunderung verfolge ich seit dem Jahr 2003 die Entwicklung und Arbeit der Ladakh-Hilfe in unserer Hauptstadt Leh und Umgebung.
Frau Karola Kostial und ihr physiotherapeutisches Team vermitteln den Eltern behinderter Kinder nicht nur Hoffnung, sondern auch Selbstvertrauen. Geistige oder körperliche Behinderungen wurden in unserer Gesellschaft als karmisches Gesetz von Ursache und Wirkung verstanden. Unsere Tradition kannte bisweilen keine therapeutischen Maßnahmen hierzu. Oft versäumte man, Kindern und Erwachsenen rechtzeitig eine hilfreiche Förderung zukommen zu lassen. Frau Kostial hat den betroffenen Menschen in Ladakh und Zanskar mit der Gründung der Ladakh-Hilfe Hoffnung gegeben, ihr Schicksal selbst in die Hand zu nehmen. Frau Kostial und ihr ehrenamtliches Therapeuten-Team genießen einen außerordentlich positiven Ruf in unserer buddhistischen Gesellschaft. Mit großer Dankbarkeit stehen die Menschen in Ladakh der Arbeit der Ladakh-Hilfe gegenüber.
Ich danke Frau Kostial und Ihrem Team für Ihr Mitgefühl und Ihre Nächstenliebe und wünsche weiterhin viel Erfolg in Ihrer physiotherapeutischen Arbeit vor Ort."

## Vorwort

von Manfred Enderle, Leipheim-Riedheim

Ich kenne Karola Kostial seit vielen Jahren. Wir begegneten uns immer wieder sporadisch und waren durch schreiberische Parallelentwicklungen lose verbunden. Als ich von ihrem ersten Abenteuer in Ladakh und der darauf folgenden Entwicklung einer landesweiten Hilfsorganisation in Ladakh (Himalaya) hörte, wurde ich aufmerksam und verfolgte ihren Weg über die letzten Jahre genauer. Tief beeindruckt von ihren Erlebnissen in den entlegenen Regionen auf dem Dach der Welt und dem globalen Interesse, das ihre Arbeit erweckte, freue ich mich, dass sie einen Verleger gefunden hat, der ihre Abenteuer, ihre aufopfernde Tätigkeit und ihre Erfahrungen in der unglaublichen Geschichte „Brücken nach Ladakh" für eine breite Leserschaft zugänglich macht. Länderübergreifende Brücken können nur von einem großen, professionellen Team gebaut werden, einem Team, das sich um Karola Kostial geschart hat, um mit großer Opferbereitschaft und selbstlosem Einsatz den behinderten Kindern in Ladakh eine Zukunftsperspektive bieten zu können.
Ich wünsche Karola, ihrem Mann und ihrem gesamten idealistischen Team weiterhin viel Kraft und Motivation, um diesen leidgeprüften und gehandicapten Kindern auf dem Dach der Welt zur Seite zu stehen.

# - Akt I -

Die Akteure für das Bühnenstück werden vorbereitet
und ausgebildet

**Samstag, 30. August 2003, Neu Delhi**

Endlich war es soweit: Mitten in der Nacht schwitzten wir in unerträglicher Hitze im „Nationalen Flughafen“ von Neu Delhi, unsere Funktionskleidung klebte an der feuchten Haut. Mein Mann Jürgen fühlte sich pudelwohl, je wärmer desto besser. Wir warteten auf den Abzug der Gifte des Kammerjägers, die immer noch in unsichtbaren Nebeln über dem Boden waberten und in Ritzen und Winkeln nach versteckten Opfern suchten. Als wir um 23 Uhr mit dem Taxi vom Internationalen Airport hier angekommen waren, schien das Gebäude zu brennen: Insektenmittel drangen wie Rauchschwaden aus allen Öffnungen des Flughafens; uniformierte Angestellte warteten schwatzend draußen in der „frischen“, 30° C heißen Luft und deuteten uns lächelnd an, das Gebäude noch nicht zu betreten.
Eine riesige Kakerlake zappelte auf dem Rücken im Todeskampf. Gespannt beobachteten wir ihre letzten Zuckungen und beschlossen, dass es jetzt wohl vorbei wäre, und schon fingen ihre Spindelbeine wieder an, heftig in der Luft zu rudern. Frisch aus dem sauberen Deutschland hereingeschneit, prallten wir allein mit der Tatsache „Kammerjäger“ und „Riesenkakerlake“ an die knallharten Wahrheiten einer uns noch fremden Welt. Meine Neugier wuchs mit jeder Stunde: Ich brannte darauf, diese Welt zu erforschen, sie zu meiner werden zu lassen.

Wir beobachteten das Treiben der Taxifahrer und lauschten ihren Gesprächen. Das Hindi rollte von ihren Lippen wie die Wellen einer Brandung über Kies, sanft und unbeschwert, eine indische Melodie, die uns durch die Nacht trug. Irgendwann durften wir in die Halle, die immer noch nach Insektengift roch. Jürgen murmelte vor sich hin, ob das wohl gesund sei.
„Die Einheimischen sind ja auch hier drin, die werden schon wissen, ob es jetzt ungefährlich ist“, entgegnete ich naiv.
Als ich nach Mitternacht die Toilette aufsuchte, stolperte ich über

drei Inderinnen, die im lila Sari mit einem Stück Pappendeckel als Unterlage auf dem kühlen Steinboden schliefen, bunte Stoffberge, die sich bewegten. Gehört hatte ich schon von einer derartigen Lebensweise, aber die Konfrontation mit der Realität ging mir unter die Haut. Die Frauen rückten freundlich lächelnd zur Seite, zaghaft lächelte ich zurück. Ich wünschte mir fast, dass sie nicht so freundlich wären, diese gute Laune passte einfach nicht zum Schlafgemach. Hände waschen ging nicht, kein fließendes Wasser. Im Abfluss des Waschbeckens lagen Mottenkugeln.

Bis jetzt war alles gut gelaufen: Der Flugplan der Air France stimmte, wir bewegten uns wie Weltenbummler in Riesensprüngen über Kontinente und fühlten uns beschwingt und lebendig. Die vielen Tipps der Insider und Indienkenner und die gründliche Vorbereitung ermöglichten unserer allerersten Reise nach Asien einen gelungenen Start.

Jürgen las ein Buch vom Dalai Lama. Meine tolle Zeitschrift aus dem Kiosk am Münchner Flughafen lag ungelesen und vergessen im Flieger nach Paris.

Mein Mann holte sich gegen zwei Uhr morgens einen Tee, ich döste schwitzend vor mich hin, die Füße bequem auf unseren riesigen Packsäcken. Die Ereignisse der letzten Jahre zogen an meinem inneren Auge vorbei und formierten sich zu einem Bühnenstück, bei dem eine Szene auf die andere aufbaute. Mit unserer Ankunft in Leh, Ladakh, sollte sich heute der Vorhang für einen neuen Abschnitt öffnen.

## Rückblick
## Herbst 1996

„Warum denn unbedingt in den Himalaya? Versuche doch erst mal hier in unseren Alpen eine Tour zu machen. Du weißt doch gar nicht, ob du es mit deinem Asthma in 4000 Metern Höhe im Himalaya aushältst!“

Die eindringlichen Worte meines Vaters machten Sinn und brachten mich auf den Boden der Tatsachen zurück. In meinem ausgebrannten Zustand sehnte ich mich nach Erholung, Ruhe und Abgeschiedenheit. Vor fünf Jahren entstand durch die Zerrissenheit in unserer Familie in meinem Herzen ein tiefer Schmerz. Drei Jahre anstrengender Berufsausbildung zur Physiotherapeutin mit abschließendem Staatsexamen lagen gerade hinter mir, zudem forderten familiäre und finanzielle Herausforderungen während dieser Zeit viel Kraft und Energie.

Die Vorschläge meines Vaters geisterten durch meine Gedanken: „Probier doch mal eine längere Tour über die Alpen, wie z.B. den Europäischen Fernwanderweg Nr. 5. Wunderschön, abwechslungsreich und nicht so schwer. Den könnt ihr zu zweit machen. Ich helfe euch dabei, wenn ihr wollt."
Ich war skeptisch. Wir hatten keinerlei Ausrüstung für Bergtouren und der Wunsch, nach Ladakh zu fliegen, vibrierte in jeder Faser meines Wesens.

Ein Artikel im Reiseteil der Günzburger Zeitung ging mir nicht mehr aus dem Kopf. Eine Schwedin, Frau Helena Norberg-Hodge, hatte im westlichen Himalaya in Ladakh ein Projekt gegründet, bei dem Europäer eingeladen wurden, mindestens vier Wochen bei einheimischen Bauern zu verbringen. Man musste nur seinen eigenen Flug zahlen, lebte aber umsonst bei den Bauern und arbeitete 30 Stunden in der Woche für sie in der Landwirtschaft. Dadurch sollte der gesunkene Status der Landwirtschaft wieder angehoben werden und die Gäste konnten gleichzeitig Land und Leute kennen lernen. Die restliche Zeit stand zum Trekken oder Entspannen zur Verfügung. Ich hatte mir sofort ihr Buch „Leben in Ladakh" schicken lassen. Sie schilderte eines der „letzten Paradiese der Menschheit" und berichtete über Menschen, die noch wissen, wie sie im Gleichgewicht mit der Natur und in ihrer Dorfgemeinschaft leben können. Sie erzählte von starken Ladakhi-Frauen, von einer Gesellschaft, in der es kaum Konflikte gibt. Beim Lesen infizierten mich ihre Schilderungen mit einem Virus, der mich süchtig machte nach Ladakh, nach dem einfachen Leben, nach fröhlichen Menschen, nach Abgeschiedenheit. Vielleicht auch nach Distanz zu dem was war und ist, um mich selber wieder zu finden, um Ruhe in mein aufgewühltes Leben zu bringen. Ein ganz pragmatischer Grund kam noch dazu:

Eine solche Reise schien mir erschwinglich, denn es fielen fast nur die Flugkosten an.

### Die Vergangenheit, Vorbereitung für die Zukunft

Die letzten Jahre waren für mich eine harte Passage. Durch die Scheidung fiel die ganze Familie auseinander, die Söhne zogen mit dem Vater außer Landes, die Tochter blieb bei mir. Ich musste mir ein neues Leben aufbauen, dazu brauchte ich dringend einen Job. Das Arbeitsamt schlug mir eine Umschulung vor, vorausgesetzt, ich würde vor der Ausbildung zwei Jahre Vollzeit arbeiten, um die Bedingungen zu erfüllen, und ich fand Arbeit in einer großen Firma. Da es mich zu den sozialen Berufen zog, meldete ich mich rechtzeitig vor der Erfüllung der Zweijahresfrist blauäugig, ohne jegliche Ahnung von Krankengymnastik, in einer Physiotherapieschule an. Mit dieser Berufswahl meinte ich, meine Hobbys Sport und Bewegung mit dem Arbeitsalltag in Verbindung bringen zu können. Ich bewarb mich in einer Schule ganz in der Nähe und erhielt sofort einen der hart umkämpften Plätze. Mir war damals schon etwas mulmig angesichts dieses Glücks. War es Zufall?
Dem neuen Glück hafteten Probleme an den Fersen: Meine beiden Söhne kehrten zurück, unsere kleine Wohnung, die ich mit meinem Freund Jürgen und der Tochter bezogen hatte, war viel zu klein. Im neuen Haus beschlossen Jürgen und ich zu heiraten, und das alles während der Ausbildung. Meine Tochter besuchte die Schule, die Jungs befanden sich in Ausbildung und da packte meinen neuen Gatten der Ehrgeiz, es uns nachzumachen und er wagte den Schritt in eine Umschulung als Orthopädietechniker. Irgendwie waren wir immer alle am Büffeln und unterwegs zu unseren Ausbildungsstätten.

Lernen, Haushalt und Familie verschlangen meine Zeit und Energie. Ich spürte, wie Jürgen und ich langsam auseinander drifteten, wir verbrachten wenig Zeit zusammen.

Der Stress der Ausbildung und der Druck der familiären Situation kratzten an meinem Nervenkostüm, die Gesundheit geriet ins Wanken. Mit Volldampf rasten wir auf das gefürchtete Staatsexamen zu und ich lernte in jeder freien Minute. Die Prüfung im September 1995 durchstand ich nur mit schierer Willenskraft, gepackt in einen eisernen Panzer, betäubt und gefühllos.

Obwohl das Schlimmste vorbei war, lief ich ein weiteres Jahr auf Hochtouren, da ich keine Gelegenheit fand, mich von der Anspannung zu befreien und gleich arbeiten musste, um unseren Lebensunterhalt mit zu finanzieren. Erst nach einem Jahr als angestellte Leitende Physiotherapeutin im Krankenhaus kehrte etwas innere Ruhe ein. Aber dann kamen die Zweifel, oder vielmehr die „Verzweiflung". Irgendwie hatte ich jetzt alles erreicht, was ich erreichen wollte. Ich hatte einen tollen Beruf und war zu einer fleißigen Joggerin geworden. Beim Laufen konnte ich gut nachdenken und versuchte somit Stress abzubauen, kehrte hinterher scheinbar ruhig und ausgeglichen nach Hause zurück. Aber ich rannte meinen Problemen nur davon, ließ sie auf der Laufstrecke hinter mir, doch im Alltag holten sie mich wieder ein. Die Kommunikation zwischen mir und meinem Mann verschlechterte sich, ohne nennenswerte gemeinsame Hobbys lebten wir irgendwie aneinander vorbei. Eine innere Leere und Unruhe, Mangel an zündenden Zukunftsperspektiven und hartnäckige körperliche Beschwerden produzierten andauernde Erschöpfung und Müdigkeit. Mir schien nur noch mein felsenfester Glauben in der Tiefe meines Herzens zu bleiben, der Glaube an eine gute Macht, die uns irgendwie im Hintergrund führt.

### Herzenstüren

Ohne Ahnung, wie es weiter gehen sollte, stolperte ich dann über den Artikel „Ladakh" in unserer Zeitung und sofort glühte in meinem Herzen der lang ersehnte, motivierende Funke. Ich verstehe heute noch nicht, was für ein Zunder das war, der dieses Feuer so schnell zum Lodern angefacht hatte. Es war, als ob eine Saite in mir zum Schwingen kam und Musik in mein Leben fegte. Die Verbindung zu einem mir völlig unbekannten Volk und Land wurde geknüpft. Das Land schien leise nach mir zu rufen. Ich spürte die Menschen, hörte ihr Lachen, roch die Berge und sah die Kargheit der Steinwüsten. Ich fühlte den Wind, der durch die Täler pfiff und blinzelte in die heiße Höhensonne. Tsampa (Brei aus Gerstenmehl, die Nahrung der Einheimischen) und Chapatis (Fladenbrot) schienen mir Götternahrung und die Aussicht, auf dem Boden zu schlafen, begeisterte mich restlos. So irrational es klang, ich wollte hin, ich war schon dort. Eine Türe war aufgestoßen worden, ein Sog zog mich beharrlich hindurch. Seltsamerweise irritierte mich die Vorherrschaft des Buddhismus in dieser Gegend. Durch meine starke christliche Prägung und intensive Gemeindearbeit in der Vergangenheit scheute ich die Begegnung mit anderen Religionen. Bis jetzt kannte ich nur Missionare, die in solche Länder gereist waren, um Andersgläubige zum Christentum zu bekehren. Konnte ich es vor mir verantworten, nur in eigener Angelegenheit dort aufzutauchen, ohne jegliche missionarische Absichten? Vielleicht war ich zu schwach, Zweifel plagten mich.

## Väter

Vor mich hinträumend bereitete ich mich innerlich auf die Reise vor, bis mein Vater Wind davon bekam.

„Warum denn unbedingt in den Himalaya? Versuche doch erst mal hier in unseren Alpen eine Tour zu machen."

Er musste meine starken Energien in diese Richtung gespürt haben. Er hielt mich davon ab loszurennen und setzte meine Füße auf den richtigen Weg. Mein Mann reagierte distanziert und gelassen auf meine Wünsche der alleinigen Himalaya-Reise: „Wenn du das möchtest, musst du es tun." Mein scheinbar irrationales Vorhaben wurde, so glaubte ich, nicht richtig ernst genommen.

Mein Vater funktionierte als einer der wesentlichen Akteure im Aufbau dieses Bühnenstücks. Seine Worte setzten die einzelnen Abschnitte in Szene. Geduldig redete er auf uns ein. Er hatte unsere seelische Not aufgrund der langen Stressperiode erkannt und wusste aus eigener Erfahrung um die Lösung: Ab in die Natur, in die Berge. Die Bewegung, die beruhigende und aufbauende Wirkung des Waldes, der Bäume und Pflanzen würden uns vitalisieren und auf der physischen und psychischen Ebene unsere Ordnung wieder herstellen. Er zeigte uns Dias über seine E 5 Wanderung und begeisterte

uns mit seinen Reiseberichten. Skepsis wich Neugier. Endlich eine gemeinsame Perspektive für Jürgen und mich, ein Projekt, das Freude und Abenteuer versprach.
Nie werde ich die ersten Touren im Allgäu vergessen, zu denen uns mein Vater mitnahm. Wir starteten mit miserabler Ausrüstung, in Baumwolljeans und Turnschuhen.
Der „*Entschenkopf*" im Nebel und Regen:
Ich stand ungläubig vor einer „riesigen", schier unüberwindbaren Felswand. Mein Vater deutete an, dass wir da rauf müssen. Mit furchtbarer Angst und der Hilfe meiner zwei Begleiter schaffte ich die Wand mit einer gerissenen Sehne am Schulterdach. Zwei Jahre später mit sehr viel mehr Erfahrung passierten mein Mann und ich die gleiche Stelle. Die schier unüberwindbare Wand war zu einem „kleinen" Felsen geschrumpft, über den ich lachend und leichtfüßig kletterte.
Eine andere Tour auf den „*Großen Krottenkopf*" musste ich wegen Höhenangst abbrechen. Mein Mann und ich besuchten daraufhin mehrere Kletterkurse unseres DAVs. Ich bekam die Höhenangst zwar in den Griff, aber sie verließ mich nie vollständig, im Gegensatz zu Jürgen, der schwindelfrei wie eine Gämse über die Felsen hüpfte. Ohne Probleme genoss ich mittlerweile viele Male die Aussicht vom Gipfel des „*Großen Krottenkopf*" weit über die Allgäuer Spitzen hinaus.
Viele weitere schöne Touren folgten und Stück für Stück ergänzten wir unsere Ausrüstung. Der E5 im August 1997 wurde für uns der Einstieg in eine „Höhenwanderwegkarriere", die uns ein abwechslungsreiches und entspannendes Hobby mit vielen gemeinsamen Erlebnissen bescherte. Wir durchstreiften die Allgäuer Berge, erkundeten das Lechtal und Thannheimer Tal und manchmal fand man uns in den Dolomiten, in Südtirol. Wir überquerten in einer abenteuerlichen Wanderung auf dem GR 20 Korsika von Nord nach Süd und erforschten den Karnischen Höhenweg mit Zelt und unserem kleinen Hund Jacky, einem Jack Russell Terrier. Unsere Schränke platzten aus den Nähten, gestopft voll mit Rucksäcken, Klettergurten, Seilen, Isomatten und der „Funktionskleidung". Ich schrieb Tourenberichte für den DAV und wir hielten spannende und unterhaltsame Diavorträge über unsere Wanderungen.

Manchmal trafen wir unterwegs Bergsteiger, die von ihren Reisen in den Himalaya erzählten. Geschockt lauschten wir den Geschichten über Schmutz und Kälte. Wir hörten, dass sie tagelang in den gleichen Klamotten verbrachten und des Öfteren an Durchfall litten. Diese Berichte warfen einen dunklen Schatten über unsere Einstellung zum Dach der Welt mit seinen überwältigenden Bergen, den freundlichen Menschen und der schönen, fremden Landschaft.
Das Brennen im meinem Herzen, nach Ladakh zu reisen, schien zu Asche zu zerfallen; die Wunder unserer heimischen Berge zu entdecken rückte in den Vordergrund. Die Begegnung mit dem einmaligen Angebot der Landschaften auf unseren Wanderungen öffnete unsere Sinne für die Wohltat der Natur, ihre Vielfalt und Schönheit und uns ging es immer besser.
Aber auch auf diesem Weg warteten neue Herausforderungen auf mich. Oft verzweifelte ich bei langen, anstrengenden Touren an den Ansprüchen der Strecke und haderte innerlich heftig mit mir und meinem Mann, weshalb wir überhaupt auf diese hohen Gipfel „hochspringen". Jürgen war schneller und kräftiger, ich versuchte mitzuhalten und hatte noch nicht gelernt, die Grenzen meiner Leistungsfähigkeit einzuschätzen und durchzusetzen. Im Konflikt zwischen Ehrgeiz und Schwäche kämpfte ich so manche Wanderung mit hartnäckigem, negativem Denken und nahm mir vor, nie wieder auf einen Berg zu steigen und eine solche Plackerei auf mich zu nehmen. Am Gipfel angekommen, verpuffte dieses Sinnieren im Blick auf die endlose Ewigkeit der Berge. Trotzdem bemerkte ich, dass mir der Kampf meiner Gedanken viel von der heilsamen Wirkung der Natur raubte. Destruktives Denken verfolgte mich manchmal auch im täglichen Leben und endlich wurde mir klar, dass ich dringend etwas gegen diese Gewohnheit unternehmen sollte. Bis zu diesem Zeitpunkt hatte ich mich noch nie mit Meditation beschäftigt.

## Der Mops im Haferstroh

Die Zeit war reif für eine Veränderung. Die vielen aufbauenden Bücher voller weiser und hilfreicher Ratschläge, die ich in den letzten Jahren gelesen hatte, schienen in meinem Unterbewusstsein zu arbeiten. Ein Schlüsselerlebnis in den Bergen gab mir eine gewaltige Waffe in die Hand, mit der ich eine neue Welt eroberte: Anfang Juni stiegen wir mit der Absicht zur Kemptner Hütte auf, die *„Mädele Gabel"* zu erklimmen. Auf dem *„Heilbronner Weg"* lag noch Schnee, ungespurt. Vom Kaiserwetter angespornt, wagten wir den Versuch und stapften los. Jürgen spurte. Aber es dauerte nicht lange und ich wurde sehr müde vom Hinterherstapfen, meine Oberschenkel schmerzten und ich verfiel wieder in meinen Negativmodus. Da tauchte aus meinem Unterbewusstsein plötzlich das kleine Liedchen meiner Kinderjahre auf, welches ich etwas modifiziert und ständig wiederholend vor mich hin sang:

„Ich bin glücklich, ich bin froh, wie der Mops im Haferstroh".

Ich stellte mir einen lustigen Mops vor, der genüsslich grunzend im Haferstroh herumschnüffelte. In der Wiederholung wurde dieses Sprüchlein zu meinem „Mantra" und plötzlich war ich froh, glücklich und völlig überrascht. Trotz Schmerz und Anstrengung konnte ich genießen, war gut gelaunt. Durch die Konzentration auf das Liedchen gab ich den „anderen" Gedanken keinen Raum mehr. Eine sehr heilvolle Erfahrung, die ich selbstverständlich ab sofort in allen Lebensbereichen anwandte und mit anderen Affirmationen erweiterte.

Während dieser Jahre regelte sich in unserem Leben einiges von selbst. Mein Mann beendete seine Ausbildung und fand einen schönen Arbeitsplatz. Beide Söhne starteten eine erfolgreiche Karriere. Nach ihrem Schulabschluss zog die Tochter nach Stuttgart, um ein freiwilliges soziales Jahr zu absolvieren und blieb wegen ihrer Altenpflegeausbildung dort hängen. Plötzlich fanden wir uns ganz alleine wieder. In diesen Jahren erweckte ich ein altes Hobby wieder zum Leben: Gedichte und Geschichten schreiben. Schon als Kind und Teenager brachte ich viele bebilderte Märchen und Geschichten zu Papier. Durch das Schreiben öffnete sich der Zugang zu meinem Inneren noch weiter und ich fühlte mich inspiriert, mit verschiedenen Meditationsübungen zu experimentieren. Ich fand Anschluss an eine Gruppe Frauen, die sich zu einer Schreibwerkstatt formiert hatten und die später in Bezug auf unsere Reisen nach Ladakh eine wichtige, unterstützende Rolle spielen würden.

## Ein Traum

Ladakh war vergessen, der Himalaya passé. Aber das Land hatte mich nicht vergessen. Eines Nachts träumte ich von den hohen, kargen Bergen und hörte den Ruf der einheimischen Frauen aus der Höhe. Sie riefen mich. Sie sagten mir, dass sie mich brauchten.
Ich wachte erschrocken auf und erzählte niemandem davon. „So eine Spinnerei, die glaubt man mir sowieso nicht. Und was soll das überhaupt, warum sollten mich diese Frauen rufen? Was kann ich ihnen denn geben? Die kennen mich doch nicht und ich sie auch nicht."
Ich kann mich gut an den Traum erinnern, da ich ihn in meinem Tagebuch notierte und mich lange Zeit gedanklich damit beschäftigte.

## Gedanken

Stimmenfetzen klingen im Kopf, die Worte, deutlich, aber ich verstehe sie nicht. Gesichter tauchen auf, schemenhaft im Nebel der Nacht, wie Geister und verschwinden wieder. Träume, als wäre man da gewesen, in dieser vergangenen Zeit. Oder ist es die Zukunft? Nichts Greifbares, weit weg, und doch so spürbar lebendig.
Kann es sein, dass Gedanken die Zeiten überspringen und von der Vergangenheit in die Gegenwart reichen, dass die Zukunft uns mit ihrem ungewissen Finger berührt und uns in Aufregung versetzt? Ist es möglich, dass eine uns unbekannte Zeit sich zu uns ausstreckt, umarmt und uns mitnimmt in eine fremde Dimension? Vielleicht ist uns das alles gar nicht so fremd, wir haben es nur vergessen. Oder wir wissen mehr, als wir uns vorstellen können, denn unser Bewusstsein, begrenzt von Tag und Woche, von Himmel und Erde, streckt sich unbewusst ins Universum, in die Unendlichkeit.
Verwegene Überlegungen geben ein inneres Wissen zu, eine Stimmigkeit. Aber wie kann das sein? Haben wir schon einmal gelebt, waren wir schon einmal dort? Sind wir so groß und die Welt so klein oder sind wir ein großes Ganzes, das ineinander fließt, einer Bestimmung entgegen strebt?

**Schlingen des Lebens**

Die Schlingen, sie drehen und kreisen und winden.
In Falten versteckt, was werden wir finden?
Des Lebens Rätsel, verborgen im Kleinen.
Wir suchen und prüfen und schließlich wir meinen:
Die Antwort, jetzt hab ich's, noch einen Schritt
Und schon kommt die Kurve und führt uns zurück,
zum Anfang des Weges - und noch weiter ein Stück
in uns hinein.
Karola Kostial 1998

# - Akt II -

Die Bühne und Bühnenbilder werden aufgebaut

## Englischunterricht

Weitere Akteure im Schauspiel wurden zum richtigen Zeitpunkt am richtigen Ort platziert. Der Dalai Lama kam im Jahr 2001 nach Deutschland. Die junge Medizinstudentin Johanna besuchte seine Veranstaltungen und wurde dabei mit einem wichtigen Lama aus Ladakh zusammen geführt. Dieser Lama war auf der Suche nach Freiwilligen, die im neu gegründeten Nonnenkloster in einem entlegenen Bergdorf hoch oben im Zanskargebirge die Nonnen in Englisch unterrichten sollten. Die 19-jährige Studentin meldete sich und machte sich im Juli 2001 alleine auf die lange Reise nach Lingshed/Ladakh. Sie verbrachte zwei Monate mit den Nonnen und versuchte, ihnen die englische Sprache näher zu bringen. Dabei freundete sie sich mit einem gleichaltrigen Mädchen aus dem Ort an, Lobzang Dolma. Diese junge Frau lud sie in ihr Elternhaus ein. Dort lebte sie mit ihrer Mutter, Schwester und deren zwei Kindern in einem baufälligen, kleinen Bauernhaus in traumhafter Lage in 4000 Meter Höhe, umringt von sonnengetränkten Bergen. Die Studentin Johanna erkannte erschüttert, dass das kleinere der beiden Mädchen schwer behindert war. Die zweijährige Rigzin war noch nie von einem Arzt gesehen worden und litt unter einer schweren Spastik, konnte weder sprechen noch sitzen noch laufen. Das Herz der Studentin floss über vor Mitleid und sie versuchte der verzweifelten jungen Mutter zu helfen, so gut es ging. Beim Abschied versprach sie, professionelle Hilfe für das Kind zu holen.

Die ersten Hintergrundbilder der Bühnenszene waren fertig, weitere mussten noch gestaltet werden.

## Hilferuf vom anderen Ende der Welt

Deutschland: Ein warmer Augusttag im Jahr 2002 veränderte mein Leben grundlegend: Ich erledigte an meinem Arbeitsplatz im Büro diverse Verwaltungsgeschichten. Die neue Zeitschrift für Physiotherapie hatte ich gerade von der Poststelle unseres Krankenhauses erhalten. Ich blätterte sie kurz durch und blieb an einem Artikel hängen: „Physiotherapeuten nach Ladakh gesucht". Es war wie ein Erwachen, ein Licht ging in mir an. Eine Verknüpfung von Energien entstand augenblicklich und versetzte mich in einen Zustand der Begeisterung und Leichtigkeit. Ich vibrierte innerlich und am ganzen Körper. Aus dem Feuer, das zu Asche zerfallen war, erwachte ein Phönix, der mein Herz auf seinen Schwingen in ein Land brachte, das ich nie vergessen hatte. Meine Gedanken schossen zu dem kleinen Kind und ich war da, ganz einfach da. Ich hörte den Ruf der Frauen, die mich lockten, die mir sagten, dass sie mich bräuchten.

Die Medizinstudentin berichtete über die kleine Rigzin und ihre Probleme. Sie suchte Physiotherapeuten, die es sich vorstellen könnten, dort oben zu arbeiten und dem Kind und der Familie zu helfen.
Ich zeigte den Artikel am Abend meinem Mann und schrieb sofort eine Antwort. Er war augenblicklich für die Sache zu begeistern, die Zeit für dieses Abenteuer war herangereift. Auch er konnte es sich vorstellen, seinen Urlaub in Ladakh zu verbringen, um dem Kind zu helfen.
Johanna schrieb uns in einer langen E-Mail über die Konditionen des Auftrags: Vier Tage Fußmarsch über die Berge, um zu dem Dorf zu gelangen, mittelalterliche Verhältnisse, hygienische Katastrophen, traumhafte Gegend und freundliche Leute. Gerade wegen dieser Schilderung wuchs unsere Begeisterung, denn nun wurde unsere Bergerfahrung nützlich und es bot sich die Möglichkeit, unserem Hobby auf spannende Art und Weise nachzugehen. Die meisten anderen Bewerber verloren das Interesse an der Reise, nachdem sie von den Schwierigkeiten hörten, die mit dem Einsatz verbunden waren. Johanna empfahl uns, Kontakt mit Dieter Glogowski aufzunehmen, einem bekannten Foto- und Fernsehjournalisten. Auch er war 2001 in Lingshed gewesen und galt als offizieller Repräsentant des Klosters von Lingshed in Deutschland. Als Himalaya–Experte gab er uns bei mehreren Treffen wertvolle Tipps für den geplanten Einsatz. Unsere berufliche Kombination Physiotherapeutin und Orthopädietechniker schien optimal, auch unser Alter und unsere Erfahrung.

Zuerst galt es, einen gemeinsamen Urlaub zu organisieren. Wir hatten ausgerechnet, dass fünf Wochen für unsere Expedition ausreichen würden, vorausgesetzt, alles lief nach Plan. Unsere Vorgesetzten genehmigten nach entsprechenden Erklärungen den Urlaub und der Abreisetermin wurde auf den 30. August 2003 festgelegt und gebucht. Wir besorgten uns das Buch von Jutta Mattausch „Ladakh und Zanskar" und lernten die für uns wichtigen Stellen fast auswendig. Dieter Glogowskis Bilderbuch „Buddhistische Ansichten" inspirierte uns mit seinen schwarzweißen Aufnahmen von den beeindruckenden Menschen und Landschaften um Lingshed, unserem Zielort.

## Der Verein

Als unsere Freunde von unserem Vorhaben Wind bekamen, klinkten sie sich sofort in die Vorbereitungen mit ein, wollten auf ihre Weise am Abenteuer teilnehmen. Sie sammelten mit uns Hilfsgüter, steckten uns ein paar Euros zu und erwähnten, dass wir doch einen Verein gründen sollten wegen der Spendenbescheinigungen. Wir erkundigten uns und hielten die Idee für gut. Es war eine riesige Rennerei mit allerlei Vorgaben, Gesetzen und Schreibarbeiten. Eine Vereinssatzung musste ausgearbeitet werden. Das war gar nicht so leicht, weil wir keine Ahnung hatten, wo uns die ganze Sache hin führen würde. Am Tag vor der angesetzten Vereinsgründung spazierte ich bei uns im Krankenhaus herum, klopfte an Türen und versuchte, noch ein paar Gründungsmitglieder aufzutreiben. Irgendwie klappte es und trotz Aufregung und Unsicherheit wurde am 15. Juni 2003 der Verein Ladakh-Hilfe e.V. aus der Wiege gehoben. Die Medizinstudentin Johanna war mit dabei und unterstützte uns mit Rat und Tat.

## Warum diese Reise eigentlich unmöglich war

Im Februar 2002 waren wir in ein kleines Reihenhäuschen gezogen, mit der Absicht, es als Investition für unsere gemeinsame Zukunft zu kaufen. Wir entschieden uns für Wurzeln, Bodenständigkeit. Aber diese Wurzeln erwiesen sich als kostspielig: Mit dem Unterzeichnen

des Kaufvertrags war uns klar, dass wir uns in den kommenden 10 Jahren keinen Urlaub mehr leisten konnten. Nach dieser großen Entscheidung fiel uns im gleichen Jahr das Ladakh-Projekt mit seinen enormen Ausgaben in den Schoß. Allein die Flugkosten betrugen für uns beide über 1400 Euro. Wir mobilisierten alle Kräfte und ließen uns immer wieder Neues einfallen: Auf Flohmärkten verkauften wir Altes und Neues, das wir nicht mehr benötigten. Ein Freund schenkte uns die Hälfte der Geldgeschenke zu seinem Geburtstag, andere halfen uns mit kleinen Spenden, und schon hatten wir die Anzahlung für die Tickets zusammen.
Und dann kam der Hammer, der alles zu zerstören drohte: Im Februar 2003 flatterte uns eine unerwartete Einkommensteuernachforderung von über 8000 Euro ins Haus, aus einer Jahre zurück liegenden Phase der Selbständigkeit meines Mannes. Zu diesem Desaster gesellte sich ein selbstverschuldeter Unfall mit unserem Bus, dessen Reparaturrechnungen sich auf über 4000 Euro ansammelten. Wir wussten, dass wir nach Ladakh fliegen würden, aber nicht, wie es weitergehen sollte. Wir überlegten und beteten und verbrachten einige schlaflose Nächte mit den Gedanken und Grübeleien.
Dann geschah eines der vielen Wunder, die uns von Beginn der Reisepläne an immer wieder auf den richtigen Weg geschubst hatten: Am Donnerstagmorgen in meinem Büro im Krankenhaus klingelte das Telefon und ich erkannte unsere private Nummer auf dem Display.
„Hallo, was gibt's?", fragte ich Jürgen.
„Karola, ich bin ganz hibbelig… Ich habe einen 5er im Lotto!" Ich war sprachlos und zweifelte nicht an dem, was er sagte. Ein paar Tage zuvor hatte ich seine Lottospielerei kritisiert und gemeint, dass er das Geld doch besser sparen sollte. Die Aufregung und Begeisterung fanden ihren Höhenpunkt in der Nachricht, dass uns durch den Gewinn 2700 Euro geschenkt wurden, die ein großes Loch stopften. Die restlichen Geldbeträge, die wir aufzubringen hatten, wurden uns dann noch von Verwandten geliehen. Der Reise stand nichts mehr im Weg. Damals fing ich an zu begreifen, dass hinter diesem Projekt eine „höhere Macht" oder ein „Auftrag" stand, wie immer man es nennen mochte. Ich hatte niemals an der Durchführung und dem Erfolg gezweifelt, aber auch nicht mit den enormen

Schwierigkeiten, Hindernissen und der vielen Arbeit gerechnet. Die Durststrecken in der Vorbereitung waren hart und lang, aber jedes „Gipfelerlebnis“ entschädigte und bestärkte uns aufs Neue in unseren Plänen.
Leider warfen auch andere Geschehnisse einen traurigen Schatten auf unser Vorhaben. Manche gute Freundschaft wurde durch verhohlene Eifersucht auf unser Vorhaben getrübt. Ein Arbeitskollege kritisierte unsere Reise und meinte, dass wir uns doch besser um die bedürftigen Kinder hier in Europa kümmern sollten, anstatt in den entlegenen Himalaya zu fliegen und für ein einziges Kind einen solchen Aufwand zu betreiben. Ich musste ihm Recht geben in seiner Ansicht, aber trotzdem meinen Weg gehen.

### Ausrüstung und Hilfsgüter

Uns wurde dringend geraten, auf keinen Fall ohne einen Wasserfilter in diese Gegend zu reisen. Auch zwei wasserdichte Packsäcke für unser Gepäck waren notwendig, um die Ausrüstung auf dem Rücken der Pferde festzuschnallen. Die Fotoausrüstung stellte uns vor eine weitere Herausforderung: Wir besaßen schlichtweg keine passende Kamera. Jetzt wurde gesucht, gefragt, herumgefahren, Rat geholt und im Ebay geschaut. Gott sei Dank stand uns viel Zeit zur Verfügung, denn der Vergleich von Preisen und Produkten gestaltete sich sehr aufwändig. Wir schrieben Rundbriefe mit Informationen über unser Abenteuer an Freunde. Prompt erreichten uns kleine Sendungen mit Geschenken für unsere Zielgruppe: Kindersöckchen, Scheren, Päckchen mit Nähnadeln, Kinderspielzeug, Schuhe usw. Zwei bekannte Firmen im schuhorthopädischen Bereich spendeten drei Paar nagelneue Kinderschuhe für Behinderte. Ein Sanitätshaus sponsorte einige Kilogramm Verbandsmaterial. Ein befreundeter Apotheker versorgte uns mit Vitaminen, Antibiotika und sonstigen scheinbar notwendigen Mitteln. Ein Krankenhaus stellte uns eine große Anzahl unterschiedlicher Augentropfen zur Verfügung, welche sich später als sehr nützlich erwiesen, da ein hoher Bedarf an diesen Medikamenten bestand. Einer unserer schwer behinderten Patienten aus dem Krankenhaus hörte von der Sache und ließ es sich nicht nehmen, dem kleinen Mädchen eine Sprechpuppe zu spenden. Diese Puppe wurde später der „Hit“ für das

ganze Dorf. Ein Fotoshop in Günzburg lieh uns kostenlos eine gute Kamera mit einem extra Body, für uns ein Geschenk des Himmels. Wir kauften 35 Rollen Diafilm, für jeden Tag eine. Eine Freundin besorgte uns aus ihrer eigenen Vertriebsfirma hochwertige Hautschutz- und Hygieneartikel. Da wir gewarnt worden waren, dass es dort oben durch die Haustiere und mangelnde Hygiene viele Flöhe gibt, besorgten wir uns Mittel, um unsere Ausrüstung, Schlafsäcke und Matten einzusprühen und eventuelle Bisse zu behandeln. Woraus sollten wir trinken? Wir entschieden uns wegen der Hygiene gegen unser gewohntes Platybus-Trinksystem und nahmen einfache Sigg-Flaschen und leere 1 l Coca-Cola-Flaschen mit. Für Rigzin besorgten wir zusätzlich einen Autoinnenschlauch als Therapiegerät und eine passende MTB-Pumpe.
Zusammen mit Kollegen begutachteten wir Bilder von Rigzin, die uns Johanna und Rigzins Tante Lobzang geschickt hatten: Wo konnte man Probleme am Kind erkennen, wo war Steifigkeit offensichtlich, wie hielt sie ihren Kopf, wie setzte sie ihre Arme ein. Die Logopädin in unserem Krankenhaus gab mir Tipps zur Behandlung des Mundraumes eines solchen Kindes. Ich fand beim Ausräumen alter Schränke ein uraltes, zerfleddertes Buch: „Anleitung zur Förderung des Kindes zuhause nach der Methode Bobath“ mit tollen, klaren Bildern und Anweisungen zur Herstellung von einfachen Hilfsmitteln, wie z. B. einem Stuhl. Ich packte es ein, es war genau das Richtige.

## Bergtraining

Die letzten vier Wochenenden im Juli und August trieben wir uns in den Alpen herum. Die Höhenmeter steigerten sich jedes Wochenende und die letzte Reise führte durch das einsame „Radurscheltal“ in Österreich, wo wir unser Zelt aufschlugen und in 3000 Meter Höhe kletterten. Wir testeten unsere Ausrüstung, das neue Zelt, den Katadynfilter, das Essen und unsere Kondition. Auf Grund der Hochwetterlage des ganzen Sommers 2003 erlebten wir wunderschöne, sonnige Wochenenden mit spannenden Begegnungen und Erlebnissen. In der Nähe der Memminger Hütte schliefen wir mit den Schlafsäcken im Freien und versuchten uns am nächsten Tag am Passaier, was auf Grund meiner Kondition und den vielen Leuten am Berg scheiterte. Beim Abstieg am Sonntag begegneten wir Dieter, einem Bergkameraden, dem wir uns sieben Jahre zuvor bei der E5-Wanderung angeschlossen hatten. Er war durch Krankheiten und Alter geschwächt, aber er ließ es sich nicht nehmen, den E5 noch einmal zu laufen. Eine halbe Stunde später begegneten wir einem Professor meiner Klinik mit seiner Frau. Auch sie wollten ein Teilstück des E5 versuchen. Als erfahrener Himalaya-Reisender half uns der Professor mit vielen Tipps bei der Vorbereitung für unseren Einsatz.

Ein anderes Wochenende verbrachten wir im Lechquellengebiet und nahmen den Hund mit, da es nicht so hoch hinauf ging. Wir reisten am Freitagnachmittag in Lech an, übernachteten im Auto und brachen am Samstagmorgen zur Rundtour auf. Die Vielfalt der Landschaft, der Gang über das Steinerne Meer, die Seen am Weg begeisterten uns restlos. Keine Wolke trübte die Stimmung und deshalb trauten wir uns zu, nachmittags noch das lange Stück zur Göppinger Hütte zu wagen. Vor dem Aufstieg warnte uns ein Almwirt vor der Wasserknappheit auf diesem Etappenstück und dass die Hütte wahrscheinlich wegen Wassermangels schließen würde. Auf der Karte schien es nicht weit, aber in der sengenden Sonne am Südhang vertrockneten unsere Kräfte. Wir stapften in Einsamkeit durch weiße Felsen, Jürgen trug den müden Hund auf dem Arm. Vor der „Schwarzen Wand“ kapitulierten wir: Ein ganz kleines Bächlein fügte sich zu einem ganz kleinen Gumpen, von dem wir uns ausreichend Wasser zum Trinken und Waschen erhofften. Der Hund vergnügte sich schon im Bach. Auf der Suche nach einem geeigneten Zeltplatz entdeckten wir auf einer Wiese einen wunderschönen kleinen See, der uns sofort verzauberte. Inmitten von Wasserknappheit konnten wir schwimmen, uns waschen, und uns mit dem Filter sauberes Trinkwasser bereiten. Wir fühlten uns reichlich beschenkt und genossen den warmen Sommerabend in völliger Ruhe und Abgeschiedenheit.

Die gesamte Vorbereitung für die Reise nach Ladakh war mit so vielen wunderschönen und intensiven Erlebnissen gefüllt, dass diese Zeit einen besonderen Stellenwert für uns einnahm. Der Vorhang schloss sich nach diesem Bühnenbild, um die Vorbereitung für das nächste, größere zuzulassen.

## - Akt III -

Die Schauspieler starten das Bühnenstück

### Die Reise geht los - Sonntag, 31. August 2003, Auf nach Leh

Abflughalle Nationaler Airport: Der Aufruf zum Einchecken gegen drei Uhr weckte mich aus meinen Überlegungen. Es war immer noch sehr heiß. Die Lounge hatte sich im Laufe der Nacht gefüllt: Immer mehr müde, verknitterte Reisende mit großen Rucksäcken warteten auf den harten Stühlen oder reihten sich in die Check-In-Schlange ein. Gesprächsfetzen in allen europäischen Sprachen und Englisch schwirrten durch die stickige Luft. Indische Handwerker arbeiteten die ganze Nacht und lackierten mit einer Spritzpistole. Der Ausführende schützte Nase und Mund mit einem bunten Tuch, zwei andere schauten zu.

Uns erwartete viel Security, zwei Bodychecks und wir konnten passieren. Die Sicherheitsleute entdeckten sogar eine kleine Schere in meinem Rucksack, die von den Münchner und Pariser Beamten völlig übersehen worden war. Nach dem Einchecken warteten wir zwischen kunterbunten Touristen jedes Alters in der auf Eiseskälte runtergekühlten Abflughalle. Wir schnappten Gesprächsfetzen auf, dass der gestrige Flug nach Leh wegen schlechter Sicht ausgefallen war. Deswegen hofften heute sehr viele Reisende auf den Transport. Der Flieger startete in Delhi im Nieselregen und bei drückender Schwüle. Wir platzierten uns gemütlich im Bauch des Carriers von „Jet Airways“ und brauchten nach dem Take Off durch undurchdringliche, graue Suppe nicht lange auf das Frühstück zu warten. Hungrig verschlangen wir die Rühreier und nickten mit vollem Bauch sofort ein. Die muntere Sonne weckte uns durch die runden Fenster, als wir schon eine halbe Stunde unterwegs waren und direkt über dem Himalaya schwebten. Sie wollte uns die Gipfel der höchsten Berge der Welt zeigen und setzte sie dafür ins rechte Licht. Jürgen suchte sofort mit viel Raterei nach dem Mt. Everest. Wir bewunderten und staunten, und schon näherten wir uns im Landeanflug dem Ziel. Als wir über Leh riesige Schleifen zogen, ahnten wir, dass uns dort unten eine andere Welt erwarten würde. Die Stadt lag in leuchtendem Grün eingebettet wie eine Oase inmitten einer

riesigen, steinigen Bergwüste. Die schweren Zipfelmützen bewachten das menschliche Wuseln mit stoischer Ruhe. Klein und verloren wirkte der Ort zwischen diesen Riesen aus Braun und Grau. Wir konnten unsere Gedanken kaum zu Ende spinnen, denn der Flieger landete bald in 3600 Metern Höhe auf dem Militärflughafen.
Neugierig drängten wir hinaus in die stechende Morgensonne mit ihren wohlgemeinten 30 °C und fielen in die Arme eines chaotischen Asiens voller Überraschungen. Noch spürten wir durch die Höhe keine Atemnot oder Schwindel. Die offensichtliche und dominante militärische Präsenz auf dem Flugplatz wirkte auf uns nicht beängstigend, da wir darauf vorbereitet wurden. Fremdartig aussehende und gekleidete Menschen zeigten uns den Unterschied zwischen Bildern über solche Länder, die man zu Hause betrachtet, und der Realität. Hier wurde das Bild lebendig, bewegte sich, sprach, roch, kam auf uns zu. Ein Bus schleuderte uns in rasender Fahrt über wechselnd steinige und asphaltierte Straßen zur Ankunftshalle, aus seinen Lautsprechern dröhnte 30 Jahre alte Rockmusik mit wahnsinnigem Bass „Sexy Baby bhoom bhoom...“. Wir schauten uns ungläubig an und begannen wie auf Kommando gemeinsam übermüdet und hysterisch zu kichern und zu lachen.
In der heruntergekommenen Eingangshalle mussten wir Touristen ein Formular zur Registratur ausfüllen, riefen ein Taxi und ließen uns für 100 INR zu unserem „Shanti-Guesthouse“ bringen, in dem wir auf Dieter Glogowskis Anraten per E-Mail ein Zimmer für uns reserviert hatten. Im chaotischen Linksverkehr schien es auf den ersten Blick keine Verkehrsregeln zu geben. Man verständigte sich durch lautes, fröhliches Hupen, das gegen Nachmittag zu einem ohrenbetäubenden Krach anschwoll. In der Stadt versammelten sich traubenartig die Moslems, um den Anschlag auf die Moschee im Irak mit 125 Toten zwei Tage zuvor zu betrauern. Oder wollten sie protestieren? Die Situation erschien uns brenzlig, die finster blickende Menge brodelte.

## Kulturschock

Blendend weiß hob sich unsere einfache Pension vom stahlblauen Himmel und den silbernen Weiden ab. Die verzierten dunklen Holz-

balken im obersten Stockwerk zogen unsere Blicke an und wir rätselten, hinter welchem der Panoramafenster wohl unser Zimmer lag. Freundlich plaudernd führte uns die Wirtin in ein bescheidenes, aber sauberes Zimmer mit Toilette und Dusche. Erleichtert packten wir aus, versprühten im ganzen Zimmer Ökoorange zum Schutz vor Ungeziefer, obwohl wir keines sahen, und setzten uns vor das Haus in die Sonne, um einfach kurz inne zu halten und anzukommen. Die Hausfrau servierte mit fröhlichem „Jullay" einen mit Kardamom gewürzten Schwarztee. Wir lernten die anderen Gäste des Hauses kennen: Holländer, Franzosen, Deutsche, Israelis. Anfang September befanden sich noch sehr viele Touristen in Ladakh. Wie zu erwarten, überfiel uns lähmende Müdigkeit, die uns zurück in unser Zimmer gehen ließ. In unsere Seidenschlafsäcke gehüllt schliefen wir tief und fest drei Stunden in den Nachmittag hinein. Nach dem Duschen und einer kleinen Wäsche unserer Transtex-Kleidung begleiteten wir die Holländer den ca. 15 Minuten langen Weg in die Stadtmitte von Leh. Alleine wanderten wir voller Entdeckerdrang weiter. Fremde Geräusche, Gerüche und Eindrücke stürmten laut und aufdringlich auf uns ein und wir reagierten, indem wir erst mal innerlich abblockten. Könnte das der Kulturschock sein? Ein kleiner Laden reihte sich an den anderen und aus den engen, mit Stoff verhangenen Türen quollen freundlich grinsende Kashmiris, die uns in die „Mausefalle" locken wollten, um ihre Schals, Mandalas und Teppiche zu verkaufen. Einmal drin in den sauberen Läden, kamen wir nicht mehr so leicht heraus. Freundlichst wurde Schwarztee mit Zucker und so vielen Lügen über die „feinsten" Materialien serviert, dass wir ganz verwirrt glaubten, wir befänden uns im Schlaraffenland.
Zwischen den Häusern stapelte sich der Abfall, in den Hinterhöfen Müll. Die Kanalisation schien aus einem Rinnsal voller Unrat zu bestehen. Hunde in allen Farbschattierungen von gelb bis schmutzig schliefen friedlich und verfilzt in der heißen Nachmittagssonne. Eine kleine, dürre Kuh wanderte gemächlich über die Straße, wackelte mit ihrem großen Kopf und wurde mitleidig von Touristen mit Gemüse gefüttert. Zwischen den parkenden Autos zottelte ein Schaf mit riesigem Wollpelz planlos herum. Kleine Esel drückten sich scheu durch die Menschenmassen. Wir beobachteten einheimische Maurer beim Hausbau und staunten Bauklötze: Unsere deutsche

Bauinnung würde diesen Bau sofort schließen wegen Nichtachtung der Sicherheitsbestimmungen. Um eine Ladung fertige Ziegel auf die Mauer zu transportieren, kletterte ein Arbeiter auf eine rostige Tonne, von dort auf die Mauer. Ein zweiter Maurer legte die Ladung Ziegel auf die Tonne, kletterte nach, stand schwankend auf und reichte dem rittlings auf der Mauer sitzenden Kollegen Stück für Stück die Ziegel. Frauen hockten schwatzend auf dem staubigen Boden, mitten auf der Baustelle, standen ab und zu auf, um den Männern ein Werkzeug zu reichen. Nirgendwo gab es Hektik. Es roch nach Abgasen und Räucherwerk, staubigen Tieren und Kerosin.
Einheimische Bäuerinnen in Tracht verkauften am Straßenrand vielfarbiges Gemüse von den eigenen Feldern. Alles fand auf dem Gehsteig statt, es gab keine Stühle oder Tische. Eine Kostprobe der appetitlichen Tomaten und Karotten begeisterte uns. Die Sonne brannte gnadenlos und wir waren froh um unsere schützenden Hüte. Vom vielen Entdecken hungrig, schauten wir uns unschlüssig nach einem Restaurant um. Da wir gerade vor dem „Tibetischen Restaurant" standen, fackelten wir nicht lange und stiegen die geländerlosen Betonstufen hoch. Es roch seltsam, eine Mischung aus Urin, Staub und fauligem Essen. Etwas verwirrt und unsicher nahmen wir Platz und bestellten ein Soda, als sich die Türe öffnete und der Abt vom Kloster Lingshed mit einer Nonne und zwei Italienern hereinkam und unsere Wahl des Restaurants bestätigte. So wie Dieter Glogowski uns geraten hatte: Nichts machen, alles geschehen lassen. Wir waren richtig platt, denn genau dieser uns aus Deutschland bekannte Abt wollte uns mit der Vorbereitung der Reise nach Lingshed helfen. Bis zu diesem Moment hatten wir keine Ahnung, wie wir mit ihm in Kontakt treten konnten. Als er uns sah, staunte er genauso wie wir und wir machten einen Termin aus zum Einkaufen und Erledigen der restlichen Vorbereitungen. Wir redeten über die Horsemen und er gab uns die Telefonnummer seiner Wohnung. Nachdem wir unsere ersten Momos (ein Gericht ähnlich unseren schwäbischen Maultaschen) verspeist hatten, spazierten wir langsam den Weg zu unserer Pension hinauf. Dabei passierten wir einen einladenden „Biergarten" unter schattigen Bäumen und Jürgen fragte spontan, ob sie auch wirklich Bier anböten. Tatsächlich, es gab indisches Bier,

wir waren schon wieder überrascht. Gemütlich im Schatten tranken wir eine gemeinsame Flasche und litten hinterher unter höllischen Kopfschmerzen, und das alles am ersten Tag.

## Eingewöhnung

Wir wachten viel zu früh auf und befanden uns schon bald auf der Frühstücksterrasse, wo es nur 14 °C hatte. Ich holte mir meinen Schlafsack, um mich warm zu halten und begann Tagebuch zu schreiben. Punkt sieben Uhr ging die Sonne über dem Berg auf und schlagartig wurde es warm. Die nette Hauswirtin brachte uns wieder eine Kanne ihres leckeren Schwarztees und je zwei dicke Chapatis mit Butter und Aprikosenmarmelade. Wir schafften das reichliche Frühstück kaum und brachen sofort zu einem Besuch der „Shanti Stupa" ganz in der Nähe auf. Mehrere hundert Stufen führten zu diesem buddhistischen Wahrzeichen von Leh und quälten uns mit heftiger Schnauferei in der dünnen Luft. Nach vielen Pausen erreichten wir die Plattform und genossen eine grandiose Aussicht über das gesamte Tal. Hier oben kroch nur noch die frische Bergluft, gewürzt mit Räucherwerk, in unsere Nase. Der Blick schweifte bis zum Indus und verlor sich in fernen, schneebedeckten Bergen am Horizont. Vom Tal hörten wir Flöten und „Alphörner" in der Vorbereitung zum Ladakh-Festival, das heute stattfand. Zurück im Guesthouse schnappten wir unsere Rucksäcke und schlenderten gemütlich in die Stadt. Als wir mittags die buddhistische Begegnungsstätte und den Tempel besichtigten, hörten wir im stillen, schattigen Hof plötzlich aus den hohen Weiden eine traumhaft schöne Musik. Sie klang durch ganz Leh und jagte mir Schauer den Rücken hinunter. Später fanden wir heraus, dass diese buddhistische Melodie das Gegenstück zu den Gesängen des Muezzins in der Moschee darstellen sollte.

Zwei schöne Plätze auf der Dachterrasse eines Restaurants boten uns einen ausgezeichneten Ausblick auf das Ladakh-Festival mit landesüblicher Musik, traditionellen Gesängen, bunten Trachten, Tänzen und exotischen Tieren. Wir trafen es wieder mal gut: Ladakh in seiner Fülle und Farbe wurde uns auf dem Silbertablett serviert. Zwei belgische Studenten gesellten sich zu uns und wir kamen mit

ihnen ins Gespräch. Sie berichteten von ihren Trekking-Touren und machten eine ziemlich heruntergekommenen Eindruck, ungewaschen und mit großen Pickeln in den Gesichtern. Wir rätselten, ob wir nach unserem Trip durch das Zanskargebirge wohl auch so aussehen würden.
Nach dem Festumzug durchstreiften wir die Stadt, fanden die Straße mit den einheimischen Bäckern und kauften frische, knusprige Chapatis, gebacken in rußgeschwärzten Lehmöfen direkt am Straßenrand. Wir wanderten an der Moravian Mission School vorbei, der einzigen christlichen Schule von Leh. Abends beklagte Jürgen seinen ersten Sonnenbrand im Nacken, den wir mit AloeVera-Gel behandelten. Ohne Schwierigkeiten mit der Höhenanpassung schliefen wir gut und fühlten uns sehr wohl.

**Weitere Vorbereitungen - Dienstag, 2.8.03**

Morgens hockten wir vor dem Haus und schrieben. Ein junger Ladakhi kam und suchte uns. Er hieß Sonam und stellte sich als Sekretär des Abts vor. Er brachte uns den Reiseplan: Am Freitagmorgen um fünf Uhr mit dem Jeep-Taxi von hier weg, mit dem Ziel, um neun Uhr die Brücke hinter Panjila zu erreichen. Dort würde der Horseman mit drei Eseln auf uns warten und uns, wenn wir wollten, den „Shortcut“, den kurzen Weg, nach Lingshed führen. Wunderbar! Da wir voreingenommen bei einem „Horseman“ mit Pferden als Lasttieren gerechnet hatten, enttäuschte uns die Aussicht auf die langsameren Esel, aber was soll's. Jetzt wussten wir wenigstes genau, wie es weiter gehen würde. Durch den Shortcut sparten wir uns einen Reisetag und Jürgen verplante diese gewonnene Zeit sofort mit einer längeren Bergtour. Er wollte sich den Traum erfüllen, einen der hohen Gipfel zu erstürmen. Wir unterhielten uns eine Weile mit Sonam. Er würde morgen, zwei Tage vor uns, nach Lingshed reisen. Nach seinem Besuch spazierten wir wieder in Richtung Innenstadt, begleitet von stechenden Sonnenstrahlen. Wir trafen uns um 10:15 Uhr mit dem pünktlichen Abt, der gleich zwei Nonnen mitbrachte, die uns auf dem Weg nach Lingshed begleiten sollten. Es wurde von uns erwartet, dass wir für alle das Essen kauften, die Nonnen würden dann für uns kochen. Die ältere der Nonnen, Stanzin, hängte sich an meinen Arm und lies mich nicht mehr los. Sie hinkte so

fürchterlich, dass ich mir gar nicht vorstellen konnte, wie sie es mit dieser Behinderung über die hohen Berge schaffen wollte.
Der Abt informierte uns, dass alle vorher geschmiedeten Pläne wieder geändert worden waren. Die Abfahrt sollte schon am Donnerstag, den 4.8. um 10 Uhr morgens beginnen, um uns Zeit zu geben, Alchi und sein berühmtes Kloster zu besuchen. Nach der Weiterfahrt stand eine Tasse Tee in Panjila auf dem Plan, um danach an der Brücke im Zelt zu übernachten. Er war der Meinung, dass wir unseren Trekk mit viel Ruhe angehen sollten. Der Abt führte uns von Laden zu Laden und wir kauften ein: Dampfkochtopf, Kerosinkocher, Kerosin und Kanister, Löffel, Reis, Daal, Gewürze, Mehl und Gemüse, alles für erstaunlich wenig Geld. Danach nahm uns der Abt mit in seine Wohnung zum Teetrinken. Vor dem Betreten der Zimmer zogen wir unsere Schuhe aus. Von der offensichtlichen Bescheidenheit und Armut seines Wohnraumes betroffen, hockten wir im Schneidersitz auf niedrigen Bänken und redeten über seine Projekte und das neue Hostel, das er in Leh für die Kinder von Lingshed bauen wollte. Während wir uns unterhielten, schüttete der Abt seinen alten Tee einfach zum Fenster hinaus, völlig unbekümmert gegenüber Vorbeigehenden. Ich versuchte vergeblich, für diese Gewohnheit Verständnis aufzubringen.
Nach der Unterredung mit dem Abt wanderten wir in Gluthitze hoch zum Königsschloss, um den Wald mit Gebetsfahnen und die Aussicht über Leh und die umliegenden Berge zu bewundern. Im Fahnendschungel entdeckten wir einen Touristen, dessen Kopf und Hals schon am zweiten Tag seiner Anwesenheit in Leh knallrot leuchteten. Es schien ihn nicht zu stören, denn er spazierte trotzdem ohne Kopfbedeckung auf den Hügeln herum. Er hieß Christian.
Auf dem Weg nach Hause kauften wir noch Süßigkeiten und Bier, das wir mit den anderen Touristen in der warmen Abendluft vor dem Haus tranken. Der Mond war halb voll und der Mars leuchtete uns freundlich an.

**Mittwoch, 3.8.03**

Wir standen bei relativ mildem Wetter auf und ich erhielt unten in der Küche von der Hausherrin eine Lektion im Chapati backen. Nach dem Frühstück wanderten wir wieder entlang der Changspa

Road in die Stadt. Jürgen war einsilbig und abwesend. Ich sprach ihn mehrere Male darauf an und erst als ich ihm drohte, alleine weiter zu gehen, rückte er mit der Sprache heraus: Seine linke Seite unter dem Rippenbogen schmerzte sehr und er litt deswegen unter starker Atemnot, konnte nachts nicht schlafen. Da ich wie ein Bär schlief, hatte ich von seinen Problemen nichts mitbekommen. Ich vermutete, dass ein eingeklemmter Nerv die Ursache für seine Beschwerden war und versprach ihm mittags eine gründliche physiotherapeutische Behandlung. Wir besorgten noch Geschenke für die Einheimischen in Lingshed: Gewürze, Tee, Milchpulver und etwas zum Essen für uns und wanderten wieder ins Guesthouse zurück. Nach der Behandlung und zwei Stunden Tiefschlaf trafen wir im Wohnzimmer die Touristin Asha, ebenfalls Gast des Hauses. Sie erzählte uns, dass sie gestern Abend auf dem Heimweg von einem Ladakhi sexuell belästigt worden war. Sie stand immer noch unter Schock und weinte. Da wir von solchen Übergriffen in Ladakh durch Einheimische noch nie etwas gehört hatten, teilten wir ihre Überraschung und Entsetzen.
Am Nachmittag gingen wir wieder in die Stadt zum Einkaufen. Uns fehlten noch Ingwer, Knoblauch und Zimt. In einem Café trafen wir Christian wieder. Erst vorgestern aus Bonn angereist, blieb er nur zwei Wochen in Leh. Er begleitete uns in das Mantokling Restaurant, wo wir uns ein gutes Lammgericht schmecken ließen. Danach schlenderten Jürgen und ich alleine weiter zum Pologround, um die „Konzertveranstaltung“ des Ladakhfestivals auszuspähen. Die Tonqualität ließ zu wünschen übrig, der Strom fiel aus und dunkle Wolken zogen auf, unsere Messlatte war immer noch die deutsche. Wegen des aufkommenden Sturms eilten wir so schnell wie möglich ins Guesthouse zurück, aber Jürgen bekam plötzlich Durchfall und der war „schneller“. Ich musste laut lachen, als es krachte und donnerte, aber nicht vom Himmel.
Die Wolken zogen vorüber und der Wind legte sich, der Abend wurde angenehm lau mit 23 °C.

**Es geht los - Donnerstag, 4.8.**

Endlich ging es los: Jürgen hatte gut geschlafen, heute Nacht ohne Schmerzen. Unruhig in Schlaf und Gedanken näherte ich mich meiner neuen Aufgabe mit ihren Herausforderungen. Ich ahnte, dass die nächsten Wochen unsere Erwartungen bei weitem übertreffen würden, sowohl in Anstrengung als auch an Überraschungen. Als wir aufstanden, schauten wir in einen wolkenverhangen Himmel, der nachts seinen Regen über das Land geschüttet hatte. Wir duschten eiskalt, wuschen unsere Haare zum letzten Mal und packten schnell die Säcke. Zum Frühstück gesellte sich Asha, mit der wir uns eine Weile unterhielten. Sie interessierte sich sehr für unsere Mission und wünschte viel Glück. Andere Gäste trudelten ein und um neun Uhr beschlossen wir, noch schnell aufs „Shanti Stupa“ zu rennen. Der Jeepfahrer würde sowieso nicht pünktlich kommen. Aber wir hatten uns getäuscht, er kam überpünktlich kurz nach neun Uhr und wartete schon auf uns. Wir packten hektisch, vergaßen fast die Handtücher an der Leine und dann rasten wir durch die Stadt, um unsere rot gekleideten Nonnen abzuholen. Sie hatten eine ganze Menge Zeug, das sie mit nach Panjila nehmen wollten. Jürgen half ihnen, Taschen, Pakete, Kisten und Lampenöl für das Kloster auf dem Dach des Jeeps zu verstauen. Pünktlich um 10 Uhr fuhren wir ab. Wir drei Frauen quetschten uns auf den Rücksitz, Jürgen thronte mit der Kamera vorn neben dem Fahrer. Die junge Nonne Tsering neben mir schmatzte ständig mit ihrem Kaugummi und produzierte hingebungsvoll große Blasen, die zünftig an meinem Ohr zerplatzten. Am Flugplatz vorbei tuckerten wir in eine unendliche Steinwüste voller Leben. Dort arbeiteten Nepalis, die riesige Steinbrocken zertrümmerten und zu Bausteinen zersägten. In großen Haufen warteten diese Bausteine darauf, später abgeholt zu werden. Sie sahen aus wie Granit. Ab und zu leuchteten in den fast leeren Steinfeldern lila Blumenwolken.

Die beiden Nonnen schliefen ein, während wir interessiert die Landschaft verschlangen. Noch trübte unsere Wahrnehmung die Erinnerung an unser saftig grünes Deutschland und das Land schien leer, wüstenhaft. Wir passierten sehr viele Kasernen, die sich weiträumig über die Mondlandschaft ausgebreitet hatten. Der malerische Zusammenfluss von Zanskar und Indus war eine Fotopause wert und dann krochen wir auf dem Himonk hoch ins Industal. Die Schluchten zum Fluss wurden immer tiefer. Eine Brücke führte uns über den Indus und nach vier Kilometern erreichten wir Alchi und

besuchten jahrhundertealte Gompas, ziemlich verfallene Klöster. Die Anwesenheit der Nonnen öffnete uns den Zugang zu allen Gompas, auch die normalerweise für Touristen nicht zugänglichen, und wir fühlten uns sehr freundlich behandelt. Ich fand noch eine „westliche Toilette“ ohne Klopapier und Spülung und schon ging es weiter. Unser netter und kompetenter Fahrer drängte, es war Mittag vorbei und er wollte weiter. Mein Magen knurrte fürchterlich, ich hätte gerne noch etwas gegessen.
Spätestens als wir das erste Mal am Straßenrand anhielten und warten mussten, weil ein LKW in die Schlucht des Flusses gestürzt war, erschienen uns die Straßenverhältnisse durch unsere westliche Brille schlichtweg katastrophal. Keine Befestigungen, kein Tempolimit, aber viele Straßenschilder mit allen möglichen klugen Sprüchen wie „If you fly you make your family cry/Better late than never/Highway not runway/If you speed you make your family weep“, usw.
Die Straßen wurden immer schlechter, Karawanen von Armeelastwagen staubten an uns vorbei und manche Brücken hielten nur ein einzelnes Fahrzeug aus, deswegen mussten wir immer wieder warten. Wir tuckerten durch Dörfer, in denen die kleinen Läden bis an die Straße reichten und Einheimische uns freundlich zuwinkten. Primitive Restaurants warben mit großen bunten Tafeln. Überall wurden Ladakhi-Äpfel, Aprikosen, Spinat, Karotten, Steckrüben, Kohlrabi und Blumenkohl angeboten. Schulkinder rannten am Auto entlang und begrüßten die zwei Nonnen, die etwas Besonderes zu sein schienen. An einem Checkpoint mussten wir aussteigen, Passkontrolle. Wir wurden in ein zerfetztes Zelt geführt, in dem eng gedrängt drei Pritschen standen, kein Stuhl oder Tisch. Es war zu erkennen, dass die Pritschen den Soldaten als Schlafplatz dienten, darunter stapelten sich Schuhe und Schachteln mit Kleidung. Sie forderten uns freundlich zum Sitzen auf, dann schrieb der indische Grenzbeamte umständlich und lächelte hoheitsvoll. Der ganze Ablauf der Passkontrolle und Registrierung erschien mir zeremoniell und umständlich. Wir setzten unsere Fahrt fort, zu keiner Zeit verängstigt, da wir uns in sicheren Händen wussten. Der Grenzbeamte am nächsten Stopp machte den Fahrer auf unser fast plattes linkes Hinterrad aufmerksam. Dieser lächelte und fuhr einfach weiter. Ständige Steinschläge hatten die Straße mit vielen großen Steinen

übersät, über die wir mit unserem lädierten Reifen holperten. Wir überholten einen einheimischen Bus, der auch mit einem Platten, einem „Puncture", am Straßenrand festsaß. Die Fahrgäste, viele von ihnen Touristen, spazierten herum oder hockten gelangweilt zwischen den Felsen am Wegrand. Unser Fahrer bog kurz hinter dem Bus scharf links in eine kleine Schlucht ab und hielt an einer Stelle, an der ein kleiner Gebirgsbach in einen größeren, den „Wanla", mündete. Wir stiegen aus und sofort näherten sich drei Ladakhis vom Bus, um dem Fahrer beim Reifenwechsel zu helfen. Ruckzuck tauschten sie den platten gegen einen glatten Reifen. Und ruckzuck quetschte sich ein junger Ladakhi in einer quietschegelben Jacke neben mich auf den Rücksitz. Er hieß Dorjay und stammte aus Lingshed, wir nahmen ihn bis Panjila mit. Ich dachte, dass der Fahrer wieder auf die Straße zurückfahren würde. Zu meiner Überraschung brauste er direkt durch den Fluss auf einen Feldweg, dem wir in Schlangenlinien am Fluss Wanla entlang bis ins Dorf Wanla folgten. In der Ortschaft deutete nur noch ein sehr holpriger, steiniger, von Bauernhäusern gesäumter Weg darauf hin, dass wir uns auf einer offiziellen „Straße" befanden. Dass der Bus uns tatsächlich bis hierher folgen würde, erkannten wir eindrucksvoll an wartenden Touristen, die müde, staubig und abgekämpft am schmutzigen Wegrand standen, umgeben von staubigen Rucksäcken. Unsere Unkenntnis über die Fähigkeiten der Tata-Busse in unwegsamem Gelände verleitete uns zu wilden Spekulationen mit vielen Fragezeichen.

Wir passierten den schönen Zeltplatz von Wanla und passierten das Tor zum Mittelalter in ein Leben, das uns Abenteuer pur dünkte. Kilometerweit zockelten wir auf dem schmalen Feldweg durch das Tal, sahen ab und zu primitive Bauernhäuser aus Lehmziegeln, umsäumt von Feldern und grasenden Yak- und Eselherden. Die Ernte schien schon fast eingebracht, viele Felder waren leer.

### Im Mittelalter

Als wir Panjila erreichten, hatten wir den Zeitsprung ins Mittelalter endlich geschafft. Mit einem Yak und fünf Eseln, die sich endlos im Kreis drehten, drosch eine Bauernfamilie ihr Getreide. Mit ruhigem Singsang trieb der Vater die Tiere an, die Kinder rannten neben ihm

her, die Frau beobachtete uns neugierig mit einem Säugling auf dem Arm.
Im winzigen Geschäft am Ende des Dorfes nahmen wir auf billigen Allerweltsplastikstühlen Platz, wurden zu einem Glas süßen Milchtee eingeladen und mit Ladakhi-Äpfeln und Kokoskeksen voll gestopft. Außer dem jungen Ladakhi Dorjay sprach hier niemand Englisch. Eine riesige Yakherde mit etwa 30 Tieren aller Größen walzte braun, schwarz und weiß den staubigen Bergpfad herunter und rannte direkt an unserem Plastiktisch und unseren staunenden Augen vorbei. In diesem Dorf entdeckten wir keine Farbe, nirgendwo, sondern alles war braun und grau vom Staub. Die Leute redeten und lachten und mir erschienen sie durchwegs alle als sehr mager, hager und dunkel gebrannt. Nach der Stärkung ging es weiter, die Zeit drängte, es war 16 Uhr. Der Taxifahrer wollte heute noch vor Anbruch der Dunkelheit zurück in Leh sein. Noch vier Kilometer führten uns auf dem engen Weg durch die Schlucht hinauf zur Brücke, zum Ende der Straße. Dort wurden wir mit Sack und Pack abgesetzt. Geschäftig rumorten die Nonnen sofort mit den Kochtöpfen und gingen mit dem Kerosin recht freizügig um. Immer wieder passierten uns Hirten mit Pferden und Yaks. Später erreichte uns ein junges Paar mit großen Rucksäcken, Freunde der Nonnen. Nach einem großen Palaver verspeisten die jungen Leute unser übriges Essen. Es gab Blumenkohl, Reis, Milchtee und Jürgen und ich machten uns später noch einen Yogitee mit Rum. Wir schwatzten mit unseren Gefährten, brachten uns gegenseitig Englisch und Ladakhi bei, betrachteten Bilder und hockten dabei im Dreck. Alles war voller Staub. Die ältere Nonne Stanzin besaß weder Teller noch Löffel und schleckte ihr Essen von der Innenseite des Schnellkochtopfdeckels. Entsetzt liehen wir ihr einen Teil unseres Essgeschirrs. Es wurde ein schöner Abend inmitten von Yakmist, Packsäcken, Töpfen und Decken. Die jungen nepalesischen Bauarbeiter, die an der Straße weiter oben in den Bergen arbeiteten, schlichen ständig bei uns herum. Als um sieben Uhr die Dunkelheit hereinbrach, konnten wir ohne Taschenlampe nichts mehr finden und wir verkrochen uns überfordert ins Zelt. Weitere Einheimische aus Lingshed trudelten im Laufe des Abends ein: Eine Nonne und ein junger Mann. Die Ladakhis hockten im Dunkeln, kochten und plauschten bis spät.

Tagsüber war es zwar warm gewesen, aber immer bedeckt und als wir im Zelt lagen, regnete es kurz.

Freitag, 5.8.
Ich wachte nach einem ausgesprochen guten Schlaf um fünf Uhr auf. Wir standen bald auf, weil uns nach dem Liter Yogitee am Abend zuvor die Blase zu platzen drohte. Bei milden Temperaturen kletterten wir aus dem Zelt und die Nonnen fühlten sich sofort dazu veranlasst, unseren Tee zu kochen. Nach einer Katzenwäsche unten am Fluss schöpften wir Wasser und erklommen mit den Wasserbehältern die Anhöhe, schnaufend wie Lastochsen. Die zwei Ladakhis vom Abend zuvor hatten bei uns übernachtet, sie verabschiedeten sich. Da wir dem Staub, der sich an Hosen, Zelt, Gepäck und alles andere haftete, nicht mehr Herr wurden, gaben wir das ständige Abklopfen auf. Wir tranken zwei Liter Schwarztee, die Nonnen schlürften ihren gesalzenen Tee und lösten ein Stück Butter darin auf. Bevor Tsering die Chapatis zubereitete, wusch sie sich demonstrativ die Hände mit Seife. Der Kochtopfdeckel diente vielen Zwecken: Als Kochtopfdeckel, Essteller, Ablage, Chapatipfanne… Die Chapatis schmeckten lecker, nur Mehl und Wasser. Wir verspeisten sie mit Marmelade bestrichen, den Rest packten wir zum Lunch ein.
Unser Gepäck musste neu durchsortiert werden, da wir den ganzen Tag keinen Zugang mehr zu unseren Packsäcken haben würden. Deswegen überlegten wir, was in unsere Tagesrucksäcke gehörte. Jürgen faltete das Zelt und pumpte vier l Trinkwasser mit unserem Katadynfilter. Die Nonnen zogen sich zurück, wahrscheinlich wurde gebetet. Wir putzten Zähne, Jürgen fotografierte und dann blieb uns nur noch das Warten: Auf die Sonne und den Horseman. Der Gestank um mich herum erschien mir fast unerträglich: Wenn nicht gerade gekocht wurde und das Kerosin qualmte und stank, dann roch es nach Yakmist und Urin. Als die Sonne aufging, erwärmte sich die Umgebung und es stank noch mehr. Der Duft unseres schönen Deos vermittelte uns ein Gefühl von Restzivilisation, das tat uns gut. Während ich das Liedchen „Eine Zeit wird kommen“ sang, näherte sich Stanzin langsam, hängte sich an meine Schulter und hörte andächtig zu. Heiße Sonne, blauer, wolkenloser Himmel und um uns herum riesige Steinhügel, von einzelnen buschigen Boden-

deckern geschmückt. Ockerorange, runde Steine malten Farbtupfer auf dem grauen, sandigen Boden. Lilafarbige, fast rosige Schattierungen wechselten an den Berghängen mit grüngrauen Streifen und pinselten Leben und Muster in die Berge. Zwischen den Steinplatten wuchsen vereinzelt Hagebuttenbüsche. Sonst gab es hier nur Steine und Staub.

Wir warteten. Die Nonnen dachten nicht daran zusammenzupacken. Erst als der Horseman Tashi pünktlich um 9:05 Uhr erschien, wussten wir warum: Sie kochten ihm sofort Tee. Wider alle Erwartung brachte er doch zwei Pferde. Tashi schickte uns voraus und deutete an, dass wir nicht links über die größere Brücke sollten, sondern über die kleine Brücke nach rechts, an einer Stupa vorbei. Als wir mit unseren bepackten Tagesrucksäcken loszogen, wanderte eine siebenköpfige Gruppe amerikanischer Touristen an uns vorbei und aus war es mit der Ruhe.

Die erste Herausforderung ließ nicht lange auf sich warten. Die nepalesischen Jungs arbeiteten mit dem Auftrag, den Weg vor uns zu einer befahrbaren Straße auszubauen. Wir hörten vom unerreichbaren Ziel der Indischen Regierung, dass alle Bergdörfer mit dem Fahrzeug erreichbar sein sollten. Deswegen bauten die Arbeiter diesen entlegenen Wanderweg aufwändig aus. Die Nepalesen benutzten dazu auch Schlagbohrer und Sprengungen, die wir immer wieder dumpf in den Bergen hörten.

Neugierig wanderten wir weiter, und plötzlich gab es keinen Weg mehr - weggesprengt. Wir folgten den Amerikanern durch puderfeinen Sprengstaub dicht am Fels in die Schlucht hinunter und diskutierten besorgt, wie auf diesem schmalen Weg die Pferde mit den riesigen Packsäcken durchkommen sollten. Vor uns öffnete sich die gigantische Hanupatta-Schlucht, unter uns tobte der Wildbach. Fasziniert fotografierten wir die sich ständig ändernden Formationen und Farben der umgebenden Felsen, überall wuchs Hagebutte, später begegneten wir einer wilden Form von Lavendel. Wir beobachteten Schmetterlinge in Tarnfarben, Salamander mit leuchtend rotem Halsband und kunterbunte Hummeln. Die Hanupatta-Schlucht weitete sich immer mehr. Bewässerungsanlagen hingen über dem Weg am Berghang, Zeugen menschlichen Schaffens und Überlebens in der Wildnis. Abrupter Wechsel der Felsformation von spiegelglatten, senkrecht stehenden, schimmernden Plattenwänden zu einzementierten, kleinen „Schweinchensteinen." Ich gab ihnen den Namen, weil sie fleischfarben und speckig, wie ein kleines Rudel Schweinchen, zusammengekuschelt im Fels schliefen. Wir tranken viel und stoppten um 11 Uhr zu einer kleinen Rast. Um 12 Uhr erreichten wir das ausgestorbene Dorf Hanupatta, die gesamte Bevölkerung befand sich auf den Feldern bei der Ernte. Wir rüttelten erfolglos an der Türe des von außen ziemlich schmuddligen „Restaurants". Jürgen war sauer, weil er in seiner Erwartung, auf dem Shortcut nach Lingshed zu wandern, enttäuscht wurde, denn über Hanupatta führte nur der lange Weg. Direkt im Bach führte der Pfad durch das verwinkelte Dorf zwischen den Steinhäusern hoch, an Ställen vorbei. Plastikmüll und alte Schuhe schauten aus dem Bach und säumten den Weg. Ich änderte meine Meinung: Nicht nur die Touristen trugen die Verantwortung für diese Verschmutzung. Ich hatte beobachtet, wie die junge Nonne Tsering beim Kochen einfach ungerührt alles hinter sich in die Felsen warf, Papier und Plastik inklusive. Während wir warteten, wurde Jürgen ungeduldig, denn er wollte weiter wandern, wir waren aber nicht sicher, ob wir uns wirklich auf dem rechten Weg befanden. Ich forderte ihn und zur gleichen Zeit mich selbst auf, unsere westliche Umtriebigkeit durch die buddhistische Ruhe und Gelassenheit zu ersetzen, vor der uns Dieter Glogowski erzählt hatte. Jürgen verschwand irgendwo im Dorf auf der Jagd nach geeigneten Fotoobjekten. Auf einmal erschienen zwei Kinder an einer Hausecke und lächelten mich an. Ich fragte den älteren Jungen: „Do you speak English?" Überrascht von seinen passablen Sprachkenntnissen erkundigte ich mich nach seinem Alter. Eifrig berichtete mir der Zwölfjährige, dass das Mädchen mit dem kessen Hütchen seine sechsjährige Schwester sei. Sie bettelten um Bonbons, leider musste ich sie enttäuschen, denn unsere Lutscher befanden sich im Packsack auf dem Pferd.

Während wir redeten, schlichen noch zwei schmutzige Pimpfe um die Ecke und grinsten scheu. Mein Eindruck, je kleiner die Kinder desto schmutziger, bestätigte sich später. Ein ganz kleiner Kerl, vielleicht zwei Jahre alt, trug eine Hose aus Fetzen, die nur noch vorne zusammen hielt. Sein schmutziges Hinterteilchen spitzelte bei jedem Schritt hervor. Ich nahm ihn, ohne zu überlegen, auf meinen Schoß,

und hinterher war meine Hose so dreckig, dass alles Reiben nichts mehr nutzte.
Nach 15 Minuten standen zehn Kinder unterschiedlichen Alters um mich und sangen mir in Ladakhi Lieder vor, die sie mit lustigen Handbewegungen begleiteten. Ich sang deutsche und englische Kinderlieder und brachte ihnen kleine Fingerspiele bei, sie klatschten begeistert und machten mit. Ein etwa achtjähriges, sehr freundliches Mädchen litt unter einer schlimmen Augenentzündung mit dicken Eiterbatzen, die in ihren Augenwinkeln klebten. „Zufällig“ hatte ich die richtigen Tropfen in meiner Hosentasche und träufelte sie ihr vorsichtig in die Augen. Sie lächelte, hielt still und die anderen Kinder beobachteten neugierig. Ich schenkte ihr die Tropfen mit der Anweisung 1 x täglich in beide Augen.
Im Dorf warteten wir ca. 1 ½ Stunden, bis Tashi mit Pferden und Nonnen aufholte. Tsering trug ihre große silberne Kiste auf dem Rücken und wirkte dadurch selbst wie ein Packtier. Sie versicherte uns, dass die Kiste nicht schwer sei, da sie nur ein paar Pullover enthalte. Es ging darum, die Kiste selbst nach Lingshed zu bringen.

**Erste gesundheitliche Attacke**

Wir zogen mit unserem Horseman weiter, alle Kinder winkten und schrien fröhlich „Jullay, Jullay, Goodbye, Goodbye“. Zum Lunch kauten wir je zwei kalte Chapatis, die alt und trocken schmeckten und eine Stange „Beefjerkey“, ein Geschenk zur Wegzehrung von meinem Sohn.
Auf unserem Weiterweg zogen wir an einem romantischen Bächlein vorbei, durch Felder und eine große Herde hungriger, meckernder Ziegen und Schafe. Den Verlauf des Weges erkannten wir in der Ferne und folgten ihm. Von unserer älteren Nonne Stanzin war weit und breit nichts zu sehen. Die Arme hinkte schon sehr stark, ich befürchtete, dass wir sie nicht wieder sehen würden. Wir trotteten weiter und überholten einen englisch sprechenden Wanderer (ich tippte auf Australier) mit einem ungeheuer großen und schweren Rucksack. Er stöhnte und schwitzte. Ich machte mir Gedanken über den Unsinn, in dieser Höhe so beschwert zu reisen, wo doch ein Horseman mit einem Tier wirklich günstig zu mieten war.

In Gluthitze stapften wir immer höher und höher, oder war es bloß mir so heiß? Mein Abstand zu Jürgen wurde immer größer und je höher wir kamen, desto schlechter ging es mir. Ein Zwicken im Magen beunruhigte mich und plötzlich überfiel mich starker Durchfall. Übelkeit packte mich und mein Magen krampfte. Jürgen merkte, dass mit mir etwas nicht stimmte und übernahm meinen Rucksack. Er rannte voraus, um zusammen mit dem Horseman das Zelt aufzubauen. Mittlerweile kleidete sich der Himmel in düstergraue Gewänder und schickte einen kalten Wind, der uns bei weit über 4000 Metern Höhe heftig um die Ohren pfiff. Sogar die ältere Nonne überholte mich jetzt und strafte meine Überlegungen Lügen. Als ich am Camp ankam, war ich so erschöpft und krank, dass ich erst mal eine Runde heulen musste. Unsere besorgten Nonnen brachten mir eine Tasse Schwarztee, die sofort in hohem Bogen hinter dem Zelt meinem Magen entfloh. Gott sei Dank enthielt mein Rucksack ein Geschenk meiner Freundin Jana: Das homöopathische Mittel „Colina spezial“ mit Heilerde gegen Übelkeit. Sobald ich das Päckchen im warmen Wasser aufgelöst und getrunken hatte, ging es mir besser. Die Außentemperatur sank auf 7 °C und gegen 17:30 Uhr krabbelte ich mit einer Flasche heißem Wasser als Wärmflasche in den Schlafsack und rührte mich nicht mehr. Über der warmen Funktionsunterwäsche trug ich meinen dicken Pullover, an den Füßen dicke Socken. Meine feuchten Hosen und Socken vom Tag stopfte ich mit in den Schlafsack zum Trocknen. Ein komisches Gefühl, mit den schmutzigen Klamotten im Bett zu liegen, aber am nächsten Morgen war alles schön trocken. Später am Abend krochen wir noch einmal ins Freie und entdeckten über uns einen funkelnden, zum Greifen nahen Sternenhimmel mit leuchtendem Halbmond. Es war so hell, dass wir keine Lampe brauchten.

**Der schnarchende Gaul**

Wir dösten so vor uns hin, an richtigen Schlaf war nicht zu denken. Auf einmal störte uns lautes Schnarchen ganz in der Nähe. Ich spürte Jürgens Hand auf meiner Schulter, er wollte mich wachrütteln in der Annahme, dass ich der Schnarcher war. Ich lachte laut und schlug vor, den „Übeltäter“ unter den beiden Pferden zu suchen, die direkt neben dem Zelt angebunden ruhten. Jürgen glaubte mir nicht und ging der Sache auf den Grund. Tatsächlich, stand doch der Gaul auf allen Vieren und schnarchte lauthals vor sich hin. Gibt es schnarchende Pferde nur im Himalaya oder auch in Deutschland? Wir diskutierten eine Weile über dieses Phänomen. Jedes Mal, wenn wir nachts raus gingen zum Austreten, wieherte das Pferd leise zur Begrüßung. Irgendwann glitten wir doch noch in einen tiefen Schlaf und erwachten morgens zu bitterkalten 2 °C. Unsere Begleitgruppe, die im Freien schlief, grinste uns mit blauen, völlig verfrorenen Gesichtern verlegen entgegen. In unserem Hilfsgüterpacksack kramte ich nach Sweatshirts, Pullovern, Mützen und warmen Stirnbändern und verteilte sie unter unseren zitternden Leuten. Mir ging es besser und nach einem Liter Ingwertee, einem Frühstück aus Daalsuppe und frischen Chapatis waren wir alle bereit für einen neuen Tag. Jürgen baute das Zelt ab, packte und ich half ihm, stand aber mehr im Weg als ich nützte.

**Der erste Pass**

Die ältere Nonne Stanzin wurde mit uns los geschickt, um uns den Weg zu zeigen. Tashi und Tsering blieben zurück, um die Pferde zu beladen. Vorher bat er uns noch, unsere Sachen gleichmäßig in beide Säcke zu verteilen, dass die Pferde es besser tragen konnten. Vom Camp aus wanderten wir in einem weiten Bogen nach links, immer höher, bis wir ein Plateau erreichten, auf dem ein einzelner Yak graste und viele riesige Murmeltiere wuselten, die nicht pfiffen. Unsere Köche hatten mir noch eine Flasche voll mit heißem Ingwertee mitgegeben, den ich immer wieder schlürfte, denn meine Magenverstimmung zwickte wieder schmerzhaft. Ich sah den Pass mit 4.805 Metern vor uns, den Jürgen lange vor Stanzin und mir erreichte. Ich bildete das Schlusslicht, sogar die Packpferde überholten mich. Mir drängte sich der Verdacht auf, dass die Ursache für meine Magenprobleme unter anderem auch die Höhe sein könnte. Tsering wanderte langsam neben mir her und deutete mir an, immer wieder stehen zu bleiben und mich vornüber zu beugen, um mich kurz auszuruhen. Sie atmete langsam mit mir und machte mir durch ihre Anwesenheit Mut. Auf dem Pass Sirsir La (4805 m) pfiff uns der Himalayawind energisch um die Ohren und ich war fix und fertig. Jürgen meinte, ich sollte doch eine Ibuprofen-Tablette nehmen, mit

der es mir nach einer halben Stunde während des Abstieg tatsächlich besser ging.
Die Aussicht vom Pass in die unglaubliche Weite genossen wir sprachlos. Schneebedeckte Berge rings umher, ein zerfleddertes Silberband schlängelte sich durch das Tal vor uns, die ergebenen sanften Hügel dazwischen leuchteten in allen Variationen von Ocker, Siena, Rosa, Dunkelrot, Braun und Grau. Dieses in sich stimmige Farbspiel schmeichelte meiner Wahrnehmung, obwohl das Grün der Bäume völlig fehlte. Am strahlend blauen Himmel hingen einzelne bewegungslose Wattebäusche. Wir durchquerten eine Stein- und Felsenwüste, und trotzdem schmauste das Auge wohlwollend an der bizarren Mondlandschaft, bewunderte Türme gefasst in Rot und Grau und glitt sehnsüchtig hoch zu den unbekannten Gipfeln. Die beruhigende Wirkung dieser Umgebung erweckte in der alten Nonne junges Leben und sie rutschte als Wegabschneiderin in einer Staubwolke auf ihrem „Rockboden“ den Schotterabhang hinunter. Wir rutschten ihr auf unseren Stiefeln im Schotter des Passwegs hinterher und begegneten unten einer über und über mit Staub bedeckten Stanzin. Sie grinste einfältig und führte uns den gluckernden, verzweigten Fluss entlang durch ein leeres, romantisches Tal ohne die sonst so üblichen Weidenbüsche. Langsam tauchte Photoksar mit seinen vielen Feldern vor uns auf. Tashi und Tsering holten uns nach einem Umweg mit den Pferden ein, weil unser Abstieg für die Lasttiere zu steil war. Wir ließen das Dorf links liegen und winkten den freundlichen Leuten bei der Ernte zu. Viele „Jullays“ schallten über die Felder. Jullay bedeutet in Ladakh soviel wie: Grüß Gott, Guten Tag, Aufwiedersehen, Tschüss, danke, bitte und dieser Gruß schien direkt aus dem tiefsten Herzensgrund zu fließen. Vom ersten Tag an liebte ich diesen Gruß und versuchte, ihn genau nachzuahmen und mit der gleichen Herzenswärme zu erwidern.
Eine Mutter trug ihr Kind ein Stück in unsere Richtung und rief „Bonbon“. Leider befanden sich wieder alle unsere Vorräte im Packsack auf dem Pferd und wir konnten „nur“ ein Lächeln und Winken schenken. Wir kämpften uns noch einmal 200 Höhenmeter über einen kleinen Pass. Die liebe Tsering stand mir hilfreich zur Seite und befahl mir „Sit“ (Sitz). Ich erholte mich tatsächlich jedes Mal gut, wenn ich ein paar Minuten sitzend ruhte. Neugierige Dohlen

begleiteten mit ihrem einsamen Pfiff unseren Weg, die Melodie der Berge.
Am frühen Nachmittag erreichten wir den malerischen Campground von Photoksar. Ein paradiesisch anmutender Platz mit vielen schimmernden Bächen, die gluckernd und fröhlich auf ihrem Weg vom Gletscher über die Wiesen hüpften und das Plateau so reichlich bewässerten, dass überall saftiges Gras wuchs, auf das sich unsere Pferde hungrig stürzten. Mich verlockte die Aussicht auf ein kaltes Bad in einem versteckten Gumpen. Es erwies sich als schwierig, eine Stelle in dieser exponierten Lage zu finden, die Privatsphäre und somit ein Bad erlaubten. Jetzt war die Welt für mich wieder in Ordnung und ich fühlte mich wohl. Eine Ortliebschüssel voller frisch gewaschener Wäsche trocknete bald danach auf den heißen Felsen, Andere Reisegruppen trudelten ein, wir befanden uns schließlich auf dem berühmten Zanskar-Trekk. Bald tummelten sich auf den grünen Wiesen ca. 30 Pferde und Maultiere. Der riesige Campground ermöglichte jedem reichlich Raum in romantischer Lage. Unser Horseman Tashi kochte uns einen ausgezeichneten Schwarztee mit Ingwer und wir wärmten uns in der goldenen Nachmittagssonne. Die frisch gewaschene Kleidung lag abends duftend und trocken auf den Felsen. Für die problemlose Funktionskleidung waren wir jetzt schon richtig dankbar. Die Nonne Tsering lief noch einmal nach Photoksar, um das Kloster in den Felsen zu besichtigen. Stanzins Erschöpfung stand ihr ins Gesicht geschrieben, ihre Knie schmerzten und Jürgen schenkte ihr eine Bandage und Schmerztabletten. Trotz tiefbrauner, wettergegerbter Haut litt sie unter einem frischen Sonnenbrand und wir cremten sie mit Aloe Vera Gel ein. In unseren Packsäcken befand sich tatsächlich eine hilfreiche, kleine Apotheke.
Während ich in meinem Tagebuch schrieb, rauschte der glucksende Bach an mir vorbei, hüpfte fröhlich und kalt über bunte Steine, schäumte und flüsterte geschäftig vom ewigen Lauf der Zeit, von Beständigkeit und Bewegung und spritzte übermütig immer wieder über meine nackten Füße. Ich stellte mir diese wunderschönen roten, grünen und lila Steine in unserem Garten vor und fühlte mich wie ein kleines Kind mit neuem Spielzeug. Eine einzelne Dohle glitt lautlos durch die klare Luft.

In der Dämmerung unterhielten wir uns noch mit einem jungen Pärchen aus der Schweiz, ließen Stille und beeindruckende Landschaft auf uns wirken. Geklapper von Kochgeschirr, ruhige Stimmen der Horsemen, das Schnauben der Pferde waren neben unseren tiefen Atemzügen die einzigen Geräusche.
Tsering blieb im Dorf und übernachtete bei Verwandten. Tashi fragte, was wir zum Essen wollten und Jürgen erwähnte aus Spaß: „Hähnchenschenkel und Kartoffelsalat." Tashi wollte sofort ins Dorf, um ein Hähnchen zu holen. Jürgen beruhigte ihn und dann kochte er hausgemachte Nudeln mit Mangold, eine Art einheimischer Spinat – und es schmeckte sehr lecker. Dazu Tee mit einem Schuss Rum. Bei Einbruch der Dunkelheit besuchten uns zwei Männer aus Photoksar. Sie sammelten geringfügige Campinggebühren von den verschiedenen Trekkinggruppen ein.

**Der Weg zum Sengge La, dem Löwenpass**

Ein fröhliches „Good morning, your tea is ready" weckte uns aus tiefem, erholsamem Schlaf. Mit zerzaustem Haar krabbelte ich aus dem warmen Schlafsack und nahm die beiden heißen Tassen Tee in Empfang. Wir liebten dieses Morgenritual vor dem Aufstehen und begrüßten es als den einzigen Luxus auf dem beschwerlichen Weg durch die dünne, herbstliche Luft des hohen Zanskargebirges. Heute begann unser dritter Tag auf dem Weg nach Lingshed.
Jürgen verließ als erster unsere schützende Behausung. Es war seine Aufgabe, das Zelt und alle Utensilien in die Packsäcke zu verstauen und auf die Pferde zu verfrachten. Ich half unserem Horseman und den zwei Nonnen bei der Zubereitung des kleinen Chapati-Frühstücks. Über Nacht war die Temperatur gesunken und ich schöpfte zitternd etwas Wasser aus dem fast gefrorenen Bach. Der kalte Wind blies mir die Müdigkeit aus dem Gesicht, an Waschen war nicht zu denken. Immer noch geschwächt von den Durchfällen der vergangenen Tage blickte ich skeptisch in unsere Wanderrichtung. Jürgen beobachtete mich und deutete zum wolkenlosen Himmel: „Das Wetter wird gut."
Die heutige Strecke füllte mich mit großer Erwartung, denn dem „Löwenpass" eilte sein legendärer Ruf voraus. Mit seinen 5025 Metern die größte Hürde auf dem Zanskar-Trekk durch den Himalaya,

war viel über ihn geschrieben und erzählt worden. Spannung befiel die Trekker, die diesen Weg als Tagesroute vor sich sahen. Seine schiere Unüberwindbarkeit paarte sich mit dem Lockruf des beeindruckenden Ausblicks über die grandiose Bergwelt des Himalayas und übte auf uns Bergwanderer den geheimnisvollen Sog aus, von dem wir uns neugierig und atemlos anziehen ließen.
Stanzin, die gehbehinderte Nonne, humpelte langsam als Erste los. Obwohl es mittlerweile hell war, versteckte sich die wärmende Sonne immer noch hinter den Bergen. Dick vermummt standen wir zusammen am ersten kleinen Pass Bumiktse La (4200 m), hinter dem sich der Weg zum Löwenpass vor unseren Füßen ausbreitete. Schneebedeckte Bergspitzen stachen in den klarblauen Himmel, zeitlos und unbeweglich. Ringsherum nur riesige Berge, Felsen, Schluchten und Steine. Eine stille Wüste, scheinbar ohne Leben und Laut. Unsere Blicke streiften durch das Tal hoch zum Löwenpass: Er machte seinem Namen alle Ehre, denn er sah aus wie der riesige Rücken eines Löwen, der sich von der Sonne wärmen lässt und den wilden Kopf auf der rechten Seite des Passes versteinert und stolz in den Himmel streckt. Willig folgten wir dem Weg, der uns in sanften Bögen über kleine Buckel mit hartem, grauem Gras und entlang eines rauschenden Gletscherbaches führte. Jede Biegung des Pfades öffnete neue Perspektiven auf spannende Felsformationen und dezente farbliche Variationen in der Bekleidung der Berge, die uns im Vorbeigehen still grüßten. Die Vielfalt der Formen regte meine Phantasie an und ich meinte hinter jedem Stein auf dem Weg einen Edelstein zu entdecken. Verblühende Heckenrosen säumten Hänge und zwischen den spärlichen Gräsern der Yak-Wiesen wuchsen leuchtend rote und blaue Blumen. Jetzt brannte die Sonne wieder so sehr, dass wir alle warmen Sachen auszogen. Schwarze Flecken auf den sanften Hügeln entlang des staubigen Weges verrieten die grasenden Yak-Herden. Spritzige Wildbäche glucksten von den Hängen und die Bergdohlen begleiteten uns mit ihrem weichen „Kra-Krah“ immer wieder ein Stück. Den ganzen Tag erfreute uns das Gezwitscher der Vögel. Ich bildete mir ein, es schwebten Lerchen in der klaren Luft, die ihr helles Lied sangen. Bachstelzen hüpften eifrig zwischen den Steinen an den zahlreichen Wasserläufen und kleine weißwollige Tierchen, etwas größer als ein Hamster, verschwanden

in Steinhäufen, als wir uns näherten. Immer wieder passierten wir verfallene Häuser. Einzelne Trekker und Einheimische begegneten uns, jeder bereit für einen freundlichen Plausch. Stundenlang wanderten wir langsam durch das herbstliche Tal und die immer dünner werdende Luft.
Jürgen sah den letzten hohen Anstieg zum Löwenpass und war verschwunden. Ich unterhielt mich mit einem jungen Trekker und fand heraus, dass er ein deutscher Physiotherapeut war und Heiner hieß. Er arbeitete auch mit behinderten Kindern in Nordindien. Ich holte mir noch gute Arbeitsanregungen von ihm und wir versprachen uns gegenseitig, wieder zurück in Deutschland Kontakt aufzunehmen.
Mein Atem ging schwerer und ich fing an, im Gehrhythmus zu singen. Ich war allein, aber nicht einsam. Die Stille und Höhe erfüllte mich mit Ehrfurcht, der Himmel schien zum Greifen nah. Der letzte Anstieg lag vor mir. Ein wilder, kalter Wind nahm mich in Empfang und wollte mich das Fürchten lehren. Ich kramte meine warme Jacke und Mütze wieder heraus und stapfte langsam singend weiter, ein Ritual, ein Sog, ein Kampf mit dem Berg und mit mir selbst.
Plötzlich war er wieder da, mein Mann. Sein Rucksack lag auf dem Pass und jetzt holte er meinen. Erleichtert und beschwingt folgte ich ihm, bald würde ich auf dem Rücken des Löwen stehen.
Ich schnappte nicht nur wegen der 5025 Meter Höhe nach Luft. Die einzigartige Aussicht trieb mir überwältigt Tränen in die Augen. Ringsherum unglaublich wilde Berge unter blauem Himmel, atemberaubend, ehrfürchtig. Wir packten die Gebetsfahnen aus und schrieben unsere Namen darauf. Jetzt hängen sie bei unzähligen anderen, die im Wind des Löwen flattern und peitschen. Es heißt, dass der Wind die Gebete und die Namen mitnimmt und für gute Energien sorgt. Den Ritualen auf dem „Dach der Welt“ folgte ich bereitwillig, denn in diesen riesigen Bergen fühlte ich mich „nur“ noch wie ein winzig kleiner Mensch, wie ein Kind, das aufsaugt, lernt und sich anpasst, um zu überleben.
Wir hatten es geschafft! Dankbar und euphorisch verweilten wir eine kurze Zeit auf dem Rücken des Löwen in gleißender Sonne und pfeifendem Wind und überließen unsere Augen der Lust des Schauens, während wir hungrig unseren Lunch verschlangen. Die andere Reisegruppe erreichte die Passhöhe und die Schweizerin packte hart

gekochte Eier aus. Nach einem Blick in ihre „luxuriöse" Lunchbox stöhnte sie: „Ich würde jetzt viel für Fleisch und einen warmen Tee geben!"
Ich lachte und reichte ihr meine Thermosflasche mit gesüßtem, heißem Ingwertee und zog eine Stange Beefjerkey aus meinem Rucksack, wedelte damit vor ihrer Nase: „Im Gegenzug bekomme ich dein hart gekochtes Ei", und beide waren wir vollkommen glücklich. Die Nonne Stanzin schnorrte sich Fruchtsaft und Schokolade von den gut versorgten Trekkern und dann ging es den steilen, trockenstaubigen Hang auf der anderen Seite wieder runter. Eine Gruppe Einheimischer lagerte am Wegrand und rief unseren Horseman und die Nonnen zu einer Butterteepause zu sich. Wir versuchten das fette, salzige Zeug runter zu würgen. Diese Verzögerung bewirkte, dass wir uns beim Weitermarsch plötzlich hinter den ganzen Packtieren der anderen Reisegruppen befanden und nun nur noch Staub schluckten. Wie richtige Greenhorns folgten wir euphorisch den Pferden und Maultieren, ohne uns entsprechend zu schützen. Am verdreckten Sengge La Basecamp angekommen, erklärte uns Tashi, das sich ein schönerer Campingplatz mit gutem Wasser noch etwa eine halbe Stunde entfernt in Richtung Lingshed befindet. Wir erreichten diesen nach fast zwei Stunden und der Chance, hautnah und knochenmüde die dehnbaren Zeitangaben der Einheimischen zu erfahren. Auf 4.600 Metern Höhe schlugen wir unser staubiges, windiges Lager auf. Als den Pferden das Gepäck abgenommen wurde, wälzten sie sich erst mal ausgiebig im Dreck, behandelten so ihren juckenden Rücken und wirbelten noch mehr Feinstaub auf. Jetzt hatte ich doppelte Bescherung: Meine geschwollenen und entzündeten Augen brannten noch schlimmer und trübten den Blick auf das gigantische, beeindruckende Panorama. Die Berge schienen unendlich hoch und die Schluchten unergründlich tief. Unglaublich weit unten entdeckten wir einen kleinen grünen Fleck, Dimensionen, die uns erstaunten. Da sollte ein kleines Dorf sein, in das unsere Nonne Stanzin zügig weiter wanderte, weil sie heute Nacht dort ihre Verwandten besuchten wollte. Der spektakuläre Blick aus dieser Höhe vertiefte sich im Abendlicht, zu dem der leuchtende, zunehmende Mond gehörte.

Um 17.30 Uhr verschwand die Sonne und es wurde schlagartig kalt. Beim Kochen pustete der starke Wind immer wieder den Kerosinkocher aus. Also bauten wir ein Kochzelt: Jürgen besorgte Planen und Decken, Tashi borgte sich einen Balken aus einem verfallenen Haus und mit Hilfe der Pferdeseile errichteten wir gemeinsam einen passablen Schutz. Heute Abend gab es leckeren Reis mit Gemüse und den üblichen Tee. Um 19 Uhr krabbelten wir müde in die warmen Schlafsäcke, nachdem ich zum x-ten Mal meine Augen mit Tropfen behandelt hatte. Mit der Taschenlampe las Jürgen laut seine abendliche, informative Gute-Nacht-Geschichte aus dem Buch „Ladakh-Zanskar" von Jutta Mattausch und wir schwebten auf fast 5000 Metern Höhe in einen Schlaf, in dem die Träume sich ganz weit streckten, so weit wie das Land. Ich schwitzte in dieser Nacht sehr stark.

# - Akt IV -

Neue Schauspieler treten auf

## Wir erreichen Lingshed

Als wir morgens aufwachten, nahmen wir Tropfen auf dem Zeltdach wahr. Deswegen empfanden wir die Nacht auch nicht als so kalt, wenn man bedenkt, dass 4 °C in dieser Höhe „warm" sein sollen. Die Berggipfel leuchteten in Zuckerglasur, über 5000 Meter Höhe lag Schnee. Wir benötigten viel mehr Zeit für das Packen, da wir wegen der Nässe alles abwischen mussten. Jede Bewegung und Anstrengung fielen in dieser Höhe schwer, das Atmen war mühevoll. Ein Maultier suchte in der Nähe unseres Campgrounds nach Futter, ich bot ihm einen alten Chapati an, den er gerne annahm. Aber nun bekam ich das staubige Tier nicht mehr los.

Die Horsemen der verschiedenen Reisegruppen müssen nachts ihre Tiere bewachen, da sie sonst ausbüchsen. Wir beobachteten die Tiertreiber, die diese Vorsichtsmaßnahme versäumt hatten, wie sie stundenlang in den Bergen herumrannten und nach ihren Pferden riefen. Tashi suchte gestern Abend noch eine Stunde nach unseren zwei Schimmeln, brachte sie zurück und pflockte sie fest.

Tashi und die junge Nonne Tsering kochten zum Tagesanfang eine Linsensuppe mit Chapatis, beinahe mein Lieblingsfrühstück. Jürgen würgte dieses ungewohnte Essen mit Todesverachtung hinunter. Kurz vor acht Uhr brachen wir auf, nachdem uns Tashi erzählt hatte, dass es nur noch vier Stunden bis Lingshed sind. Für uns füllte sich der Morgen mit Anspannung, denn heute war der Tag der Offenbarung – Lingshed. Wie ein Zauberwort flüsterte ich den Namen des Dorfes. Auf dem Weg trafen wir wieder auf unsere inzwischen recht fitte alte Nonne und begegneten dem Australier mit dem furchtbar schweren Rucksack. Er teilte uns bereitwillig mit, dass es ihm mittlerweile besser ginge und die Last zu ertragen sei. Der Weg zog sich endlos über Hügel, entlang kahler Hänge und über „kleinere" Pässe. Das Panorama überwältigte uns, die Anstrengung auch. Plötzlich fanden wir uns inmitten einer riesigen, blökenden Ziegenherde von ca. 200 Tieren wieder. Sie meckerten einen riesigen Hang entlang und betrachteten uns neugierig, aber scheu. Kleine Regentropfen kämpfen mit einzelnen Sonnenstrahlen darum, uns zu verwirren.

Ich wurde immer nervöser und schneller, denn das lang ersehnte Ziel lag kurz vor uns. Nach drei Stunden Gehzeit blickten wir über den Rand des Kessels in das unglaubliche Tal von Lingshed. Wir konnten gar nicht glauben, dass wir endlich da waren. Sprachlos standen wir und staunten und warteten auf die Pferde und Tashi, da wir nicht wussten, wie es weiter ging. Wir folgten ihm den langen, staubigen Weg ins Tal. Bald erkannten wir rechts das 500 Jahre alte Kloster, gleich daneben den offiziellen Campingplatz. Vom Pass bis zum Nonnenkloster wanderten wir eine Stunde, Tashi hatte heute mit seiner Zeitangabe Recht behalten.
Im Nonnenkloster wartete eine schreckliche Enttäuschung auf uns: Es empfing uns Dreck und nochmals Dreck. Wir wurden in ein kleines Zimmer geführt, in dem dreckige Teppiche lagen, alles staubig und grau. Dann brachte uns eine schmutzige Nonne heißen Tee und Kekse mit Orangengeschmack. Eine deutsche Lehrerin, die den Nonnen im Auftrag des Abts diesen Sommer über Englischunterricht erteilte, setzte sich zu uns und bald gab es Mittagessen. Danach versuchten Jürgen und ich das Zimmer wohnlich herzurichten und schüttelten die Teppiche aus. Tsering und eine andere kleine Nonne halfen uns dabei. Es staubte furchtbar, aber wir putzten so lange, bis wir das Gefühl hatten, den Zement- und Bergstaub einigermaßen in den Griff zu bekommen. Die Lehrerin besorgte uns einen Ladakhi-Besen, wir husteten und keuchten, denn die Gewohnheit der Einheimischen, mit einem Tuch vor Mund und Nase zu arbeiten, kannten wir noch nicht. Wir wuschen die Packsäcke, das dreckige Zelt und die restliche Ausrüstung. Das Wasser musste mit Eimern ungefähr 50 Meter tiefer aus dem Bach geholt werden. Endlich konnten wir uns selber waschen, aber mittlerweile sammelte sich eine Schar von neugierigen Zuschauern vor unserem riesigen, schmutzigen Panoramafenster. Jürgen bastelte mit meinem großen indischen Schal einen Vorhang. Wir holten immer wieder Wasser, Jürgen filterte davon unser Trinkwasser und die Nonnen servierten uns mehr Tee. Plötzlich klopfte es an die Türe und unsere neuen Schweizer Freunde spitzelten kurz herein. Ihr heutiger Trekk endete in Lingshed, sie zelteten hier mit ihrer Truppe. Ich schenkte der jungen Frau mein restliches Trockenfleisch. Sonam, der Sekretär des Abtes, schaute herein um Hallo zu sagen, alle paar Minuten kam je-

mand, der uns was zu sagen hatte. Lama Sonam, der freundliche Maler des Klosters, besuchte uns. Er sprach gutes Englisch und war zudem auch Tashis Onkel. Tashi lud uns für morgen in sein Haus zum Essen ein.
Die Namen verwirrten uns: Es gab keine wesentlichen Unterschiede zwischen den Namen von Männern und Frauen und jeder zweite hieß Sonam oder Lobsang, Stanzin oder Tsering.
Um 18 Uhr holten uns die Nonnen zum Essen ab. Anklopfen schien nicht zu ihren Gepflogenheiten zu gehören, sie standen plötzlich im Zimmer und gafften Jürgen an, der sich, nur mit der Unterhose bekleidet, gerade mit der körperlichen Hygiene beschäftigte.

Als es zum Abendessen Reis und Gemüse gab, war die Lehrerin erstaunt über die Karotten und den Blumenkohl, so etwas Frisches wurde ihr schon lange nicht mehr serviert. Wir erklärten ihr, dass wir den Rest unserer Lebensmittel verspeisten. Mit dem Abt Geshe La war abgemacht, dass wir den Nonnen alle unsere Lebensmittel und zusätzliches Geld gaben, damit sie uns versorgen konnten. Erst ein paar Jahre vorher von Geshe La gegründet, bot das Nonnenkloster vielen Frauen aus den umliegenden Dörfern ein neues zu Hause. Zum Kloster gehörten einige Felder zur Selbstversorgung der Nonnen. Die Mönche brauchten keine Feldarbeit zu verrichten, aber viele halfen ihren Familien in den Dörfern bei der Ernte. Der Abt kümmerte sich rührend um die insgesamt 13 Nonnen und schuf ihnen durch den Englisch-Unterricht der freiwilligen Helfer aus dem Westen eine Bildungschance, die leider nicht von allen geschätzt wurde. Johanna, unsere Medizinstudentin, landete auf diesem Weg in Lingshed und lernte so die behinderte Rigzin kennen.
Völlig deprimiert über die primitiven Zustände des „Speisesaals", hockten wir auf einem zerfetzten, alten Sack direkt auf dem Zementboden, die Mauern gammelten schwarz und schmutzig vom Ruß der Küche, die Fenster blind und fettig von den Butterteeresten, die einfach rausgeschüttet wurden und über die Scheiben liefen. Die Nonnen schienen keine eigenen Essschüsseln zu besitzen, denn unsere Reste schöpften sie in ihre Hände und verspeisten es mit den Fingern. Vorher hatten sie ihr Tsampa mit den Fingern in den Buttertee gerührt, zu kleinen Bällchen geknetet und gegessen, eine üb-

liche Gewohnheit in dieser Gegend. Eine Nonne schnäuzte direkt in ihre Schürze und betrachtete das Produkt voller Verachtung. Die Mädchen starrten vor Schmutz im Gegensatz zu einigen Mönchen in Lingshed, die wir schon gesehen hatten, und wir verdächtigten die schwere Feldarbeit der Nonnen für diesen Zustand.

Tsampa bildet neben dem Buttertee das Grundnahrungsmittel für die Ladakhis. Aus fermentierter, gerösteter Gerste hergestellt, wird es fein gemahlen zu einem nährstoffreichen Lebensmittel. Tsampa ist kein Mehl in herkömmlichem Sinn. Da die Gerstenkörner bereits geröstet wurden, kann Tsampa ohne weiteres ungekocht genossen werden. Da es sich schnell und einfach zubereiten lässt, erfreut es sich unter den hart arbeitenden Bergbauern, den Sherpas, Nomaden und anderen Reisenden großer Beliebtheit. Manchmal wird dem Tsampa noch Zucker, Butter und winzige Stückchen getrockneter Yakkäse beigemischt und so zu einer Art nahrhaften, transportablen Süßspeise verarbeitet.

Da wir verständlicherweise keinen großen Appetit entwickeln konnten, verbrachten wir den Abend mit Gesprächen. Und plötzlich erleuchtete eine moderne technische Errungenschaft das Dunkel des ländlichen Mittelalters und wir staunten Bauklötze: Jedes Haus in Lingshed, auch die Unterkunft der Nonnen, erstrahlten im Licht großer und hell leuchtender Solarlampen.
Als wir in unser Zimmer zurückkehrten, blinkten die Sterne zum Greifen nah. Der Fast-Vollmond tauchte das ganze Tal in helles, silbriges Licht. Überall im Tal leuchteten aus den Fenstern einzelner Häuser die Lichter der Solarlampen. Jürgen und ich philosophierten darüber, dass wir uns seit unserer Ankunft in Ladakh noch kein einziges Mal verlassen oder einsam vorgekommen waren. Die ausgesprochen freundlichen Leute blieben immer stehen und nahmen sich Zeit für ein fröhliches „Jullay“ und einen kleinen Plausch, der sich meistens in „How are you, I am fine, where are you going, what’s your name“ erschöpfte. Auch in der weiten Einsamkeit der Berge fühlten wir uns aufgehoben, umgeben von ruhigem Leben und dem Gefühl der Zugehörigkeit.

## Begegnung mit Rigzin

Am nächsten Tag sehr bald wach, beobachteten wir, wie sich die Sonne über die Berge schlich und die braunen Gipfel zum Leben erweckte. Im Tal herrschte um sechs Uhr morgens schon geschäftiges Treiben: Männer trieben Yaks auf die Weide, andere trugen große Büschel auf ihren Rücken und die Schreie der Esel hallten erbärmlich laut zu uns herauf. Ein Mönch kam des Weges und grüßte fröhlich „Jullay". Wir rangen heute sehr nach Luft. Auf 4000 Metern Höhe strengte jede Bewegung gegen die Schwerkraft an. Eine Nonne wanderte singend an unserem Fenster vorbei. Jürgen brachte ein paar Haken zum Aufhängen der Kleider an der Türe an und bastelte ein kleines Regal, ich hing schöne Tücher an den Wänden auf und schon wirkte der Raum wohnlicher. Um acht Uhr wurden wir und die Lehrerin zum Frühstück geholt: Chapatis, Marmelade und Tee. Wir packten unsere Tagesrucksäcke und wanderten unter der Führung der Lehrerin langsam eine halbe Stunde zum anderen Ende des Dorfes, wo Tashi wohnte. Wir wurden höflich und förmlich begrüßt, seine Mutter, Frau und die beiden kleinen Söhne scheu und neugierig im Hintergrund. Die Kinder freuten sich riesig über die Lutscher. Nachdem wir durch einen winzigen Eingang über stockdunkle Treppen in den Innenhof des Bauernhauses geführt worden waren, überreichten wir unsere Gastgeschenke. Die Frauen kehrten zu ihrer Arbeit, dem Erbsen auslösen, zurück. Wir zogen unsere Schuhe aus und durften in der „guten Stube" Platz nehmen. Nach den obligatorischen Keksen mit Orangengeschmack und Tee servierte unser Gastgeber scharfe Kartoffelsuppe mit frischem Koriander, knusprigen Weißmehlchapatis und noch mehr Tee. Die Sitte des Landes gebietet, dass der Gast alleine seine Mahlzeit verzehrt, die Hausleute essen extra, für uns sehr befremdend. Wir nötigten Tashi und seine Familie, uns Gesellschaft zu leisten und mit uns zu reden. Als wir aufbrachen, um endlich zu Rigzin zu gehen, überreichte uns Tashi feierlich einen durchsichtigen Schal, den Katak, und legte ihn uns zeremoniell als Zeichen des Respekts um den Hals. Nach hundert Goodbyes und Jullays rannten wir den Hang runter zu Rigzins Haus. Die Mutter mit ihrem Kind auf dem Rücken rannte uns schon entgegen. Über unsere Ankunft informiert, schien sie genauso gespannt wie wir. Erst nachdem wir uns eine Weile in den Armen gelegen hatten, hörten wir zwei Frauen auf zu heulen. Die Kleine war zum Fressen süß und verfolgte im Tuch auf dem Rücken ihrer Mutter aufmerksam das Geschehen. Tughjay, Rigzins Mutter, führte uns durch einen wiederum winzigen Eingang in die verrußte und verqualmte Küche ihres verfallenen Hauses, wo ich sofort mit der Untersuchung und Therapie Rigzins begann.

Die Großmutter des Hauses, eine abenteuerlich aussehende, sympathische alte Frau, weinte ununterbrochen und klagte uns ihr ganzes Herzensleid, nur verstanden wir kein Wort. Dabei wackelten die riesigen gelben Zahnstummel an den verkrüppelten Kauleisten. Uns wurde berichtet, dass sie einmal unter eitriger Kieferentzündung gelitten hatte, durch die sich die Knochen verformten. Tughjay und die Oma bereiteten einen zweiten Lunch für uns: Tsampa, Buttertee und Rühreier aus Trockeneipulver. Die Lehrerin und Jürgen verspeisten das Angebot tapfer mit Todesverachtung, ich fütterte meine Eier der hungrigen, ausgemergelten Rigzin und machte gleich ein paar Beobachtungen über ihr Ess- und Schluckverhalten. Offensichtlich konnte das Kind seine Arme nicht zum Stützen einsetzen und deswegen fehlten ihm die Voraussetzungen zum Sitzen. Mit Hüften und Beinen strampelte Rigzin wild und drückte sich dabei ständig in die Überstreckung. Der erste Therapieansatz war gefunden, alle beobachteten uns gespannt. Ich schwitzte durch die anstrengende Arbeit, da mir ihre Spastik Probleme bereitete. Nach einer Stunde war das Kind sehr müde, meckerte aber nicht. Ihr fielen die Augen zu. Wir trotteten zufrieden zur Gompa, dem Kloster, zurück, nachdem uns die Oma noch einmal weinend und hustend ihr Leid geklagt hatte. Dicke Tränen kullerten über ihre vertrockneten, dunklen Wangen und sie hustete fortwährend. Ich versuchte sie zu trösten und gab ihr eine Tablette gegen Erkältung, welche sie sofort zufrieden mit den wenigen verbliebenen Zähnen zerbiss und schluckte.

Wieder in unserem Zimmer, organisierten wir unsere Habseligkeiten und gegen 16 Uhr wanderten wir den langen Weg hoch zum „Hotel Lingshed“ in der Nähe des Männerklosters. Dieses „Hotel“ besteht aus fünf unterschiedlich großen Räumen, die von Helfern aus dem Westen als passable Unterkünfte für Freiwillige errichtet worden waren. Gegen eine Spende für das Kloster, das die Räume verwaltet, können sich Wanderer diese Zimmer im Hotel Lingshed mieten. Zum Campground und dem Hotel gehört eine „Dusch- und Toilettenanlage", von Dieter Glogowski in Auftrag gegeben und finanziert. In dieser Anlage befinden sich zwei Ladakhi-Toiletten und zwei kleine Räume mit Abfluss. In diesen „Kabinen" hängt man Duschsäcke auf oder wäscht sich einfach mit Wasser, ungestört und unbeobachtet. Die Notwendigkeit für diese Anlage entstand durch das ignorante Verhalten vieler Trekker, die sich ungeniert an der Quelle direkt unter dem Kloster fast nackt auszogen, um sich zu waschen und dass jeder seine Notdurft querbeet verrichtete und eine verschandelte, stinkende Umwelt zurückließ. Dieter finanziert den Lohn für einen Einheimischen, der sich um die Anlage kümmert.

Die Verbindungswege im Dorf empfanden wir als steil, rutschig und gemeingefährlich, bei Tag eine Herausforderung, bei Nacht Selbstmord.

Wir schnauften wieder eine halbe Stunde bergauf, bis wir den „Shop" hinter dem „Hotel" erreichten. Lama Sondup, der diesen Shop führte, musste erst aufsperren, dann zwängten wir uns in eine kleine, verrußte Kammer mit einer winzigen Türöffnung, durch die immer mehr Besucher ins Dunkel des Raumes quollen. Wir tranken gesüßten Milchtee und unterhielten uns prächtig, die Lehrerin war wieder dabei. Sie erzählte uns viel über die Gewohnheiten und Eigenarten der Einheimischen. Kinder schlüpften in den Laden und kauften für ein paar Rupien Kaugummi und Bonbons. Wir stellten fest, dass der gute Mönch einen kleinen Vorrat an „Godfather" Bier lagerte und nahmen gleich eine der ziemlich teuren Flaschen mit.

Wieder im Zimmer, holten wir Wasser, schüttelten unsere ständig staubigen Teppiche aus und schon erklang der Ruf zum Abendessen. Es bestand aus Fingernudeln und Gemüse, Tukpa genannt. Später tranken wir bei Kerzenlicht unsere Flasche Bier und erreichten so was wie ein Gefühl der Entspannung, aber die Nacht wurde sehr unruhig und wir lernten schnell, das Alkohol auf 4000 Metern Höhe mit größter Vorsicht zu genießen ist.

Einer schönen Vollmondnacht folgte ein strahlender Morgen, der uns um sieben Uhr zusammen mit der Lehrerin schon wieder auf dem Folterweg hoch zur großen Gompa entdeckte. Im Moment zeigte sich das Wetter von der besten Seite, aber das hatte nichts zu sagen, denn es änderte sich ständig. Der geschäftige Wind hetzte Wolken über das Tal, stahl die Sonne und befahl uns, die Jacken anzuziehen, um sich im nächsten Augenblick neckisch zurückzuziehen und die stechende Sonne auf uns loszulassen. Ab und zu tröpfelte es sogar genug, um einen sehenswerten Abdruck im trockenen Staub zu hinterlassen.
Lama Sonams kleine Wohnung in den oberen Stockwerken des Klosters überraschte uns angenehm durch Sauberkeit und wohnliche Ausstattung. Jeder dieser Mönche lebt alleine in einer kleinen Klause mit Küche, winzigem Wohn-/Schlafzimmer und dem üblichen ladakhischen Plumpsklo. Die Räume scharen sich um einen kleinen Innenhof, in dem allerlei Nützliches lagert. Wir entdeckten sogar ein kleines Bücherregal und zu unserer Überraschung kredenzte er uns Nescafé, eine Wohltat für meinen schlappen Kreislauf. Das schmackhafte, deftige Essen füllte unsere hungrigen Bäuche, alles serviert in hübschem Geschirr und mit freundlichstem Lächeln. Zum Schluss bot er uns noch indische Erdnussbutter zu den Chapatis an, aus Platzmangel im Bauch lehnten wir dankend ab. Durch seine Englischkenntnisse verbrachten wir einen geselligen und informativen Morgen mit dem lustigen und höflichen Lama Sonam. Gestärkt machten wir uns um neun Uhr auf zu Rigzins Haus. Die neunjährige Schwester Rigzins kam uns schon mit dem behinderten Mädchen, das wie ein Klammeräffchen auf ihrem Rücken hing, entgegen. Lobsang hatte heute wegen Zahnschmerzen die Schule geschwänzt. Wir wunderten uns nicht über die Zahnschmerzen, als wir den reichlichen Süßigkeiten- und Zuckerkonsum des Kindes bemerkten. Sie freute sich sehr über die kleinen, nützlichen Geschenke, die wir ihr brachten, vor allen Dingen über einen rosafarbenen Wollschal, der ihr sehr gut stand. Wir behandelten Rigzin auf einer Decke im Freien unter den Bäumen, ein wunderschöner Platz zur Therapie mit Aussicht über das gesamte Tal. Nebenan plätscherte ein Bach, die Mutter und Oma schnitten auf dem Feld mit der Handsichel Gras für die Tiere. Ständig kam eine der Frauen zu uns herüber und

bot uns Schwarztee in kleinen Tassen an. Auch wenn wir nicht wollten, hielten sie uns die Tasse so lange mit freundlichem Lächeln und Nicken hin, dass wir doch einen Schluck nahmen, um unsere Ruhe zu haben. Durch viele Erklärungen mit Zeichensprache und erste Versuche mit Ladakhi erreichten wir, dass wir nur noch ungesüßten, milchfreien Schwarztee zum Trinken erhielten.
Jürgen und ich probierten mit Rigzin alles Mögliche aus, fütterten ihr Tsampa ohne Zucker, gaben ihr zu trinken und entdeckten im grausamen, offenbarenden Licht der Sonne allerlei Leben in ihren kurz geschorenen Haaren. Der ziemlich kurz geschorene Kopf aller Kinder unter zwölf Jahren war uns schon aufgefallen, später fanden wir heraus, dass dieser Haarschnitt tatsächlich als vorbeugende Maßnahme gegen den Befall mit Kopfläusen diente.
Als wir mittags in das Kloster zurückkehrten, fanden wir heraus, dass heute in Erwartung einer Delegation französischer Sponsoren der Lunch im schönen Gebetsraum der Nonnen serviert werden sollte. Die Nonnen legten sich richtig ins Zeug und als die Franzosen Platz genommen hatten, servierten sie Reis, Kartoffeln, ein kurkumagelbes Daal und Chapatis. Ich fühlte mich mit diesem Essen pudelwohl, denn ich liebte Daal, Linsen, Reis und Chapatis, im Gegensatz zu Jürgen.
Wir kamen mit den Franzosen ins Gespräch und erzählten von unserer Mission. Später sangen wir zusammen und die Besucher spielten „Fingertheater“ und zogen dazu rote Pappnasen auf. Erst nachdem wir uns gegenseitig für die nächsten Tage eingeladen hatten, zogen sie sich ins Hotel Lingshed zurück. Wir bereiteten den Gebetsraum für Rigzins Behandlung vor. Wegen der enormen Belastung der langen, anstrengenden Wege hatten wir mit Rigzins Mutter vereinbart, dass wir einmal am Tag zu ihr kommen und sie nachmittags mit Rigzin bei uns im Gebetsraum zur Behandlung erscheinen sollte. Augenblicklich umgeben von einer freundlichen Schar rot gewandeter Hilfstherapeuten, die in meinen Therapiematerialien wühlten und Unterlagen durchblätterten, pumpten wir den mitgebrachten Autoschlauch auf. Die Nonnen und Mönche setzten sich auf den Schlauch, spielten wie Kinder damit und bewunderten unsere alten Turnschuhe. Riesiges Hallo und Gelächter verursachte die Sprechpuppe, als ich sie zum ersten Mal aus dem Sack holte und

„sprechen“ ließ. So etwas hatten diese einfachen Leute noch nie gesehen und bis zum späten Abend wurde die Puppe gedrückt und bewundert. Ihr weißes Kleidchen wechselte schnell die Farbe in schmuddliges Braun und das Gesichtchen war bald dunkel wie das der Ladakhi. In den folgenden Tagen besuchten viele neugierige Leute aus dem ganzen Dorf die Puppe, um sie mal kurz zu „drücken“. Sie lachten zusammen mit der Puppe und redeten mit ihr, als ob sie ein Mensch wäre.
Mit den vielen Zuschauern fiel die Behandlung von Rigzin schwer, denn sie wurde durch die „Hilfstherapeuten“, die wohlmeinend vor sie hin hockten und sie anfeuerten, sehr abgelenkt. Die dreijährige Rigzin war im Dorf bekannt, ihre Mutter hatte nie versucht, das Kind zu verstecken, ein Glück für das behinderte Mädchen. Rigzin sprach auf den Autoschlauch als therapeutisches Behandlungsmittel sehr gut an, die Mutter arbeitete fantastisch mit und wir verstanden uns gut trotz Sprachbarrieren. Beim Arbeiten geriet ich stark ins Schwitzen und war hinterher sehr erschöpft. Über ihre neue Puppe freute sich Rigzin riesig und entwickelte sofort ein Spiel: Sie zog der Puppe das Kopfband aus, gab es mir, ich musste es ihr wieder aufziehen, die Puppe zurückgeben und das Kind zog es wieder aus. Auch die Franzosen schauten kurz zu, drückten großes Interesse an unserer Arbeit aus und fragten, ob sie Rigzins Familie helfen könnten. Rigzin sah man an, dass sie glücklich war, sie lachte beim Abschied und krähte laut vor sich hin.

**Cynthia**

An diesem Tag trafen wir eine bemerkenswerte Frau, die später noch eine wichtige Rolle in der Entwicklung des Bühnenstücks „Ladakh“ einnehmen sollte. Mit ihren indischen Kleidern, hüftlangen Zöpfen und der blauen Baseballkappe stand sie plötzlich unterhalb des Klosters mit einem skeptischen Gesichtsausdruck vor uns. Im Auftrag einer kanadischen Vereinigung arbeitete sie seit über 14 Jahren in Indien und dem Himalaya. Im Moment unterrichtete sie die Lehrer und Kinder der Grundschule von Lingshed über Hygiene und Gesundheit und instruierte die Dorffrauen über Selbstverwaltung von Gewächshäusern und Vermarktung ihrer Produkte. Eine spezielle

Bauweise der Gewächshäuser, in Verbindung mit der reichlich vorhandenen Sonne, sollte die einheimischen Familien mit gesunden Lebensmitteln versorgen und es wäre noch genug Gemüse über, um ein zusätzliches Einkommen durch den Verkauf zu erzielen und es für den Winter zu trocknen. Cynthia erhob eine kritische Stimme gegen die Absichten des Abtes vom Kloster, der plante, ein Hostel für die Lingshed Kinder in Leh zu bauen und so die Kinder von ihren Familien weg in die Stadt zu bringen, mit Aussicht auf eine bessere Ausbildung. Sie vertrat die feste Meinung, dass die Schulen der Regierung in den Bergdörfern unterstützt und gefördert werden und die Kinder zu Hause lernen, leben und helfen sollten. Sie befürchtete, dass in Lingshed nur noch alte Leute leben würden, weil keiner der jungen Menschen zurückkommen wollte. Schon standen wir inmitten eines politischen Disputs, enthielten uns aber jeder Stimme, da wir nur das Kind behandeln wollten und uns noch keine echte Meinung zur lokalen Politik erlauben konnten. Cynthia stand oberflächlichen Touristen sehr zurückhaltend gegenüber und betrachtete uns anfangs als solche. Aber im Laufe der nächsten Wochen begleitete sie mich oft zur Arbeit und wir fanden heraus, dass wir außer unserem Alter noch sehr viel mehr gemeinsam hatten. Wir schmiedeten schnell dicke Bande über unsere Liebe zu Land und Leuten.

Der nächste Tag startete stressig, als wir erst nach 8:30 Uhr zum Frühstück gerufen wurden und alte, störrige Chapatis vom Vortag und Marmelade vorfanden. Die Lehrerin besserte unseren mageren Speiseplan mit streng schmeckendem Ziegenjoghurt auf, Jürgen konnte gar nichts essen.

Um eine weitere Therapiemethode für Rigzin auszuprobieren, bastelten wir eine Hängematte zwischen den Bäumen vor ihrem Haus. Das Kind reagierte mit sichtbarer, wohliger Entspannung. Die ständig anwesende Mutter wiesen wir in das Handling ihrer Tochter ein und sie nötigte uns alle fünf Minuten mit ihrem Teeangebot. Heute kochte sie uns einen Lunch aus Reis und grünem Gemüse. Danach brachen wir auf ins Kloster, denn wir hatten vor, an einer Puja, einem Gebetstreffen, teilzunehmen. Ich war etwas nervös, innerlich hin und her gerissen, aber trotzdem sehr neugierig. Müde

stolperten wir den Weg zur Gompa hoch und platzten mitten in die Essenszeit der Mönche. Sie wiesen uns einen Platz im angenehm dunklen, kühlen Gebetsraum zu und servierten uns sofort Buttertee und gesüßtes Tsampa. Wir beobachteten die in Reih und Glied auf ihrem immer gleichen Platz sitzenden Mönche heimlich beim Essen. Nach einer kleinen Pause ging die Puja los. Zuerst beteten sie eine halbe Stunde laut, jeder für sich, der Oberkörper der Mönche wiegte dabei leicht vor und zurück. Nach einer weiteren kleinen Pause begannen sie, die Zeremonie mit ihren Instrumenten zu untermalen und bewegten dazu die religiösen Gegenstände leicht und elegant. Zur gleichen Zeit erfüllten Räucherstäbchen den Raum mit einem angenehmen Duft. Ich zog Parallelen zu Gebetstreffen in Pfingstgemeinden, wo die Frommen auch durcheinander beten oder zu katholischen Gottesdiensten mit dem Klang von Glöckchen und dem Weihrauchduft. Die friedliche Atmosphäre und die angenehmen, tiefen Stimmen schläferten uns ein und anstatt zu meditieren, dösten wir entspannt. Plötzlich war alles vorbei und eine Schar unserer französischen Freunde erschien, um an der Puja teilzunehmen, leider zu spät. Die Mönche standen einfach auf und ließen die Franzosen sitzen, welche nur lachten.
Sie hatten die Mönche um diese Fürbitte gebeten, da ein Teilnehmer ihrer Gruppe und mehrere Angehörige zu Hause in Frankreich krank geworden waren. Die Mönche erhielten für ihre „Arbeit" eine großzügige Spende, die von uns auch erwartet wurde.
Ausgeruht ging es mit der Behandlung von Rigzin weiter. Wir planten heute, sie in die Aufrichtung zu bringen, und sie dazu an den Pfeiler im Gebetsraum der Nonnen zu stellen. Ich war der Meinung, dass ein Stehtisch für das Kind ideal wäre.
Bei einer Tasse Kaffee mit den Franzosen amüsierten wir uns hinterher über die beiden Männer der Gruppe, die sich mit der ständigen Bodenhockerei schwer taten und sich deswegen den einzigen Plastikstuhl auf dem Gelände teilten.

Irgendjemand erzählte uns, dass die Solarschule in Lingshed seit neuestem über ein Satellitentelefon verfügte und wir planten, dieses heute zu testen. Es klappte alles super und wir erreichten unsere überraschten Nachbarn und Familien, bezahlten für den ganzen

Spaß gerade mal 80 INR, nicht mal zwei Euro. In Dunkelheit suchten wir müde und vorsichtig den Weg nach Hause und lauschten der Totenstille, die uns umgab.
Nachts regnete es ein wenig und wir wachten nach intensiven Träumen immer noch todmüde auf. Auf den Gipfeln lag Schnee, der bis Mittag von der Sonne aufgeleckt wurde. Heute freuten wir uns wieder auf ein Frühstück bei Lama Sonam, der sich damit größte Mühe gab. Er überreichte uns ein kleines Geschenk und wandte sich im gleichen Atemzug mit der Bitte an uns, Sponsoren für seinen kleinen Neffen zu finden. Wir protestierten und erklärten ihm, dass wir in Ladakh waren, um für ein behindertes Kind zu sorgen und nicht, um die Schulbildung von gesunden Buben zu finanzieren. Er schien uns ganz gut zu verstehen, trug diese Bitte jedoch hartnäckig und freundlich lächelnd immer wieder an uns heran.
Danach eilten wir zu Rigzin und heute griff sie zum ersten Mal mit ihrer linken Hand nach dem Lutscher und führte ihn zum Mund, für uns ein toller Erfolg.

Mittags wuschen wir Wäsche und ich meine Haare, alles mit eiskaltem Wasser. Die geschorenen Nonnen schauten interessiert zu und kicherten. Sie schleppten am laufenden Band schwere Balken auf ihrem Rücken in den Garten und als wir helfen wollten, wehrten sie vehement und lachend ab. Nach einer kleinen Rast erschien schon wieder Rigzin mit ihrer Mama und wir übten das Drehen und arbeiteten mit ihrem Arm. Leider störten wieder die vielen Zuschauer, aber wir dachten uns, dass die Nonnen vielleicht auch was dabei lernen könnten.
Danach wollten wir wieder in der Solarschule telefonieren, hörten dort aber, dass die „Telefondame“ im Nonnenkloster beim Essen wäre. Zurück in der Gompa fragten wir bei den Nonnen nach der Frau, aber sie war nicht hier, sondern im Männerkloster. Die Lehrerin berichtete uns, dass solche Missverständnisse hier oft vorkommen. Zum Abendessen gab es wieder Reis und grünes Kraut, wir verspeisten nicht viel davon, sondern unterhielten uns mit der Lehrerin über Religion, Machtkämpfe, Geld und Politik und kamen zu dem Entschluss, dass die Armen meist auf der Strecke bleiben. Heute konnten wir die Eigenheit des Wetters in dieser Region haut-

nah erfahren: In der Sonne war es stechend heiß, im Schatten wurde es ohne lange Ärmel zu kalt. Es gibt eine Redewendung über das Wetter in Ladakh: Ladakh ist das einzige Land auf der Welt, wo man unter einem Baum sitzend, teils im Schatten, teils in der Sonne, zur gleichen Zeit einen Sonnenbrand und Frostbeulen bekommen kann.

Bei unserem zweiten Besuch in der Solarschule brachten wir Geschenke für die Kinder und Lehrer aus Deutschland mit. Ein großer Wasserball in Form eines Globus mit allen Ländern wurde von den Lehrern in Beschlag genommen, sie betrachteten ihn interessiert und waren schockiert, als sie Ladakh nicht darauf fanden. Das ganze Gebiet von Ladakh gehörte auf dem Globus zu China. Wir schauten nach und stellten fest, das Spielzeug war „Made in China". Die Schulkinder, von denen viele im Hostel wohnten, hockten diszipliniert über ihren Hausaufgaben, alles auf dem Erdboden. Die Standardfloskeln dieser freundlichen und neugierigen Kinder gegenüber Ausländern waren: „How are you? What's your name? Where are you from? Where are you going?" Mit diesen Worten fragten uns auch wildfremde Einheimische, die uns auf den Wegen begegneten. Aber wir stellten sehr schnell fest, dass dieses Englisch nur angelernt war und sich die Kenntnisse dieser Sprache damit bei vielen fast erschöpften. Sie wollten einfach nur freundlich sein, Namen austauschen und „Smalltalk" machen, zeigten Interesse am Mitmenschen.

## Rigzins Nachbarn

Gut ausgeruht weckte uns der frische und klare Morgen. Wir nahmen uns viel Zeit für die Körperhygiene, Jürgen rasierte sich geduldig und schaute danach richtig manierlich aus. Wir sehnten uns nach guten Gerüchen, wuschen uns mit Wasser in unserer Ortliebschüssel, cremten und sprühten bis wir zufrieden waren. Wenn ich mit Rigzin auf dem Boden arbeitete, war ich hinterher immer sehr schmutzig, denn die Kleidung des Kindes wurde selten gewechselt. An unsere deutsche Krankenhaushygiene gewöhnt, verspürte ich ständig den Drang, mich und meine Kleidung gründlich zu reinigen. Auf dem Weg zu ihrem Haus fiel uns heute das Atmen besonders schwer. Wir wunderten uns, da wir so langsam mit einer Gewöhnung rechneten.

Heute folgten wir der Einladung von Rigzins Nachbar Tsering. Er lebte mit seiner Familie mit sieben Kindern in einem kleinen Bauernhaus etwa 200 Meter oberhalb Rigzins Heim. Der Bauer Tsering überraschte mit passablem Englisch und erklärte uns, dass er ständig unter furchtbaren, einseitigen Kopfschmerzen litt. Seine entzündeten Augen drückte er als Schutz vor der Sonne zu kleinen Schlitzen zusammen. Der Ruß der Kochstellen trägt sein Übriges zu den Augenproblemen der Ladakhi bei. Wir versuchten, ihm mit einfachen Mitteln zu helfen und schenkten ihm eine große Sonnenbrille und Kopfschmerztabletten und hielten ihn an, viel zu trinken. Die bildhübschen, aufgeweckten Kinder bezauberten uns, vor allen Dingen das schüchterne acht Monate alte Baby mit seinen kohlrabenschwarzen Augen und den dunklen Locken. Die mitgebrachten Geschenke, unter anderem auch Kinderschuhe und -kleidung, fanden begeisterte Abnehmer. Auch hier fragte der Vater uns, ob wir nicht Sponsoren für die Kinder finden könnten.
Wir verabschiedeten uns und wanderten den steilen Weg runter zu Rigzin, wo schon die Franzosen auf uns warteten. Sie wollten heute bei der Therapie zuschauen. Ich arbeitete mehrere Stunden, wobei uns die Zuschauer mit Liedern, Fragen, Erzählungen und kleinen Sketchen unterhielten und unermüdlich filmten und fotografierten. Zusammen wanderten wir alle zur Schule, wo die Kinder im Freien ihre wöchentlichen Präsentationen vorführten. Sie tanzten, sangen, spielten kleine „Theaterstücke", die sie mit den Lehrern und Cynthia eingeübt hatten. Völlig hingerissen von den lauten, fröhlichen Stimmen und der selbstbewussten, aber trotzdem zurückhaltenden Art der Kinder beobachteten wir einen kleinen, etwa vierjährigen Pimpf, der mit herrlich spontaner Hingabe in sich versunken sang und tanzte. Ein achtjähriges, sehr hübsches Mädchen tanzte mit professioneller Anmut und viel Talent und führte die ganze Gruppe. Das Wetter spielte mit, und zwar Kapriolen: Mal stechend heiß, mal windig, mal Regen. Wenn die Sonne so richtig am Stechen war, konnte ich es ohne Kopfbedeckung nicht aushalten, ich hatte das Gefühl, dass mein Kopf brennen würde.
Nach der Vorführung rutschten wir buchstäblich zurück zur Gompa: Ich rutschte deftig in einen Bewässerungsgraben, und zwar mit beiden Beinen bis zu den Knien, Jürgen machte es mir kurz da-

nach einseitig nach. Die schmalen, steilen Wege waren ausgetrampelt, deswegen auch glitschig.
Die Mittagspause nutzten wir zu einem Schläfchen aus, von dem wir uns beide gegenseitig durch Schnarchen aufweckten. Während ich wieder zwei Stunden lang im Gompa Rigzin behandelte, putzte Jürgen die Fenster und räumte das winzige Zimmer auf. Der Abend versprach Spannung, denn heute stellten sich außer Jürgen zwei neue Männer zum Essen ein: Der Ehemann und der Sohn der Lehrerin waren angekommen und das veranlasste die Nonnen, schon mal was Besonderes zu kochen. Ausnahmslos hockten sie alle um uns herum, schauten neugierig zu und nahmen unsere Essensreste in Empfang. Wir achteten sehr darauf, den hungrigen Frauen genügend übrig zu lassen.
Die letzten Tage hatten wir abends eine große Thermoskanne mit heißem Wasser erhalten, mit dem wir uns waschen und Zähne putzen konnten – was für ein Luxus! Nach der Wäsche entdeckte ich die leitende Nonne Tsewang, die an unserem Zimmer vorbei spazierte und folgte ihr, um mit ihr zu plaudern. Sie nahm mich mit in den Gebetsraum und erklärte mir die Zeremonien des Opferns: Abends zündete sie eine Kerze an und morgens füllte sie die silbernen Schalen mit frischem Wasser. Sie erzählte mir, dass ihr Vater mit 48 Jahren und die Mutter mit 56 Jahren gestorben waren. Einer ihrer Brüder war Mönch, der andere hatte zwei Kinder. Tsewang war seit acht Jahren Nonne.

7. Tag in Lingshed
Der zweite Maler des Klosters, Lama Padma, erwartete uns heute in seinem sauberen und aufgeräumten Wohnzimmer zum Frühstück. Wir schwelgten in einem Schlaraffenland von frischen Chapatis, Daal, Omelette, Tee, Kaffee, Butter, Marmelade und frischem Gemüse aus dem Klostergewächshaus und teilten diesen Luxus mit zwei grauen Kätzchen, die auf dem Teppich spielten. Hinterher schickte uns Lama Padma zur Puja, wo die Mönche uns für eine kleine Spende sofort einen „Zahlzettel“ aushändigten. Auf dem Weg zu Rigzin legten wir im Haus von Janpel einen Tee-Stopp ein und übergaben etwas Kleidung für seine vier hübschen, kleinen Töchter, wieder leider nur ein Tropfen auf den heißen Stein, denn es fehlte an vielem.

Rigzins Mutter erfüllte heute ihren verpflichtenden, dörflichen Dienst auf den Feldern der Nachbarn, deswegen erwartete uns die ewig weinende Oma mit einem frühen Lunch aus Chapatis und Kartoffelsuppe, für das wir nach dem reichlichen Frühstück fast keinen Platz im Bauch fanden. Die großherzige Gastfreundschaft der Bevölkerung erstaunte uns immer wieder aufs Neue. Rigzin hing heute ziemlich durch, deswegen behandelten wir sie entsprechend ruhig in der Hängematte. Später besuchte uns die deutsche Lehrerin mit ihrem Mann, einem Zahnarzt, der nach dem Gebiss des Kindes schaute und die verfaulte obere Zahnreihe mit Sorge begutachtete. Wir nahmen uns vor, die Zahnhygiene des Mädchens mit der Familie zu besprechen, denn Lobsang, Rigzins Schwester, jammerte auch ständig über Zahnschmerzen. Wie ein wildes Bergpferdchen lebte die anhängliche Lobsang zusammen mit den anderen sehr frei aufwachsenden Kindern ohne Einschränkungen die meiste Zeit in freier Natur. Sie schien ihrer Mutter nicht sehr gut zu gehorchen und machte, was sie wollte. Meine Beobachtungen und mein Gefühl sagten mir, dass sie durch die besondere Fürsorge, die ihre behinderte Schwester beanspruchte, schlichtweg vernachlässigt wurde.

Es war für uns unvorstellbar, wie alle diese Bergkinder den bitter kalten Winter in nicht beheizbaren Häusern verbringen. Außerdem klagten viele Eltern, dass sie nicht genügend warme Kleidung und Schuhe für die Kleinen hätten. Ich weigerte mich, die Realität dieser Fakten ganz an mich heran zu lassen, denn sie schmerzte zu sehr im Vergleich mit unseren manchmal überversorgten Kindern im Westen, die viel mehr haben, als sie brauchen.
Diese mageren Buben und Mädchen spiegelten das Leid ihres kurzen Lebens auf ihrer sonnenverbrannten, schmutzigen Haut und in den ausdrucksvollen Augen, aus denen Seite an Seite unbändige Lebensfreude und tausend traurige Fragen blitzten.

Zurück im „Hotel“ ruhten wir uns aus und wollten hinterher die mitgebrachte Spaghetteria kochen, aber der Kerosinkocher war weg. Auf der Suche danach schilderten uns die Nonnen keck, dass sie sich unseren Kocher geholt hatten, da sie ja unseren Tee und Reis darauf kochen mussten. Wir konnten diese Aktion nicht so richtig einordnen und schoben sie letztendlich in die Schublade mit dem Namen „Andere Kultur“. Etwas verwirrt entschlossen wir uns, im Shop oben am Zeltplatz noch etwas zum Naschen zu holen und besuchten die französische Delegation im „Hotel Lingshed“, die am Tag darauf das Dorf verlassen wollte. Sie schlugen vor, dass wir nach ihrem Auszug ihre Quartiere übernehmen könnten. Als wir zum Abendessen eine Schüssel pampige, kalte Tukpa vorgesetzt bekamen und der gleichermaßen pampige, neu angekommene Lehrer der Nonnen die Frauen völlig durcheinander gebracht hatte, mussten wir nicht länger überlegen: Morgen würden wir umziehen. Die ganze Nacht kicherten und lärmten die Nonnen vor Aufregung über den neuen Mann in ihrer Mitte, der ihnen von Geshe La für den Unterricht geschickt worden war.

8. Tag in Lingshed
Als wir morgens den Nonnen eröffneten, dass wir uns in das Hotel Lingshed umquartieren wollten, versuchten sie uns zum Bleiben zu bewegen. Aber wir hielten überzeugt an unserer Entscheidung fest. Heute war Rigzin wieder fit und wir arbeiteten an der Hand-Mund-Koordination und übten das Drehen. Sie liebte es, immer und immer wieder gedreht zu werden, kreischte und lachte dabei voller Freude. Nach einer Weile drehte sie sich fast alleine mit wenig Hilfe vom Bauch auf den Rücken. Rigzin stopfte sich mit einem Löffel frischen Joghurt in den Mund, dann folgte eine lange Pause in der Hängematte, während wir von Tashi, unserem Horseman, mit frischer Tukpa und Kartoffeln gemästet wurden.

Abends packten wir unsere Sachen und schleppten alles auf unseren Rücken den Berg hoch zum „Hotel“ und warteten auf den Mönch, den „Hotelier“. Mit uns warteten Janet, eine Kanadierin, und Michael, ein Schwede. Die Literaturlehrerin Janet, die mich mit ihrem fantastisch korrekten und bildreichen Englisch beeindruckte, arbeitete mit Cynthia als Freiwillige in den Bergschulen. Sie war die nächtliche Kälte und widrigen Umstände im Zelt leid und wollte einen der kleinen Räume anmieten. Der Schwede, ein Trekker, hatte irgendwo auf der Reise seine dicke Fleecejacke verloren und wollte einfach einmal wieder warm schlafen. Wir konnten ihm helfen, denn in unseren Hilfsgütersäcken befand sich noch eine warme Jacke, die er dankbar annahm. Nachdem wir unser Zimmer eingeräumt und hergerichtet hatten, teilten wir vier uns ein Bier, ratschten bis 10 Uhr nachts, krabbelten ungewaschen ins Bett und fühlten uns sehr wohl.

9. Tag in Lingshed
Am nächsten Morgen missglückten unsere Versuche, mit dem Kerosinkocher Tee zu kochen, denn dieses rauchende Ungetüm barg seine Tücken. Ein Guide vom Zeltplatz half uns und bald buk ich auf einer Pfanne viereckige Chapatis, die mit Aprikosenmarmelade wunderbar schmeckten, frisch und knusprig. Um unser neues Reich vor den neugierigen Blicken älterer und jüngerer Einheimischer zu schützen, die mit der Nase an der Scheibe klebend unsere Aktivitäten beobachteten, verhängten wir die Fenster mit den vielen geschenkten Kataks. Zum Wasser der Klosterquelle war es jetzt nicht mehr so weit und wir konnten die wunderbaren „Duschen" und Toiletten des Campgrounds nutzen, die sich direkt hinter dem „Hotel" befanden.
Jürgen filterte noch Trinkwasser, als ich mich in einer Rekordzeit von 15 Minuten auf den nun viel kürzeren Weg zu Rigzin machte. Das Kind reagierte heute fantastisch: Mit der rechten Hand ahmte sie alles nach, was ich ihr vormachte und ich hatte das Gefühl, dass sie mit mir sprechen wollte. Als Jürgen nachkam, erkannte sie ihn von weitem und drückte ihre Freude durch lautes Lachen und Schreien aus. Als es zum Mittagessen Momos gab, stopfte sie fünf davon in ihren Mund und wusste genau, wie sie den Löffel halten musste. Auch ihr linker Arm bewegte sich mehr, kam höher. Rigzin war ganz wild auf die weißlich trübe Flüssigkeit, die sie von ihrer Mutter immer wieder zum Trinken erhielt. Als wir herausfanden, dass es das einheimische Bier „Chang" war, versuchten wir Thugjay klar zu machen, dass Alkohol für dieses kleine, strapazierte Gehirn nicht sonderlich gut wäre. Im Gegenzug boten wir dem Mädchen Multivitaminsaft an und sie trank gierig eine ganze Tasse. Jürgen schnitt ihr die kohlrabenschwarzen Finger- und Fußnägel, sie hielt aufmerksam still und schaute interessiert zu. Heute bereitete die Arbeit mit dem Kind sehr viel Freude. Mittlerweile lag unsere ganze

therapeutische Ausstattung inklusive dem Autoinnenschlauch auf der Decke unter dem Baum und wir blieben 4 bis 5 Stunden am Stück bei Rigzin, um sie bei allen Aktivitäten zu begleiten. Die Arbeit im Gebetsraum der Nonnen gaben wir wegen der langen Wege und der extremen Anstrengung auf.
Da wir heute noch zum Tischler wollten, um einen passenden Stuhl für Rigzin bauen zu lassen, mussten wir das Kind noch abmessen. Tashi, unser Horseman, holte uns bei Rigzin ab, er wollte uns den Weg zum Tischler zeigen. Wir erzählten ihm und Rigzins Familie von meinen Versuchen, runde Chapatis zu backen, und alle lachten. Der Tischler lebte in einem ganz anderen Teil des Dorfes, von Rigzins Haus ein etwa 45 Minuten langer Weg. Er war uns als der geeignete Mann zum Bau eines speziellen Stuhls für Rigzin empfohlen worden. Wir verbrachten den ganzen späten Nachmittag bei ihm und seiner Familie. Jürgen zeichnete den Stuhl mit genauen Maßangaben, er schaute zu und nickte schüchtern grinsend mit dem Kopf. Da er keine anderen englischen Wörter als „Yes" von sich gab, zweifelten wir stark, ob er unsere Anweisungen überhaupt kapierte. Seine schwangere Frau bat uns um Schuhe, die jedoch bereits alle verschenkt waren. Aber wir hatten noch ein paar nette Söckchen im Gepäck, über die sie sich riesig freute. Wir versprachen dem Tischler, für alle seine fünf kleinen Kinder Schuhe in Leh zu besorgen und sie ihm zu senden.
Der viele Tee beim Tischler, der auch Tashi hieß, trieb mich wieder auf die Ladakhi-Toilette, die ich mittlerweile sehr zu schätzen gelernt hatte: Absolut geruchlos, kompostierbar, sauber. Es darf kein Klopapier in die Grube geworfen werden, da es schlecht kompostiert. Daher wird es außerhalb in einer Kiste gesammelt und später verbrannt. In einer Ecke des kleinen Raums liegt ein Haufen Erde oder Streu, von dem man ein wenig nach dem „Geschäft" mit einer Schaufel in die Grube schiebt und so die Gerüche vermeidet. Leider gab es nirgends Wasser zum Hände waschen und wir verspeisten hinterher grünes Gemüse mit Chapatis, alles mit den Fingern, sehr appetitlich.

Heute Abend testeten wir zum ersten Mal unsere mobile Dusche. Einen großen Wassersack, tagsüber in der Sonne erwärmt, hängten

wir abends an einem Nagel im „Duschraum" auf und stellten uns darunter, die erste Ganzkörperwäsche seit unserem Aufbruch von Leh. Meist wuschen wir uns jedoch mit Waschlappen und Schüssel und empfanden diese Art der Reinigung als ausreichend.
Jürgen fühlte sich seit Tagen nicht wohl. Er hatte sehr viel Gewicht verloren, ihm war übel und seine schwere Atmung bedrückte ihn, vor allen Dingen beim Aufstehen aus der Horizontalen. Wir befürchteten, dass er unter der Höhenkrankheit litt und hofften, dass es ihm bald wieder besser gehen würde.
Ein kalter Wind bescherte uns einen spektakulären, klaren Abendhimmel mit einem Sonnenuntergang, der mit seinen Lichtspielen das Tal überirdisch anleuchtete, die umgebenden Berge und Hügel anzündete und in Gold und Lila explodieren ließ. Der Zauber dieses einmaligen Augenblicks trieb mir Tränen der Bewunderung in die Augen.
Wegen der Kälte klopften Cynthia und Janet mit ihrem fertig gekochten Essen an die Türe, sie wollten im „warmen" Zimmer mit uns den Abend beschließen.
Nachts blies der Wind durch die Türritzen und fuhr uns kalt über das Gesicht. Wir waren froh, dass wir in warmen Schlafsäcken und festen Mauern sicher ruhen konnten und die Dunkelheit das Ungeziefer im Raum tröstlich versteckte.

10. Tag in Lingshed
Morgens um sieben Uhr weckte uns Tashi, der Horseman. Schelmisch grinsend überreichte er uns einen Packen frisch gebackener, kreisrunder Chapatis. Fürsorglich und herzlich kümmerten sich unsere neuen Freunde um uns. Trotzdem versuchte ich mich wieder mit dem Brotbacken und rollte den Teig, den ich abends zuvor mit Trockenhefe aus Germany angesetzt hatte, mit einer Flasche platt und buk uns zum Frühstück eine Art flaches Brot mit Blasen, überraschend knusprig und lecker. Unser Geschick im Umgang mit dem Kerosinkocher wuchs und wir fühlten uns so richtig wohl dabei, unter dem strahlend blauen, blanken Himmel zu kochen, essen, waschen und zu haushalten.
Heute arbeiteten wir vorwiegend mit Rigzins Händen, ihre linke wurde in kleinen Schritten besser. Lustig wurde es, als ich der

Mutter beim Mittagessen zeigte, dass das Kind selber essen konnte. Rigzin schaufelte wie verrückt und jauchzte begeistert über ihren Erfolg. Uns fehlten nur ein kleinerer Löffel für das Kind und ein Latz, denn sie fabrizierte eine schöne Sauerei. Ich bekam immer mehr das Gefühl, dass in diesem kleinen, beeinträchtigten Körper ein wacher Geist steckte, der sich ausdrücken wollte, aber aufgrund der Behinderung der Gliedmaßen und der Sprechmuskeln große Schwierigkeiten damit hatte und sie deswegen auch frustriert war. Gefangen in den Grenzen ihrer Behinderung, sprachen ihre ausdrucksvollen Augen. Ich beobachtete sie ständig, um herauszufinden, wie sie auf neue Stimulierung reagierte und plötzlich wurde mir klar, dass ich noch genauer und sehr aufmerksam von ihren dunklen, ernsten Augen beobachtet wurde. Sie ahmte meine Bewegungen nach, verlangte nach einem Tempotaschentuch, wenn ich meine Nase geputzt hatte und versuchte das Gleiche korrekt nachzuahmen, inklusive geräuschvollem Schnäuzen. Was konnte ich tun, um das Tor zur Welt für das Kind weiter zu öffnen? Ihr herzliches Lachen bei der Arbeit tröstete mich immer wieder, ihr Kichern folgte mir in die Nächte.
Rigzins Mama kochte uns heute Reis mit Kartoffeln und eine sehr leckere Sauce. Als wir unter wolkenlosem Himmel und in Begleitung einer glutheißen Sonne nach Hause kamen, fühlte sich Jürgen miserabel und legte sich sofort hin. Die Sorge um ihn rumorte in meinem Inneren.

Später hockten wir vor unserem Zimmer und die Sonne brannte uns Sinn und Unsinn aus dem Kopf, wir kapitulierten in wohlige Leere. Vor uns ließen sich schwarz glänzende Dohlen von der unglaublichen Thermik von ganz unten vom Tal bis zu uns hoch tragen, um dann wieder ins Tal zu gleiten, ein Spiel aus Eleganz und Leichtigkeit. Ihr sanftes Krah-Krah begleitete uns den ganzen Tag. Der Wind wurde wieder etwas stärker, aber es blieb klar, die Luft schien mehr als durchsichtig und die Berge schienen zum Greifen nah.

Irgendwann schlenderten wir zur Solarschule, tranken Tee mit den Lehrern und brachten Spielsachen für die Kinder. Die meisten Lehrer lebten jeder mit ihren Familien in der Schule in einem einzigen kleinen, aber sauberen Raum, in dem es sogar einen Holzfußboden gab. Die Solarschule ist ein Projekt der „Friends of Lingshed“ mit Sitz in Österreich. Diese Organisation baute mit Hilfe von

Spenden und Freiwilligen diese erstaunliche Schule auf und betreut sie ständig.

Heute Abend stand ein Besuch beim lokalen „Healthworker“ oder „Pharmacist“ auf dem Plan. In jedem Dorf in Ladakh gibt es einen solchen Regierungsarbeiter (oder -arbeiterin), der mit einer umfassenden Pflegeausbildung eine kleine „Klinik“ führt und die Bevölkerung in Gesundheitsfragen betreut, Medikamente ausgibt, Verbände anbringt, Schwangere betreut und sich um alle gesundheitlichen Probleme kümmert, die in einem solchen Bergdorf auftreten können. Diese Regierungsjobs sind heiß begehrt, da man gut verdient und unkündbar wird. Deswegen hängt die verantwortungsvolle Ausübung eines Postens in den „Remote Areas“, den entlegenen Gebieten, sehr von der Motivation der Einzelnen ab. Hat ein solcher „Healthworker“ im Dorf, in dem er eine „First Aid Station“ betreiben soll, auch noch Familie und Felder, kann es schon mal sein, dass er mehr Zeit bei der Bewirtschaftung seiner Felder und mit seiner Familie verbringt und seine Verantwortung als „Healthworker“ nicht ganz so ernst nimmt. Das gleiche Motivationsproblem findet man in diesen entlegenen, harten Gegenden bei den Lehrern mit „Governmentjob“.
Unsere neue Bekanntschaft hieß Stanzin und erwartete uns nervös. Selten verirrten sich Touristen in die Nähe seiner „Klinik“. Sein gutes Englisch überraschte uns und nach dem üblichen Salztee servierte er in seinem sauberen und aufgeräumten Wohnzimmer Tee mit süßer, kondensierter Milch. In der erbärmlich karg ausgestatteten Klinik, nichts anderes als ein ungetünchtes Zimmer mit einem Klinikbett, breiteten wir die mitgebrachten Hilfsgüter, Medikamente und Verbandsmaterialien aus. Wir erzählten Stanzin, dass wir in Leh gerne das Krankenhaus anschauen wollten. Er gab uns den Rat, zuerst den ärztlichen Superintendant aufzusuchen, denn mit seiner Erlaubnis könnten wir das Regierungskrankenhaus besichtigen. In Stanzins Ausbildung war mit keinem einzigen Wort die Problematik möglicher Behinderungen von Kindern angesprochen worden und er zeigte kein Interesse, an einer Behandlung von Rigzin teilzunehmen, obwohl wir ihn einluden. Ich konnte mir nicht vorstellen, in einem so entlegenen Dorf, abgeschnitten vom Rest der Welt und

jeder Kommunikation nach außen, eine so verantwortungsvolle Aufgabe zu übernehmen, ohne Austausch mit Kollegen und neuen fachlichen Input.

Dann rannten wir buchstäblich heim, denn heute standen unsere letzten Spaghetti mit Tomatensoße auf dem Speiseplan. Der restliche Knoblauch verlieh dem Gericht ein köstliches Aroma und wir genossen unsere Mahlzeit im Freien unter dem Sternenhimmel. Nicht weit von uns lagerten in einem großen Nomadenzelt nepalesische Familien, die mit Steinabbau ihre Rupien verdienten. Zwei zierliche, ausgesprochen hübsche Mädchen hingen immer bei uns herum und schauten mit großen Augen unserem Treiben zu. Tashi besuchte uns noch und nahm gerne eine Schüssel mit Spaghetti an. Es war offensichtlich, dass es ihm gut schmeckte. Er hatte zusammen mit anderen Männern aus dem Dorf den ganzen Tag in den Bergen verbracht, um Holz für das Kloster zu sammeln.
Heute Abend blies kein Wind und die milde Wärme erlaubte es uns, lange draußen zu sitzen. Durch die fast abgeernteten Felder sah das Tal irgendwie kahl und leer aus. Aber für uns füllte sich das Tal jeden Tag mit mehr Leben durch die ständig neuen Bande mit den lieben und freundlichen Menschen, die wir kennen gelernt hatten. Viele, viele Trampelpfade, die überall hinführten, durchpflügten die Hänge und Felder, führten zu Häusern, verschwanden in Schluchten und erschienen auf der anderen Talseite doppelt und dreifach.
Der milde Abend und der Himmel mit seinen funkelnden Sternen ließen uns nicht los. Wir suchten den Mars im Osten und Jürgen klärte uns auf, dass der große Wagen nur im Norden zu finden wäre. Süchtig saugten unsere Augen das himmlische Angebot auf, konnten nicht genug bekommen. Beim Blick in den grenzenlos nachtschwarzen Himmel erdeten uns die Silhouetten der Gipfel und Bergkämme rings herum mit ihrer Nähe und Beständigkeit.
Aus dem Dunkeln kam später mit Hilfe einer winzigen Taschenlampe Janet angestolpert, einen Lehrer im Schlepptau, den sie noch unterrichten wollte.
Wir versuchten noch eine Weile zu lesen, aber es wurde nur eine ganz kurze Weile.

11. Tag in Lingshed

Wir standen früh auf, duschten und wuschen Wäsche und kochten Kaffee auf Janets Kocher, der schon brannte. Der wolkenlose Himmel versprach einen heißen Tag mit leichter Brise. Schon kurz nach acht Uhr erreichten wir Rigzins Haus, da heute eine Einladung zu Tughjays Schwester am anderen Ende des Dorfes auf dem Plan stand. Die Frauen des Hauses waren mit dem Waschen und Trocknen von Erbsen beschäftigt. Nach ein paar Tassen Schwarztee folgten wir Tughjay eine Stunde zu einem Bauernhaus, das sich am Ende eines malerischen Tales im Süd-Westen von Lingshed versteckt an die Felsen schmiegte. Tughjays Schwester und ihre zwei kleinen, unglaublich schmutzigen Söhne (vier und sechs Jahre alt) empfingen uns freundlich. Zum üblichen Tee wurden uns Momos, Gemüse und kleine Bröckchen seltsam schmeckendes Lamm serviert, dazu gab es einen weißen „Frischkäse“, der wie ein Schwamm schäumte und sehr streng roch. Nebenbei behandelte ich Rigzin und ließ sie fleißig mit essen. Wir hockten wieder auf alten Säcken in einer sehr staubigen Wohnküche mit rußig schwarzen Wänden und Decke. Es gab keine Teppiche. Nach einer Weile fingen wir zu husten an, konnten den Staub nicht mehr aushalten und verzogen uns ins Freie. Wir wussten nicht genau, auf was oder wen die Familie wartete, denn Tughjay hatte sich schlafen gelegt, aber wir sollten es bald herausfinden. Am frühen Nachmittag kam der Familienvater von einer dreitägigen Wanderung aus den Bergen zurück. Seine voll beladenen Esel trugen Holz für den Winter. Sein älterer Sohn lief ihm vor Freude schreiend entgegen, der kleine weinte, denn er litt unter Bauchschmerzen und Übelkeit, ein Problem vieler Kinder.

Endlich war der Papa zu Hause und nun ging wieder alles von vorne los. Durch den dunklen Eingang tasteten wir unseren Weg ins staubige Wohnzimmer, tranken Tee, überreichten Schuhe für die Jungs und erhielten die üblichen Kataks und zwei einfache Ringe als Geschenk. Da es in diesem armen Haushalt an allem fehlte, wollten wir die Adresse aufschreiben, um wenigstens den Kindern warme Kleidung zu senden. Aber niemand der Anwesenden konnte schreiben oder lesen.

Müde machten wir uns auf den Rückweg, der sich in die Länge zog. Rigzin war so grantig, dass Jürgen ihr nur die Hängematte richtete, um sie schlafen zu legen, und wir stolperten nach Hause. Nachdem wir Wasser gefiltert hatten, warteten wir auf Rigzins Oma, denn wir wollten ihr im „Shop" ein Paar neue, russische Turnschuhe kaufen, die einzige Schuhart, die es im Shop gab. Sie machten keinen sonderlich vertrauenswürdigen Eindruck, aber immer noch besser als das, was sie im Moment an den Füßen trug. Aber die Oma kam einfach nicht.

Unter den letzten Sonnenstrahlen, die über die Bergkämme krochen, kochten wir friedlich unsere allerletzte Spaghetteria: Käsenudeln. Kein Wölkchen trübte den Himmel, mild und ruhig lag das Tal vor uns. Gerade als unsere Nudeln kochten, stapfte die Oma schnaufend um die Ecke, im Arm eine große Thermosflasche mit Chang für uns. Zeit ist für diese Leute ein relativer Begriff, der weit gedehnt werden kann. Wir luden sie zum Essen ein und sie langte gierig zu, säuberte den Teller mit den Fingern und trank begeistert zwei Tassen Kräutertee mit Süßstoff. Danach begleiteten wir sie zum Shop, der natürlich wieder geschlossen war, da es ja keine festen Öffnungszeiten gab. Jürgen, die Oma und ich machten die herumlungernden jungen Mönche so lange fuchsig, bis sie den Shop-Lama aus seinem Loch trieben. Grinsend öffnete er die Türe und der kleine Laden füllte sich augenblicklich mit neugierigen Ladakhis und Mönchen, die wissen wollten, was wir vorhatten.

Plötzlich passierte alles auf einmal: Tashi brachte seinen Neffen, einen zwölfjährigen Mönch mit einer starken Skoliose. Dieser Bub war tags zuvor von einem Esel gestürzt und hatte sich dabei den rechten Oberarm gebrochen. Der Sanitäter Stanzin von der „First Aid Station" hatte den Arm mit einer unserer Bandagen notdürftig umwickelt. Der Junge litt unter schrecklichen Schmerzen und seine Hand war dick geschwollen. Tashi bat uns um Hilfe. Der Vater des Jungen würde erst morgen Abend von einer Reise aus den Bergen zurückkommen und ihn dann mit „unseren" zwei weißen Pferden nach Leh ins Krankenhaus bringen. Tashi erklärte, dass er uns deswegen mit drei Eseln nach Panjila zurückbringen musste, denn unser Aufbruch nach Leh stand auch kurz bevor. Wir gaben dem Jungen Schmerztabletten, verstärkten die Bandage und bastelten mit Hilfe unserer Kataks eine Schlinge für den Arm. Dann schickten wir ihn mit guten Wünschen in sein Nachtlager und versprachen, ihn in Leh

im Krankenhaus zu besuchen. Wir konnten uns nicht vorstellen, wie der Junge mit seinem gebrochenen Arm mehrere Tage hoch zu Ross über die hohen Pässe nach Leh reisen wollte.
In diesem ganzen Chaos von Leuten und Stimmen probierten wir der laut gestikulierenden und freudig schreienden Oma neue Turnschuhe an. Mit breitem Grinsen stellte sie sich Jürgen für Fotos zur Verfügung, packte ihre alten, völlig zerfetzten und vielfach geflickten Schlappen sorgfältig wieder ein und begab sich selig auf den Heimweg. Ich hatte die Oma in den vorangehenden Tagen beobachtet, wie sie ihre kaputten Schuhe mit Nadel und Wollfaden zu richten versuchte. Dazu musste sie aber kurzerhand erst den Faden dazu aus Schafswolle spinnen. Auch der Riss in einer alten Plastiktüte wurde auf diese Art gerichtet.
Mittlerweile funkelten wieder die Sterne und wünschten uns eine gute Nacht. Die blinkende Milchstraße lockte unsere Gedanken in ferne Traumwelten, wir ließen uns erschöpft entführen.

## Erfolgreiche Behandlung

12. Tag in Lingshed
Ausgeruht in den septemberklaren Morgenhimmel zu schauen, frischgebackene Hefe-Chapatis mit Marmelade zu essen, starken Schwarztee zu trinken (der Tee in Ladakh wird meist sehr schwach und dünn serviert), mit Janet, unserer Nachbarin zu plaudern: Einfach ein toller Morgen. Die Nepali-Mädchen schauten uns wieder zu, wir hatten uns schon daran gewöhnt. Wir schenkten ihnen Cremes, Lippenstift und Chapatis.
Wir legten heute sehr bald los, da wir den Sanitäter Stanzin fragen wollten, ob sich in seinem Lager eine Gipsbinde für den Jungen mit dem gebrochenen Arm befand, aber er war nicht zu Hause. Also trabten wir weiter in das Nonnenkloster, um uns von der deutschen Lehrerin und ihrer Familie zu verabschieden, die morgen abreisen wollten. Aber da sie auf dem Weg zum Mönchskloster waren, verfehlten wir sie knapp.
Beim Anblick der frisch rasierten Köpfe der Nonnen wurde uns klar, dass mit dem neuen Lehrer ein frischer Wind wehte. Sie luden uns zu einer Tasse Tee ein und wir staunten nicht schlecht, denn der

Lehrer bewirkte tatsächlich Wunder: Der Boden war gefegt, das kleine Teetischlein wurde vor und nach der Nutzung sauber gemacht (das erste Mal, dass wir das hier erlebten), die Gesichter und Hände der Nonnen schimmerten frisch gewaschen und sie rannten strahlend und geschäftig hin und her. Wir hörten eine Gruppe im „Singsang"-Gebet und täglich standen drei Stunden Unterricht in Lesen und Schreiben auf dem Programm. In welcher Sprache unterrichtet wurde, konnten wir zu diesem Zeitpunkt nicht herausfinden, weil wir uns in dem Sprachgewirr noch nicht zurechtgefunden hatten. Die Frauen luden uns am Samstag zum Abendessen ein und Jürgen sorgte dafür, dass Janet auch mitkommen konnte. Stanzin zeigte mir noch einmal die Technik des Chapati-Formens, bei ihr sah es so leicht und spielerisch aus, mir fiel es schwer, dem Teigstück überhaupt eine Form zu geben. Wir besuchten Lama Padma bei der Malerarbeit im Gebetsraum und vereinbarten einen Zeitpunkt, an dem er uns zum „Steinmetz" des Dorfes begleiten konnte, denn wir wollten einen „Manistein" erwerben. Der Lama schlug vor, dass wir uns selbst einen Stein suchen sollten.
Auf dem Rückweg versuchten wir noch mal unser Glück bei der „First Aid Station", die jetzt besetzt war, aber es gab keine Gipsbinden.
Jürgen suchte an einem Bach nach einem passenden „Manistein" und ich rannte im Galopp zu Rigzin. Mein Behandlungsschwerpunkt galt wieder Rigzins Rumpf und ihrer linker Hand, die sie immer besser einsetzte. Im Laufe der Therapie sang ich ihr Kinderlieder vor und sie suchte sich einen Rhythmus, bei dem sie mitmachen konnte. Sie klopfte mit einem Stein gegen einen anderen und summte mit. Wir waren heute wieder allein mit der Oma, die uns Momos, Chapatis mit ranziger Butter und Rühreier aus Pulver gekocht hat. Wir konnten nie genau herausfinden, warum in diesen entlegenen Dörfern keine Hühner lebten und es deshalb keine frischen Eier gab.

Der Nachbar von oben kam, um uns für morgen zum Lunch einzuladen. Als ich mit Rigzin „Old McDonald had a farm" sang, mit Betonung auf die vielen „Mähh..Mähh" des Schafes, kam auf einmal das Schaf der Familie vom Berg herunter getrabt, wackelte aufgeregt mit den Ohren und mähte aus vollem Schafshals mit. Jürgen schloss

sich uns nach erfolgreicher Steinsuche nachmittags an und wir konnten ihm das Verhalten des Schafes auf unser Singen nochmals unter Lachen und Kichern demonstrieren.
Jürgen schwärmte so sehr von dem kleinen Canyon, den er entdeckt hatte, dass wir ihn gemeinsam auf dem Heimweg erkundeten. Wir kletterten weit hoch, hüpften über spritziges Gletscherwasser und entdeckten voller Bewunderung seltsam geformte Felsen und Steine in unglaublichen Farben. Unsere Füße baumelten im Wasserschaum, eine Weile legten wir uns auf spiegelglatte, sonnenwarme Felsblöcke und genossen die Ruhe und den Ausblick.
Heute war es wieder sehr heiß und in meinem Darm rumorte es. Im „Hotel" ging es los mit der Rennerei zur Toilette.
Als wir später in der Solarschule mit Deutschland telefonierten, begegneten wir der deutschen Lehrerin und ihrer Familie und verabschiedeten uns endlich entsprechend.
Erschöpft und spät erreichten wir unser Zimmer und kochten uns einen süßen Reis mit Zimt, einheimischen Aprikosen und Milchpulver, eine sehr leckere Mahlzeit. Cynthia und Janet hockten abends in unserem Zimmer und malten Bilder und phantasievoll gestaltete Rahmen für die informativen Büchlein, die Cynthia und ihre Organisation zweisprachig für die Bevölkerung publizierte. Während wir mit dem Abwasch beschäftigt waren, schauten noch Lama Sonam und Lama Padma vorbei und staunten über das Spülmittel, das wir benutzten. Ich glaube, sie hatten noch nie so etwas gesehen. Wir boten ihnen den restlichen „Multivitaminsaft" aus mitgebrachtem Pulver und süße Sesamkräcker aus dem Reformhaus in Günzburg an und öffneten somit für die Mönche die Tore zu einem völlig neuen Geschmackserlebnis. Wir lachten gemeinsam über ihr ständiges Staunen und die vielen Fragen.

13. Tag in Lingshed
Heute wurden wir kurz vor sechs Uhr aus dem Bett „geklopft": Tashi brachte uns einen Stapel frischer Chapatis und eine Chapatipfanne. Wir freuten uns sehr, standen aber trotzdem noch nicht auf. Jürgen massierte meine schmerzende linke Wade, die sich wahrscheinlich wegen dem unbequemen Sitzen auf dem Boden beschwerte. Danach kochten wir uns wieder ein „gesundes" Frühstück:

Haferschrot mit Rosinen, Milch und Zimt und starken, den Kreislauf anregenden Tee.

Die herbstliche Wetterlage bestach mit strahlend blauem Himmel, knusperklarer Luft und brennender Sonne. Lama Padma kam später und brachte mir die Zutaten für das süße Tsampa, von dem ich so begeistert war. Er erklärte mir, wie es hergestellt wurde: In geschmolzene Butter wird Zucker eingerührt, dann so viel Gerstenmehl und kleine Stückchen Yakkäse darunter gemischt, bis die Masse fest wird. Dieses süße Tsampa sollte meine nahrhafte Wegzehrung für den Rückweg sein, während Jürgen dafür eher unsere übrig gebliebenen Müsliriegel bevorzugte.
Jürgen zog es zur öffentlichen Schule, um dort die Kinder bei einer Aufführung zu fotografieren, während ich mit Rigzin das Schreiben übte. Sie begriff sehr schnell und kritzelte begeistert auf den Papierbögen herum. Mittags trafen wir uns wieder zum Lunch bei den Nachbarn mit den sieben Kindern. Jürgen musste den Fotoapparat demonstrieren und die Kinder ständig fotografieren. Das Baby unterhielt uns mit lustigem Gegacker. Wir schenkten den Kindern eine Tüte mit landesüblichen Aprikosen, die sie sofort verspeisten. Alle Kinder öffneten sorgfältig den harten Kern auf der Suche nach der schmackhaften Mandel.
Der Hausherr kochte Momos und für Jürgen und mich eine Suppenbrühe. Wir aßen nicht viel, denn es warteten noch sechs hungrige Kinder auf die Reste. Einer der Jungen lebte als Mönch im Kloster. Das Haus und die Kinder waren sehr sauber, die Küche viel zu klein für eine so große Familie. Der Hausherr war erst 41 Jahre alt, sah aber aus wie über 50. Er klagte wieder über ständige rechtsseitige Kopfschmerzen mit Beteiligung der Augen und über Konzentrationsprobleme. Er war froh über die Sonnenbrille, die wir ihm geschenkt hatten.
Eine weitere lustige Stunde verbrachten wir mit Rigzin und versuchten, das Drehen und Krabbeln anzubahnen. Nach einem kurzen Abstecher in „unseren Canyon“, der auf dem Heimweg lag, holten wir Janet im „Hotel“ ab, denn sie begleitete uns zum Tischler am anderen Ende des Dorfes. Wir waren sehr gespannt auf den Therapiestuhl. Seine lebendigen fünf Kinder begrüßten

uns und führten uns in die primitive Werkstatt des Papas.
Da stand der Stuhl, fix und fertig, fast genau so, wie wir ihn entworfen hatten. Wir drückten unsere Überraschung und Anerkennung aus und der Tischler Tashi freute sich. Alle lächelten, tranken Tee und Jürgen musste wieder viele Fotos machen. Wir veranlassten noch eine kleine technische Änderung und baten den Tischler, den Stuhl am folgenden Montag zu Rigzin zu bringen.
Danach schlitterten wir den steilen Hang runter zum Nonnenkloster und besuchten die Lamas bei der Arbeit im Gebetsraum. Janet hatte solche Malereien noch nie gesehen und brach in Begeisterungsrufe aus. Da das Abendlicht günstig fiel, wurde wieder nach Herzenslust geknipst, die überaus farbigen Motive an den Säulen, Decken und Wänden eine willkommene Abwechslung zur Steinwüste vor den Türen.
Die Nonne Tsering holte uns zum Abendessen ab, aber heute schien es schlimmer zu sein als sonst. Es gab Chapatis und Kartoffelsuppe, die wir ohne Löffel essen sollten. Nach einer Weile brachten sie uns völlig verdreckte Löffel, aber Jürgen und Janet zogen ihre Hände vor. Da ich vorher auf der Toilette gewesen war, traute ich mich nicht und benutzte den Löffel. Mir ging es hinterher nicht gut und der Durchfall zog sich bis in den Sonntag hinein.
Als wir später in unser „Hotel" zurückkehrten, kauften wir das letzte Bier in Lingshed und teilten es zu dritt. Weil der Wind wieder stark blies, mussten wir im Zimmer kochen, der Kerosinkocher ging ständig aus. Später gab es noch knusprige Chapatis mit Butter. Ich fühlte mich nicht wohl und ging bald ins Bett und schlief durch bis Sonntagmorgen.

14. Tag in Lingshed, Sonntag, der 21.9.2003, Herbstanfang
Die Vorbereitungen für unsere Rückreise am Dienstag standen im Vordergrund. Es gab heute noch viel zu erledigen. Der Tag begann mit Hektik und erlaubte mir keine Gedanken, für die ich beim Wandern noch sehr viel Zeit haben würde. Janet wollte uns begleiten und der Tagesrucksack musste noch mit allem Möglichen gepackt werden. Lama Sonam erwartete uns zum Frühstück und er freute sich riesig auf meine Adidas Turnschuhe, die er heute erhalten sollte, da ich sie nicht mehr mit nach Hause nehmen wollte. Lama Padma

erhielt unsere restlichen Kerzen und das Windlicht. Wieder wurde ein köstliches Festmahl aufgetischt: Gelbes Daal, Chapatis, Tee, Nescafé und feste kleine Nudeln, die in Butter, Zucker und Yak-Käse getaucht waren. Jürgen und Janet besuchten hinterher die historischen Räume des Mönchsklosters und die enorme Küche, um noch letzte Fotos von Gemälden, überdimensionalen Kochtöpfen und willigen Mönchen zu machen.

Mein Ziel war Rigzin. Ich fühlte mich nicht wohl und musste ständig heulen. Obwohl ich nicht an den Abschied denken wollte, schaffte dieses Bewusstsein in mir große Traurigkeit. Vor dem Haus trocknete in der Sonne ein sechs Meter langer Stoffstreifen, den die Familie selbst gewebt und weinrot-lila gefärbt hatte. Die Hände der Oma leuchteten bis zum Ellenbogen lila.

Die Kinder hatten die Luftpumpe kaputt gemacht, ich konnte den Autoinnenschlauch nicht mehr aufpumpen. Rigzin war sehr lieb und Lobsang, ihre Schwester, und ich sangen ihr leise Liedchen mit Bewegungen vor: „If you're happy and you know it clap your hands…" Sie wollte so gerne mitmachen. Ihre Augen glänzten heute tief und weit und durchdrangen mich mit ihrem ruhigen Blick. Sie sprach leise mit mir „Oh, oah," und tröstete mich. Ich glaube, dass sie meine Traurigkeit und die kommende Veränderung spürte.

Endlich gesellte sich Jürgen zu uns und schnitt noch einmal ihre Nägel, wir balgten und spielten und sie kicherte und lachte. Das Kind vernaschte eine ganze Packung mitgebrachter Kekse und trank gierig frisches Wasser, denn die Familie hatte zumindest vorübergehend kapiert, dass Chang nicht unbedingt als Kindergetränk taugte. In den letzten zwei Wochen war sie kräftiger geworden, hatte an Gewicht zugenommen und strahlte uns mit richtig runden Bäckchen an.

In Gluthitze wanderten wir mittags, bewacht vom blauen Himalayahimmel, zum alten Mann, der unseren Manistein beschriften sollte. Lama Sonam und Jürgen hatten ihm tags zuvor unseren Stein aus dem Canyon gebracht und der Alte meinte, dass es ein sehr guter Stein wäre.

Wir fanden den uralten, schwerhörigen Mann oberhalb seines Hauses auf einem Grashügel sitzend. Er begrüßte uns mit freudigem „Jullay, Jullay." Andächtig holte er den fertigen Stein aus einem schwarzen Sack, hob ihn mit geschlossenen Augen auf seinen Kopf und murmelte leise ein Gebet. Ein faszinierender Moment: In dem Alten sammelt sich tiefer Glaube und die Wertschätzung seiner Arbeit und der Materialien zu einem heiligen Akt. Sein verrunzeltes, schwarzes Gesicht verzog sich zu einem wissenden Lächeln, als er uns langsam die Buchstaben erklärte: „Ohm mani padme hum“. Bedächtig reichte er Jürgen den Stein mit einer Geste, als ob er einen kostbaren Juwel in der Hand hielt. Wir bezahlten ihn für seine Arbeit. Er sprach nicht viel, aber sein dankbares Jullay sagte alles. Seine schwarzen, rauen Hände umfassten die unseren sanft zum Abschied und wir verließen ihn, zutiefst berührt. Als wir an seinem Haus vorbei kamen, bewunderten wir das mit unbeschrifteten Steinen kunstvoll dekorierte Dach, auf dem verblichene Gebetsfahnen im heißen Bergwind flatterten.

Mittags waren wir zum Abschied bei Stanzin, dem Sanitäter, eingeladen. Er servierte uns leckeren, weichen Reis mit grünem Gemüse, ein köstliches Daal aus großen gelben Linsen und hauchdünne Chapatis. Den unvermeidlichen Buttertee überließ ich wieder Jürgen, der das Gebräu mittlerweile zu schätzen wusste. Zum Mahl gehörte auch eine frische, aufgeschnittene Zwiebel, die er extra aus dem Klostergarten für uns besorgt hatte und die uns ordentlich aufmunterte. Zum Nachtisch und dem obligatorischen Austausch von Geschenken schlürften wir noch eine Tasse süßen Milchtee. Wir erhielten den üblichen Katak, Stanzin bekam Nähnadeln, Heftpflaster und einen Ball für seinen kleinen Sohn. Stanzin fügte sich gerne unserem Wunsch, mit uns zusammen zu essen und nicht damit zu warten, bis wir fertig waren. Er gab uns noch den guten Ratschlag, das Krankenhaus in Leh gegen 11 Uhr vormittags zu besuchen, da zu diesem Zeitpunkt alle Ärzte anwesen waren. Wir bedankten uns für die köstliche Mahlzeit, die Gastfreundschaft und wanderten gestärkt nach Hause.

Ein ruhiger, erholsamer Nachmittag wartete auf uns mit Duschen, viel Wäsche, Körperpflege und anschließendem gemütlichem Kaffeetrinken mit Janet auf unserer „Sonnenterrasse“. Janet, eine Globetrotterin wie wir noch nie jemand kennen gelernt hatten, erzählte uns von ihren vielen weltweiten Reisen und schwärmte vor allen Dingen von Madagaskar. Wir berichteten von Deutschland.

Der Wind wehte wieder stark und die Sonne versank schnell hinter dem Bergkamm. Der Rhythmus der Trommeln, welche die Puja im nahen Kloster begleiteten, verband sich mit der Bewegung der starken Elemente um uns herum. Ich war ein kleines Teil davon, ich gehörte dazu. Eine Verschmelzung von Wärme und Kälte, großer Stille und urtümlichem Rhythmus, von erdigen Lauten und peitschendem Sand.
Der staubige, kalte Wind trieb uns alle schnell in die Federn. Gegen 20:30 Uhr klopfte es an unsere Türe. Es war wieder der fleißige Tashi: Erst jetzt vom Gras holen aus den Bergen zurück, wollte er noch nach uns schauen, ob es uns gut ging. Wir baten ihn, noch einen weiteren Esel zu bringen, da Janet sich entschlossen hatte, mit uns zusammen nach Leh zurückzukehren. Mit der Hilfe unserer Stirnlampe sandten wir ihn dann auf den dunklen Heimweg.
Mein Hals kratzte und der Kopf brummte, ich fühlte mich nicht wohl und seit Tagen plagte mich ein hartnäckiger Husten.

**Abschied**

15. Tag in Lingshed
Um sechs Uhr hellwach, kochten wir Tee und buken Chapatis, die wir mit Janets Erdnussbutter bestrichen. Plötzlich stand der Tischler vor uns mit Rigzins Stuhl. Wir luden ihn zum Tee ein und überreichten ihm dann den restlichen vereinbarten Lohn. Er wollte ihn nicht annehmen, sondern bat uns, dafür Schuhe für seine Kinder zu besorgen. So ging es eine Weile hin und her, bis Lama Padma kam und vernünftig übersetzen konnte. Endlich nahm der Tischler das Geld und akzeptierte unser Versprechen, dass wir ihm die Schuhe trotzdem besorgen würden. Nachdem die beiden abgezogen waren, unterhielten wir uns mit Cynthia über die medizinischen und gesundheitlichen Probleme in der Gegend, bis wir alle im Schatten vor dem „Hotel“ vor Kälte fast erstarrten. Jürgen stellte 10 °C fest. Der Herbst hielt wirklich Einzug und die Temperaturgegensätze zermürbten uns verwöhnte Europäer.
Wir schulterten Rucksack und Stuhl und machten uns auf den Weg zu Rigzin. Wir fühlten, dass das Kind traurig war und versuchten sie aufzumuntern. Sie spürte unseren Aufbruch. Als wir sie erwar-

tungsvoll auf den Stuhl setzten, fiel sie zu unserem Erschrecken in sich zusammen. Die Zeit war zu kurz, um ein neues Hilfsmittel zu konstruieren. Aber nach zwei Stunden Spiel und Aktivität hockte sie aufrecht in ihrem Stuhl, die Oma konnte sie jetzt wunderbar füttern und hatte dabei beide Hände frei, weil sie Rigzin nicht halten musste. Beim kinderreichen Nachbarn lieferten wir noch Augentropfen ab und zogen uns danach eine Stunde an den Bach im Canyon zurück, spielten mit Wasser und Steinen und ließen die beruhigende Umgebung auf uns wirken. Wir hätten uns viel früher einen Spielplatz zum Entspannen aussuchen sollen und waren schon so oft an diesem Canyon vorbei gegangen, ohne ihn zu beachten.

Zuhause ruhten wir uns ein wenig aus, kochten starken Kaffee und hörten den jungen Mönchen im Nebenraum beim Lernen zu. Nachmittags war es wieder sehr warm und wolkenlos, aber der Wind schien eine Nuance kälter zu wehen, er wusste schließlich, dass es Herbst war.

Im Tal sangen die Kinder zum Schulschluss ihr tägliches wunderschönes Lied, in das ich mich verliebt hatte.

Die Stein brechenden Nepalis sprengten einen Felsen, das ganze Tal hallte. Die einsamen Schreie der Dohlen, ein so typisches Geräusch für Lingshed, ließen mich aufblicken und ihrem schwerelosen Flug folgen.

Abends hatten wir uns wieder bei Rigzins Haus verabredet, da die Mutter erst spät vom Gras schneiden zurückkommen würde. Tashi wollte für uns die Handhabung des Stuhls und letzte Therapieinstruktionen übersetzen. Wir gaben der Familie noch einmal grundsätzliche Anweisungen zur Behandlung von Rigzin, erklärten den Sinn des Stuhles und nahmen Tashi das Versprechen ab, sich um die Familie zu kümmern. Tashi erfüllte zusätzlich die Funktion des naturheilkundlichen Dorf-Amchis und hatte unsere Bemühungen mit Rigzin mit großem Interesse verfolgt. Es war dunkel, als wir Abschied nahmen, die müde Rigzin schlief schon im Haus. Ihre Mutter versicherte uns, dass wir nun ein Teil ihrer Familie wären, und wir so etwas wie Vater und Mutter (Abba und Amale) für sie verkörperten. Sie wollte uns einen alten Silberlöffel schenken, aber wir gaben ihn mit vielen Erklärungen zurück, womit sie kein Problem hatte. Die

Oma weinte furchtbar, als Lobsang und Tughjay uns in der Dunkelheit mit einer Solarlampe zum „Hotel" zurück begleiteten. Auf dem Rückweg durch das stockdunkle Lingshed entdeckten wir im Lampenlicht unglaublich viele Käfer, die auf dem Boden wuselten.
Durch meinen Kopf flitzten ambivalente Gedanken. Wir sahen die große Not, spürten die Zuneigung der Einheimischen und liebten sie, sehnten uns aber auch in den für uns so selbstverständlichen „Luxus" von Deutschland zurück. Die Art und Weise, wie diese Menschen hier in den Bergen lebten, war eine der härtesten. Sie starben relativ jung und sahen mit 50 aus wie 70. Den älteren Menschen zog die allgemein verbreitete Parodontose die Zähne. Die chronische Unterernährung und das hohe Arbeitspensum beugten die Rücken, aber nicht den Geist. Große Liebenswürdigkeit und Toleranz untereinander, Kindern und Tieren gegenüber und die erstaunliche Gastfreundschaft offenbarte sich im ständig präsenten, ehrlichen Lächeln dieser außergewöhnlichen Menschen.
Das Abendessen gab es bei Lama Padma und wir freuten uns schon darauf. Janet war mit von der Partie. Es gab Reis, Daal, Omelette, eingelegte Aprikosen und Unmengen von Tee. Wir fielen wieder todmüde ins Bett und träumten dem endgültigen Abschied entgegen.

## Hochzeitstag am eisigen Löwenpass

1. Rückreisetag und unser Hochzeitstag
Morgens ging es gleich los mit dem Packen. Kurz vor sieben Uhr kam Lama Padma mit dem Frühstücksservice: Heißer Tee, Daal, gebratene Kartoffeln und Chapatis.
Wir schlugen hungrig zu und er freute sich darüber. Alle hockten wir wieder auf dem staubigen Boden, als Lama Sondrup, der zuständige Mönch für die Verwaltung des „Hotels", zu uns kam und für die Nutzung der Räume um eine Spende für das Kloster bat. Anscheinend war unsere Spenden-Miete für unser Zimmer ziemlich hoch ausgefallen, denn er bedankte sich mit vielen, vielen herzlichen Jullays.
Wir unterhielten uns mit einem neuen Gast im Klosterhotel: Ein Regierungsbeamter, der sich in den Bergdörfern um die Schäden am

Vieh kümmerte, den die Braunbären anrichteten. Er beeindruckte uns durch sein ausgezeichnetes Englisch, blitzsaubere Kleidung, ein gestärktes Hemd und Hosen mit Bügelfalten. Seine Horsemen wuschen sein Geschirr in heißem Wasser mit Spülmittel und Schwamm und spülten mit klarem Wasser nach.
Dann kam endlich Tashi mit vier süßen, kleinen Eseln, einer war noch ein Fohlen. Jeder half beim Packen. Da die Tierchen weder Halfter trugen noch angebunden wurden, büchsten sie immer wieder aus. Nach großer Verabschiedung von unseren Freunden Lama Sonam und Lama Padma und der zeremoniellen Überreichung von Kataks zogen Janet und ich los. Jürgen folgte später mit Tashi und den Tieren. Den ersten Pass aus Lingshed heraus bewältigten wir ausgeruht, und der Effekt der Backofensonne wurde durch den leichten Wind gemildert.

Ein perfektes Wanderwetter: Wir ließen uns Zeit, denn unser heutiges Ziel war das Basecamp des Sengge La. Außerdem wussten wir, dass noch 400 steile Höhenmeter am Kiupa La auf uns warteten. Langsam stiegen wir bergauf, begleitet vom Lockruf der Dohlen, die uns mit ihrem federleichten Gleitflug entzückten. Der Duft der harten Gräser veränderte sich mit der Vegetation, als wir den Pass hinter uns ließen. Der Wind nahm an Stärke zu und verschlimmerte meinen Husten. Da wir fast ohne Pause bis zum Sengge La durchliefen, erreichten wir unser Lager am frühen Nachmittag und versuchten, im mittlerweile eiskalten Wind unsere Zelte aufzustellen. Janet eröffnete uns nebenbei: „I hate camping!“, was uns überraschte, nachdem sie sich schon so lange hier draußen herum trieb. Ich hing weiterhin an ihren Lippen und genoss ihr kultiviertes Englisch, ließ mich inspirieren.
Überall lag Müll: Plastik, Dosen, die Federn eines gerupften Huhns, Strumpfhosen, Schuhe, Papier, Schachteln, Tampons, Taschentücher. Auch der rauschende Gletscherbach war völlig vermüllt. Die Sonne verschwand schon um 16 Uhr hinter den Bergen und ließ uns mit dem eiskalten Wind alleine. Wir zogen alle zur Verfügung stehenden warmen Klamotten an. Tashi kochte heißen Tee, Reis, Gemüse und wir schlangen das warme Essen schnell hinunter, denn es wurde schon auf dem Löffel kalt. Jürgen und ich hüllten uns zu-

sätzlich eng umschlungen in eine Plastikplane, heute war unser Hochzeitstag. Plötzlich zog Janet vier Schokoladen-Kitkat aus ihrem Rucksack. Sie hatte die Süßigkeiten extra für diesen Abend und unseren Hochzeitstag aufgehoben. Also feierten wir mit Schokoriegeln und lachten herzhaft über die komische Situation. Später trudelte noch eine kleine Karawane mit Eseln und Einheimischen ein, sogar ein Kind war dabei. Sie schlugen ihr Lager auf, sammelten getrocknete Tierfladen fürs Feuer und kochten Tee und Essen. Sie nächtigten im Freien bei 6 °C, wie Tashi auch. Wir fragten uns, ob wir um 19 Uhr schon schlafen könnten, da wir es draußen vor Kälte nicht mehr aushielten. Jedoch ohne Probleme versanken wir ins Land der Träume, aber gegen drei Uhr morgens ging die ewige Herumdreherei wegen der schmerzenden Hüften auf dem harten Boden wieder los. Mein Kampf mit dem Seidenschlafsack im Inneren des warmen Daunenschlafsacks verschaffte mir morgens das Vergnügen, meine Füße im Kopfteil wieder zu finden.

2. Rückreisetag
Um sechs Uhr morgens krochen wir wieder hinaus in die Kälte, nicht ohne vorher unsere Reiseklamotten, Mütze, Schal, winddichte Regenhosen, Anorak und Handschuhe angezogen zu haben. Unsere treue Seele Tashi brachte uns mit freundlichem „Jullay“ wieder heißen Tee ins Zelt zum Aufwärmen. Bei 3°C Kälte baten uns die Karawanen-Ladakhis um Kopfschmerztabletten, ein großes Problem der Bergbevölkerung. Wir schenkten ihnen unseren ganzen Rest und halfen dem bibbernden Tashi beim Kochen der Linsensuppe. Wir fragten ihn, warum er denn nicht die warme Kleidung mitgenommen hatte, die wir ihm geschenkt hatten. Er lächelte nur verschämt und zuckte mit den Schultern. Wahrscheinlich trug der Rest der Familie jetzt die warmen Pullover und Hosen. Wir verschlangen das Frühstück, packten unsere Rucksäcke und machten uns auf in den Kampf mit dem Löwenpass.
Über dem Pass hingen tiefe Wolken und ein kalter Wind pfiff mit aller Macht. Es roch nach Regen oder Schnee. Während unserer ganzen Reise war das der erste Tag, an dem ich meine schwere Goretexjacke anziehen musste. Langsam aber beständig stapften wir die 700 Höhenmeter zum Pass hinauf, der Weg schlängelte sich sanft

nach oben. Zirka 150 Meter vor der Passhöhe fing der Schneesturm an. Jetzt war ich froh um meine dicke Jacke, denn der Wind tobte wie eine Herde wild gewordener Yaks über die Berge. Jürgen war als Erster auf dem Pass, kam wieder runter, um Janets Rucksack und dann später meinen zu holen. Tashi folgte mit seinen „Babys", die ungerührt den Pass hinauf und wieder herunter trippelten. Wir hielten uns nicht lange auf, die Sicht war zu schlecht.
Wir blickten auf ein fremdes Tal, völlig im Griff des bunten Herbstes, der uns mit seiner reizvollen Lebendigkeit völlig überraschte. Sprachlos starrten wir auf die Farbpalette, die sich vor unseren Füßen ausbreitete und uns trotz wolkenverhangenem Himmel zu einer spannenden Entdeckungsreise einlud: Leuchtendes Karminrot, Burgunder, Rotlila und alle Schattierungen von Zitronengelb bis Dunkelbraun hüllten die Hügel und Hänge in ein warmes Patchworkkleid, durchwirkt von einzelnen grünen Flecken. Um den zerfetzten Wildbach, der uns den ganzen Tag begleitete und ständig an Größe und Getöse zunahm, scharten sich niedrige, flammende Büsche. Hier leuchteten sie purpurrot, dort duckten sie sich in brennendem Siena zwischen die Felsen, ab und zu ein Zufallstupfer Grüngelb. Ocker konkurrierte mit Orange, Hellgelb mit Dunkelbraun. Immer wieder entfachte ein einsamer Sonnenstrahl in den Sträuchern ein wärmendes Glühen. In unseren Augen erwachte die Lust am Schauen und Staunen und sie konnten sich nicht satt sehen.

Plötzlich stoppte Tashi am mittlerweile reißenden Fluss und schickte die Esel hindurch. Brav wateten die tapferen Kleinen bis zum Bauch im reißenden Wasser und wir beobachteten recht froh unsere wasserdichten Ortliebsäcke, die auf den kleinen Rücken oft ins Nass wippten. Mulmig beäugten wir das Wildwasser, denn auch wir mussten da rüber, von Stein zu Stein hüpfend. Für Jürgen endlich wieder eine Abwechslung nach dem monotonen Stapfen durch feinsten Staub, knöchelhassenden Felsabbrüchen und stacheligen Dornenbüschen, für Janet und mich eher eine Zitterpartie. Aber Tashi und Jürgen halfen uns und souverän hüpften wir zur anderen Seite, erfüllt mit neuem Selbstbewusstsein. Tashi erklärte uns, dass wir auf dem Short-Cut durch die Asciuto-Schlucht nach Panjila den Fluss mehrere Male überqueren müssten und plötzlich freuten wir uns.

Endlich Aktion, spritziges Wasser, Abwechslung und nicht nur riesige, kalte Pässe rauf und runter hecheln. Vom anderen Ufer aus beobachteten wir eine sehr große Yakherde, die von einem Hirten in traditioneller Kluft mit lauten Rufen, Pfiffen und einer Steinschleuder in die richtige Richtung getrieben wurde. Diese gigantischen, zotteligen Tiere faszinierten mich mit ihrem wilden Aussehen, den breiten Hörnern und den unterschiedlichen Farben. Hüpfend querten wir viele Nebenbäche, die den Gletscherfluss speisten. Es wurde wärmer, als wir langsam in den höher werdenden Wänden des Canyons verschwanden. Dann standen wir plötzlich aufs Neue vor dem reißenden Gletscherbach. Ungläubig starrte ich auf die gefährliche Passage, aber Tashi half mir auch dieses Mal mit einem zuversichtlichen Lächeln und praktischer Hilfe. Zuerst musste ich von Fels zu Fels springen, dann kam eine einzelne, nasse Baumstammbrücke, über die ich langsam rutschte, während Tashi von der anderen Seite aus meine Hand hielt. Der Horseman kehrte zu seinen wartenden Eselchen auf der anderen Seite zurück und hockte sich kurzerhand mit angezogenen Beinen auf das Kleinste und trieb die Tiere unter unseren staunenden Blicken quer durch den Fluss. Er kam lachend und trocken auf unserer Seite an. Unser Respekt für die Heiterkeit und Erfahrung dieses jungen Mannes wuchs mit jedem Schritt.

Nun war es nicht mehr weit bis zu unserem Zeltplatz. Ein steiler, ausgesetzter Weg entlang der Felsen, eine kleine Brücke aus Steinplatten auf zwei Balken und wir folgten dem immer enger werdenden Tal tief in die Schlucht. Und, oh Wunder, hier war der Campground, ein malerischer Platz, romantisch gelegen mit Grasboden und einem kleinen Weidenwald.

Aber zu früh gefreut: Janet entdeckte reichlich Sandflöhe, deswegen holten wir sofort unser Ökoorange raus, sprühten alles damit ein und präparierten eine Folie, auf der wir Rucksäcke und Zelt auspackten. Da wir heute schon um 13 Uhr angekommen waren, blieb uns viel Zeit für die elementaren Dinge. Wir „badeten" im Fluss, wuschen unsere Kleidung, die im heftig aufkommenden Wind schnell trocknete. Wie schön, dass wir noch ein paar sonnige Stunden genießen konnten. Tashi kochte das Essen und schaute immer wieder nach seinen glücklich grasenden Tierchen. Heute stand für sie

kurzes, aber saftiges Gras auf dem Speisezettel und nicht die harten, verdorrten Büsche.
Auf uns warteten wieder Reis, getrocknete Kartoffeln mit Tomatengemüse und Makrelen aus Janets Dose, zwar salzig, aber würzig und sättigend. Wie so oft gesellte sich leider zum Essen pünktlich und heftig der kalte Wind, sodass Janet wieder mit ihren „I hate camping"-Sprüchen anfing. Vor Kälte schnatternd suchten wir schon um 18 Uhr das schützende Zelt auf, aber vorher statteten wir Tashi mit allen unseren entbehrlichen warmen Klamotten und Plastikfolien für die Nacht im Freien und im Wind aus. Kurz danach wurden wir von Einheimischen nochmals aus dem Zelt zitiert, weil sie ihre 50 INR Zeltplatzgebühr einsammeln wollten.
Gegen Morgen plagte mich wieder ein entsetzlicher Husten und ich entschloss mich, diese Plage mit Antibiotika zu bekämpfen, denn ich hielt Jürgen und die anderen mit meiner Husterei wach.

Donnerstag, 25.9., 3. Rückreisetag
„Good morning, Jullay!" Freundlich wie immer servierte uns Tashi um sechs Uhr den ersten Tee im Zelt. Schon eine ganze Weile hatte ich seinem Klappern mit dem Geschirr gelauscht und diese wohligen Momente der Verbundenheit genossen. Wir packten, während er frische Chapatis zubereitete. Janet schimpfte wieder über das verhasste Campen, während sie mit ihrem davonfliegenden Zelt kämpfte. Dick angezogen frühstückten wir bei 3 °C im Freien unter weiterhin bedecktem Himmel. Der Herbst zeigte sich von seiner grimmigen Seite und hatte zudem die hohen Berge ringsum über Nacht mit Puderzucker bestreut. Gegen 7:45 Uhr wanderten wir schnell los, um wieder warm zu werden. Es ging jetzt sechs Stunden auf ausgesetzten Pfaden durch eine traumhaft schöne Schlucht, immer hoch und runter, ab und zu querten wir den Fluss über eine kleine, primitive Brücke. Wir kamen am kleinen Dorf Asciuto vorbei, eine Oase in der Wildnis, entdeckten Wolfsspuren, aber nicht den Verursacher. Den ganzen Tag stolperten wir in einer Staubwolke. Der puderfeine Staub wechselte die Farbe mit dem Gestein, das sich seitlich am Weg in gewagten Bögen und Platten auftürmte: Von schneeweiß zu gelb, von zartrosa zu lila. Tashi meinte, dass wir nur vier Stunden nach Panjila bräuchten, am Ende waren es doch

sechs Stunden. Ich glaube, wir haben viel Zeit mit Schauen und Fotografieren vertrödelt. Irgendwie waren wir alle ausgelaugt von der Kälte und vom Wind, der uns auch in der Schlucht heftig den Marsch pustete. Überraschenderweise hatten die Nepalis die Sprengungen und somit den Bau der neuen Straße ein großes Stück weiter vorwärts getrieben. Als wir endlich an der Brücke, unserem Ausgangspunkt, ankamen, lagen noch vier Kilometer Jeepweg bis Panjila vor uns. Wir erstickten schier im knochentrockenen Staub, der jede Faser unserer Kleidung durchdrang und Nase und Augen verstopfte. Der Himmel drohte mit grauen Wolken und kaltem Hauch. In Panjila bauten wir zuerst die Zelte auf. Es war 14 Uhr nachmittags und seit dem Frühstück hatte kein Brocken den Weg in unsere Mägen gefunden. Janet verzweifelte schier mit ihrem Zelt und fluchte unter Tränen, auch unsere Laune glich dem riesigen Abfallberg, der die Umgebung des Zeltplatzes verschandelte. Tashi war der einzige, der gute Miene zum bösen Spiel machte, er half Janet lächelnd beim Zeltaufbau und braute mit dem Wasser des grausig verschmutzten Flusses ein paar Tassen wohltuenden heißen Tee. Endlich fanden wir uns im ersten richtigen Shop seit über zwei Wochen wieder und erstanden jeder eine wohlverdiente Flasche Bier. Die Laune änderte sich schlagartig: Bei 13 °C im „Biergarten", nicht auf dem Boden, sondern auf Plastikstühlen sitzend, salzige Kräcker zu naschen und sich zu entspannen vermittelte uns nach der Entbehrung ein neues Lebensgefühl, wir waren völlig zufrieden und plötzlich wieder fit. Da kam endlich der Bus aus Leh, mit dem wir am folgenden Tag die Rückreise antreten wollten, und mit ihm trafen zwei alte Bekannte aus Lingshed ein, die uns spontan zum Tee einluden. Wir wurden in ein dunkles Verlies geführt, das bei uns höchstens als Abstellkeller benutzt werden würde, voll mit Säcken und Proviant, zwei Teppichen und einem Gaskocher. Sie servierten uns Tee mit Keksen und plötzlich wurde es uns zum ersten Mal an diesem Tag richtig warm. Meine Oberschenkel schmerzten und auch Janet klagte über das gleiche Problem. Tashi wollte endlich kochen und Janet kaufte fürs Abendessen sechs Eier ein. Heute duschten wir nicht, es war einfach zu kalt, eine „Feuchttuchkatzenwäsche" musste reichen. Wir waren wirklich gespannt, ob unsere Daunenschlafsäcke uns wärmen würden, da wir sie am vergangen Morgen nass eingepackt hatten

wegen der vergangenen Probleme mit der hängenden Innenwand unseres Zeltes, von der das Kondensationswasser auf die Schlafsäcke tropfte.
Das Dorf strotzte vor Schmutz. Essen gab es heute spät, weil Tashi lange nach seinen ausgebüchsten Eseln suchte. Jammerschade, dass man ein so gutes Essen, bestehend aus frischen Rühreiern, Reis, Glasnudeln und Gemüsesoße, runter schlingen musste, weil es auf dem Löffel zu gefrieren drohte. Wir krochen anschließend sofort ins Zeltbett und ich träumte einen wunderschönen Traum von einem Tisch voll mit Käse- und Erdbeerkuchen, von meiner Mutter gebacken, mit Bergen von Schlagsahne.

## Schock in Leh

Freitag, 26.9., 4. Rückreisetag, Ankunft in Leh
Der heiße Tee weckte uns und wir ärgerten uns über das Zelt und die im Schulterbereich nassen Schlafsäcke. Wir nahmen uns vor, einen Beschwerdebrief an Vaudee zu schreiben, um das schlecht konstruierte Zelt zu reklamieren. In Dreck und Kälte packten wir, Tashi fütterte uns noch mit ein paar Chapatis. Kurz nach sieben Uhr verstauten wir unser komplettes Gepäck auf dem Dach des alten und verlotterten Busses und froren auf den kalten Sitzen weiter, während wir auf die Abfahrt warteten. Der Busfahrer und sein Schaffner tranken gerade Buttertee und boten mir eine Tasse davon an mitsamt einem Stück Kashmiribrot. Sah ich so verhungert aus? Aber es war gut, dass wir so früh da waren und die vorderen Plätze ergattern konnten, denn um acht Uhr platzte der Bus schier vor Einheimischen aus den Nähten und der energische Tata-Motor brummte sofort los. Als wir zwei Stunden später in Kalthse ankamen, hatte er in der Zwischenzeit bestimmt 20 Male angehalten, mindestens 100 Ladakhis verschlungen und wieder ausgespuckt. Unter unglaublichem Schieben und Quetschen suchten die Gäste einen Sitz- oder Stehplatz, ohne Schimpfen und Stöhnen. Alle lächelten freundlich, lachten, schnatterten, schrieen, beteten, sangen oder spieen zum Fenster raus. Immer mehr Gepäck stapelte sich auf dem Busdach, es wurde auf- und abgeladen. Als wir das erste Mal eine halbe Stunde in Kalthse Halt machten, rannten Janet und ich

wie wild auf die Straße und wollten endlich wieder „shoppen“ gehen und Rupien ausgeben. Mit ein paar kartoffelgefüllten Samosas, Mangosaft und alter Schokolade gaben wir uns zufrieden und wärmten uns mit frischem Essen so langsam wieder auf. Nur die Füße blieben kalt.
Heute vergnügte sich zwar eine helle Sonne am strahlend blauen Himmel, aber der kalte Wind trübte die Freude. Der Busfahrer hupte lange und anhaltend, die Fahrgäste trudelten wieder ein und wir knatterten langsam weiter. Die Bremsen quietschten so laut, dass der Bus in den Kurven um die Felsen eigentlich nie hätte hupen müssen, um sich dem Gegenverkehr bemerkbar zu machen. Obwohl hier Linksverkehr herrschte, fuhr unser Fahrer immer rechts, dicht am 50 Meter tiefen Abgrund zum rauschenden Indus und wich nur dem Gegenverkehr aus. Nicht nur einmal betete ich für besonders große Schutzengel.

Beim zweiten Stopp in Nimmo mussten sich die gesamten übrigen Fahrgäste Kaugummi besorgt haben, denn nun gab es ein regelrechtes Wrigley-Konzert: //: Schmatzen, Kauen, Blasen, Platzen:// Die Ladakhis freuten sich wie Kinder, ich lachte mich heimlich kaputt und Jürgen steckte Ohrenstöpsel in seine Lauscher.
Irgendwann mussten wir Ausländer an einem Checkpunkt aussteigen und unsere Pässe und Visa registrieren lassen. Nach einer über sechs Stunden dauernden Fahrt sahen wir von weitem Leh. Dann ging es schnell: Im Busbahnhof luden wir selbst unser Gepäck ab. Dazu kletterte Jürgen auf das Dach und reichte mir die Packsäcke runter, ein paar Einheimische halfen uns. Wir riefen ein Jeep-Taxi, das uns sofort in unser Gasthaus brachte, in dem wir für diese letzten Tage in Leh wieder Zimmer reserviert hatten.
Leh erschien uns auf einmal wie ein Wunder an Zivilisation und Sauberkeit. Wir fragten den Hausherrn sofort, ob er seine Wände frisch gestrichen hatte, während wir weg gewesen waren, aber er verneinte lachend. Wir wurden wärmstens empfangen und eine Stunde später nach einer warmen Dusche hatte ich schon den ersten Schwung staubiger Klamotten im Bach gewaschen. Dabei schaute mir ein Hausgast zu und informierte mich, dass man in Leh bei der „Woman's Association“ für sehr wenig Geld mit der Waschmaschine

seine Kleidung waschen lassen konnte, ein Tipp, den ich dankbar annahm, obwohl ich keine Ahnung hatte, wer diese Organisation war. Kurz nach 17 Uhr holten wir Janet im „Oriental Guesthouse“ ab und sie führte uns zur „Pizzeria“, von der sie uns auf dem Rückweg vorgeschwärmt hatte. Für den Standard in Leh entpuppten sich die „Wenigkäsepizzas“ als super, Janet hatte nicht zuviel versprochen, dazu gab es ein Bier. Der Österreicher Florian gesellte sich zu uns, ein liebenswerter, sanfter, junger Mann. Er war im Rahmen des Projekts „Friends of Lingshed“ schon fünfmal dort gewesen, unter anderem auch dieses Jahr. Der österreichische Verein baute die Solarschule in Lingshed, verbesserte und erweiterte sie ständig und unterstützte viele einheimische Kinder bei der Finanzierung der Schulausbildung. Wir führten aufschlussreiche Gespräche und verbrachten einen schmutzfreien und Bauch füllenden, schönen, entspannten Abend. Weil es so spät wurde und wieder sehr kalt war, führte uns der Besitzer des Lokals mit seinem Privat-PKW umsonst nach Hause. Was für ein wunderbares und freundliches Land!

Mein Husten war trotz Antibiotika und Hustenlöser immer noch schlimm. Ich verdächtigte die kalte Luft und den Staub, die meinen Lungen Schwierigkeiten bereiteten. Mein Lungenarzt hatte mich noch vor dem Abflug eindringlich ermahnt, das Asthmaspray mitzunehmen und es täglich zu benützen, aber ich hatte es vergessen.
In der Sonne auf dem Dach des Shanti Guesthouses trockneten unsere Schlafsäcke den Nachmittag über und sie dienten uns zum ersten Mal in dreieinhalb Wochen in einem richtigen Bett als warme Zudecke im kalten Schlafzimmer. Hier gab es keine Bettwäsche und unsere Seidenschlafsäcke funktionierten als Unterlage. Gute Nacht!

Samstag, 27.9., 1. Tag in Leh
Als wir aufwachten, grüßte uns wieder azurblauer Himmel und ein herbstlich frischer Wind. Wir hockten lange und gemütlich auf der Terrasse vor dem Haus mit der Familie der deutschen Lehrerin, die auch gestern angekommen waren, auf der Flucht vor Schnee und Kälte während ihres Trekks. Wir frühstückten in der Sonne und freuten uns am Augenblick. Unser Hausherr, Mr. Puntsock, ver-

zeichnete ein gutes Jahr mit seinen Gästen und fing nun mit dem Anbau von neuen Räumen an. Wir beobachteten die Bauarbeiter, wie sie ständig um uns herum marschierten, ohne Lärm zu machen, keine Maschinen, kein Rufen und Schreien. Die Häuser wurden hier alle aus gebrannten Erdschlammziegeln gebaut, unglaublich billig, ökologisch, gut schall- und wärmeisolierend. Die Innenwände wurden gekalkt, die Böden mit vielen Teppichen oder PVC ausgelegt, ohne Heizung, aber mit Solarlicht und -dusche ausgestattet. Morgens waren die Solarbatterien leer, da gab es auch kein Licht. Eine Taschenlampe durfte deswegen nie fehlen. Die Solardusche bestand aus einem großen schwarzen Wassertank auf dem Hausdach, der sich im Laufe des Tages aufwärmte. Trotzdem verfügte die Familie noch über eine andere, mir unbekannte Möglichkeit, heißes Wasser für die Duschen der Gäste zu produzieren.

Irgendwann brachen wir mit einer riesigen Tasche voller Schmutzwäsche auf in die Stadt. An den vielen geschlossenen Läden und Restaurants konnten wir erkennen, dass die Saison bereits zu Ende ging. Normalerweise endet sie am 15.09., aber die „Gomsa“ der Women's Association und viele andere Läden hatten offen, da sich noch einige Touristen in der Stadt tummelten. In der Gomsa arbeiteten ausschließlich einheimische junge Frauen, die geschäftstüchtig ökologische Lebensmittel, selbst hergestellte Trekkingnahrung, Bücher, Gebetsfahnen, Getränke, sauberes Wasser und mehr verkauften. Sie reinigten die Wasserflaschen der Touristen und deren Wäsche für wenig Geld.

Die Damen der Wäscherei zählten die vielen Kleidungsstücke, notierten sich alles und berechneten einen unglaublich billigen Preis von umgerechnet 4,50 Euro. Abends konnten wir wieder alles abholen. So verbrachten wir den Tag mit Bummeln, Shoppen, Geld umtauschen, Ticketbestätigung und irgendwann trafen wir auf Janet und Florian, die uns zum „Budshar Inn“ begleiteten, einem Paradies für gute Hammelgerichte. Auf der Suche nach einem Ersatz für die kaputte Luftpumpe in Linsghed landeten wir in einem erstaunlichen Shop an der Straße zum Flughafen, einer wahren Fundgrube. Der Taxifahrer half uns eifrig und übersetzte. Die Zeit verging schnell und wir streiften neugierig umher. Ich besorgte mir eine tomatenrote, günstige Jacke, angeblich aus Kashmirwolle, die mich

wunderbar wärmte, ein Gefühl, das ich lange vermisst hatte. Ich trug die Jacke für die restliche Zeit im kalten Leh Tag und Nacht.
In einem fast leeren Restaurant tranken wir noch eine Kleinigkeit, diskutierten über die Ereignisse der vergangenen Wochen und fassten zusammen. Mit unserer frisch gewaschenen und angenehm duftenden Kleidung wanderten wir im Dunkeln nach Hause und legten uns nach einer Tasse Salbeitee schlafen.

Sonntag, 28.09., 2. Tag in Leh
Mein erster Blick am Morgen galt wie immer den schneebedeckten Bergen, die still in der klaren Luft leuchteten, hinter ihnen versteckten sich schüchtern ein paar verwehte Wolken. Die Vegetation präsentierte sich hier noch im spätsommerlichen grünen Kleid mit gelben Spitzen, während in Lingshed die Pappeln und Weiden schon überwiegend leuchtendes Gelb angezogen hatten. Kleine Vögel tschirpten geschäftig vor den Fenstern, ich meinte Spatzen zu erkennen. Leider hatten wir auf der Reise wenig Wild gesehen, allerdings viele Wolfsspuren. Vögel tummelten sich überall: Dohlen mit ihrer speziellen Ladakhistimme, Bachstelzen, wachtelähnliche Vögel, wunderschöne Vögel mit königsblauem Gefieder und viele Singvögel, von denen ich keinen identifizieren konnte. An Ungeziefer mangelte es nicht, allerdings keine Würmer und Schnecken wegen der Trockenheit und wenig Stechmücken.
In die Stille des Morgens versunken nahmen wir unser reichliches Frühstück in der Sonne vor dem Haus ein, es weckte unsere Lebensgeister. Die Hausfrau brachte ihr morgendliches Räucheropfer dar und begleitete diese Zeremonie mit einem leisen, gesungenen Gebet. Ich liebte dieses Ritual und beobachtete sie still bei der Handlung. Janet flog schon um 7:30 Uhr um die Ecke und berichtete, dass der billige Sonntagsmarkt in Leh bereits um 8:30 Uhr starten sollte. Wir beabsichtigten die Erledigung der langen Wunsch- und Bedarfsliste unserer Familien in Lingshed: Warme Kinderkleidung und feste Schuhe. Begeistert schleppten wir pralle Tüten nach Hause, meist gut erhaltene, gebrauchte Kleidung und lauter neue Schuhe, Made in Russia. Nun galt es, vertrauensvolle Hände zu finden, die alle Hilfsgüter in Lingshed den betroffenen Familien übergeben würden. Deswegen suchten wir mit vielem Durchfragen Lama Tsewang. Die-

ser Mönch war für alle Transporte nach Lingshed zuständig. Nachdem wir ihn in seinem kleinen Zimmer im Lingshed Labrang aufgestöbert hatten, lud er uns zum Tee ein. Er instruierte uns, dass wir die Sachen in Plastiktüten packen sollten mit jeweils einem Brief an die Familien mit Inhaltsangabe. Auf die mit Heftklammern versiegelten Tüten schrieben wir mit dickem Filzstift außen die Namen der Bestimmungsfamilien, um Verwechslungen oder leidige Missverständnisse beim Austeilen auszuschließen.

Wir suchten uns ein Restaurant zum Mittagessen und fanden das „Dreamworld“ mit relativ sauberen Toiletten und Wasser zum Hände waschen. Aber der Wind pfiff kalt durch die offenen Fenster, deshalb trugen wir auch beim Essen alle unsere Jacken. Auch die anderen Gäste des Restaurants speisten dick verhüllt in ihren Mänteln, Schals und warmen Mützen, ein seltsamer Anblick für uns verwöhnte Westler.
Wieder auf der Straße sprachen uns Verkäufer aus Kashmir an, die mit viel Zeit und Muße in ihren wärmenden Kaftans vor ihren Geschäften lungerten und wir führten interessante, sehr freundliche Unterhaltungen ohne Kaufdruck. Sie interessierten sich für uns und unser Leben, fragten nach Familie und Arbeit. Zurück im Guesthouse widmeten wir uns der ausführlichen Körperpflege und Jürgen reinigte unsere komplette Ausrüstung, bis alles blitzte und glänzte. Wieder zogen bedenkliche Wolken auf und wir bibberten ein wenig wegen unserem bevorstehenden Abflug aus Leh, ein Sichtflug, der nur bei guter Witterung stattfinden würde.
Später besuchte uns noch Choksin, der kleine Mönch, der sich in Lingshed den Arm gebrochen hatte. Er zeigte uns grinsend seinen vergipsten Arm und wir verstanden, dass es ihm mittlerweile recht gut ging. Wir verständigten uns mittels Gesten und Mimik, da er fast kein Englisch sprach und wir wenig Ladakhi, aber er nahm gerne die Schokolade und Kekse an, die wir ihm als Geschenk anboten.

Am Sonntag unterschied sich die Betriebsamkeit in Leh von keinem anderen Tag. Die Maurer arbeiteten am Bau, in den Läden tummelten sich schwatzende Kunden, die Landfrauen boten ihr Obst und Gemüse feil, im Gegenteil, es schien sogar noch mehr los zu sein.

Für heute Nacht wurde strenge Kälte und Schnee bis in tiefere Lagen vorausgesagt.

Montag, 29.9., 3. Tag in Leh
Dick eingemummt ließ es sich auch gut schlafen. Wir empfanden diese letzten Tage als richtige Erholung und Urlaub. Der krächzende Muezzin weckte uns gegen fünf Uhr mit seinem Gebetsaufruf. Schön, dass morgens vor dem Haus immer die wärmende Sonne schien und wir im Freien frühstücken konnten. Wieder trugen wir unsere restliche Wäsche in die Stadt, wechselten Geld und wussten nicht so recht, ob wir zuerst den Zahnarzt wegen Rigzins Zungenbändchen oder das Regierungs-Krankenhaus zur Besichtigung aufsuchen sollten. Prompt verliefen wir uns, da wir nicht genau wussten, wo der einheimische, uns empfohlene Zahnarzt praktizierte. Wir entschlossen uns, den Taxistand aufzusuchen, um dort ein Taxi zum Krankenhaus zu mieten. Und wie es der „Zufall" wollte, liefen wir auf diesem Weg schnurstracks auf die Zahnarztpraxis zu. Die winzige Praxis bestand aus zwei kleinen Zimmern: Wartezimmer und Behandlungsraum. Wir hörten den Zahnarzt mit einer englischen Patientin sprechen. Als er fertig war, fragte er uns freundlich, wie er uns helfen könne. Wir erklärten unser Anliegen und er sagte uns, dass er eine solche OP nicht in seiner Praxis durchführen könne, da ein CP-Kind mit der Schädigung von Rigzins Art dazu eine Vollnarkose bräuchte und das könnte nur im Krankenhaus gemacht werden. Wir erkundigten uns nach dem Preis einer solchen OP und er klärte uns auf, dass jede Behandlung im Government-Krankenhaus umsonst sei. Erstaunt atmeten wir auf, denn wir wollten die Entfernung von Rigzins Zungenbändchen bezahlen, da sich der deutsche Zahnarzt bei der Untersuchung des Kindes in Lingshed mit der Durchführung einer solchen Maßnahme eine Verbesserung der motorischen Fähigkeiten beim Sprechen erhoffte.
Wir berichteten dem freundlichen Dentisten, dass wir anschließend ins Krankenhaus zu einer Besichtigung gehen und uns dort gleich wegen Rigzins OP erkundigen wollten. Lächelnd bot er sich an, uns mitzunehmen, da er gerade auf dem Weg ins Krankenhaus war und auch dort beschäftigt sei als Zahnarzt. Es schien ihm Freude zu machen, uns helfen zu können. Jetzt ging alles problemlos und schnell.

Er führte uns durch alle relevanten Bereiche des Regierungskrankenhauses und erklärte uns Einzelheiten. Die Stationen bestanden aus großen Sälen mit mindestens 30 Betten und einer Toilette am Ende des Saals. Neue Vergrößerungsanbauten waren in Planung. Wir baten darum, beim Superintendanten (Leitender Verwaltungsarzt) vorsprechen zu dürfen, da sich der C.M.O. (Chief Medical Officer) Dr. Dawa auf dem Weg nach Lingshed befand. Mit diesem Treffen beabsichtigten wir Transparenz gegenüber den Regierungsoffiziellen, die wir von unserer Arbeit und Plänen unterrichten wollten und vorsichtige Tuchfühlung, wie weit unsere noch unreifen Pläne akzeptiert wurden. Ich wollte mich nicht in Ladakh engagieren, um dann plötzlich aus irgendeinem Grund auf für uns unüberwindbare Widerstände zu stoßen.
Überraschenderweise erhielten wir sofort einen Termin bei dem sehr beschäftigten und wichtigen Superintendanten, der uns wohlwollend, aber offensichtlich distanziert empfing. Als wir ihm unser Anliegen, das Wohl der behinderten Kinder, und unsere Geschichte vortrugen, taute er auf und ließ Tee für uns holen. Anscheinend hatten wir ihn doch beeindruckt, denn es schien tatsächlich niemanden zu geben, der sich um die Bedürfnisse und Behandlungen unserer „Special Children" kümmerte. Mir schien, als ob sich niemand der Anwesenheit dieser Kinder bewusst war, man ignorierte sie, sie existierten einfach nicht.
Der nächste Termin des Chefs war mit der Polizei, deren Vertreter plötzlich im Raum erschienen. Also verabschiedeten wir uns höflich und bedankten uns. Wir baten um Erlaubnis, Bilder vom Krankenhaus zu machen.
Danach stoppten wir ein Taxi und gerieten in der Mittagszeit mitten in eine Demonstration gegen Korruption. Alle Restaurants und Geschäfte waren geschlossen, bis auf unsere Neuentdeckung, die „Pizzeria". Und dort trafen wir auf Janet, Florian und eine französische Ethnologie-Studentin, die ihren PHD über den Vergleich der sozialen Strukturen zweier ladakhischer Dörfer schrieb. Den halben Nachmittag lang drehte sich die Diskussion um Politik und nochmals Politik, eine Thematik, die mich wenig interessierte und überforderte, da ich noch mit der Verarbeitung des eben Erlebten beschäftigt war und die übergreifenden Zusammenhänge in diesem

Land noch nicht verstand. Zwischen den Gesundheitssystemen im Westen und hier in Nordindien war es überflüssig, Vergleiche anzustellen, da sie völlig verschieden funktionierten und aufgebaut waren. Es fiel mir schwer, mit den bisherigen Informationen einen gangbaren Weg für Rigzin und ihre Familie zu finden. Dieses Problem trieb die ganze Zeit in meinem Hinterkopf sein Unwesen und ließ mir keine Ruhe.
Später zeigte uns Florian noch eine Bäckerei, in der wir herrlich pappig-süßes Zeug fanden, das sündhaft lecker schmeckte und billig war. Zusätzlich erstand ich eine riesige Box gemischte Kekse, die wir auf dem Heimweg futterten und in die alle unsere neuen „Freunde", die Kaufleute in Leh, beim Vorbeigehen gerne hineingriffen, lauter Schleckermäulchen.
Unser Abendessen nahmen wir im „Happy World" ein, einem kleinen, urigen Restaurant mit Familienbetrieb, wo ständig Tees vertauscht oder falsch gebracht wurden. Hinter einem alten Vorhang hörte man Töpfe klappern, Gasfeuer zischen und aufgeregtes Geschnatter. Die liebenswerten und sympathischen Gastgeber brachten uns ein fantastisches Essen: Gemüsepizza und Spaghetti mit Tomatensoße. Dazu tranken wir viele Gläser heißen Ingwertee, um die Kälte aus den Knochen zu treiben. Müde holten wir unsere Wäsche ab und spazierten den langen Weg im Stockdunkeln heim. Der zunehmende Mond und die nahen, hellen Sterne leuchteten und beschützten uns.

Dienstag, 30.9., 4. Tag in Leh
Heute Nacht schneite es sogar in Leh. Wahrscheinlich stimmte die Voraussage der Lingshed People, dass der Winter früh kommen und kalt werden sollte. Heute Morgen gab es wirklich heißes Wasser zum Duschen und Haare waschen. Mein Husten verging langsam. Wir frühstückten heute im Haus, aber da war es auch nicht viel wärmer als draußen in der Sonne. Janet schaute kurz vorbei und vergewisserte sich wegen unserer Dinnerverabredung heute Abend.

Kurz danach holte uns Sonam Dorje ab, der Sekretär des Abts vom Kloster Lingshed, um uns zum NIRLAC Institut zu bringen. Dieses Institut wurde 2001 vom König von Ladakh, Mr. Namgyal, gegrün-

det, um den Behinderten in Ladakh bei der Ausbildung, Arbeitssuche und Integration ins Arbeitsleben zu helfen. Damit sollte für die jungen Menschen eine Möglichkeit zur Selbständigkeit geschaffen werden. Im Gebäude des Instituts, einem gemieteten, schönem Haus im Zentrum Lehs, wurden wir überrascht vom herzlichen Empfang der netten Sozialarbeiterinnen und dem funktionell ausgestatteten Besprechungsraum, in dem wir alle Platz nahmen.
Wir schildern den Anwesenden, unter denen sich auch eine Kinderärztin aus Delhi befand, unser Anliegen und die anfangs frostige und distanzierte Atmosphäre änderte sich im Lauf des Gesprächs. Wir erkannten freudig, dass wir alle ein gemeinsames Ziel verfolgten: Den behinderten Kindern hier an Ort und Stelle zu einem geförderten, unterstützten Leben zu verhelfen mit mehr Qualität und besserer sozialer Integration. Wir wollten mit den örtlichen Institutionen, Handwerkern und Schulen zusammen arbeiten. Die Frauen konnten sich sehr für meine Idee begeistern, einen Reitesel für Rigzin im unwegsamen Gelände von Lingshed anzuschaffen und freiwillige Physiotherapeuten und Orthopädietechniker nach Ladakh zu schicken, um den Kindern eine kontinuierliche Hilfe zu bieten. Mutig mit meinen Äußerungen, schaute ich weit in die Zukunft und visionierte über meine Vorstellung des Machbaren hinaus. Anscheinend entfachte meine Begeisterung ein Feuer in den Frauen. Mit dem angebotenen Tee wurden wir spontan zu einer Rundfahrt in die Umgebung Lehs eingeladen, um einige der behinderten Kinder zu besuchen, sodass wir uns ein Bild über die Situation machen konnten.
Nun wurde es hektisch: Mit einer Fotosession verabschiedeten wir uns schnell und eilten mit Sonam Dorje zum Taxistand, wo wir einen freundlichen Taxifahrer fanden, der uns bis in die Nähe des Flughafens fuhr, um noch fehlende Hilfsgüter einzukaufen. Wir verpackten alles eilig und brachten die Sachen zu Lama Tsewang, der uns zu warmen Chapatis, Tee und frischem Joghurt einlud. Rasch zum Guesthouse zurück, unsere Koffer packen, denn morgen ging es zurück nach Delhi und schon stand der Suzuki-Jeep der NIRLAC-Damen vor dem Haus, um uns abzuholen.
Wir verließen Leh auf unbekannten Wegen und folgten holprigen Straßen weit in das Industal hinaus, chauffiert von einem jungen

Mann, auch ein Angestellter des Instituts. Die jungen Frauen besaßen keinen Führerschein, denn es war in Ladakh nicht üblich für Mädchen, Autos oder Motorroller zu fahren.
Das erste besuchte Kind war vier Jahre alt, litt unter einem Hydrocephallus (Wasserkopf) und geistiger Behinderung. Gerade müde vom Kindergarten heimgekommen, schlief der Junge tief und fest. Die Mutter brachte ihr einziges Kind jeden Tag mit einem Rollstuhl in die Schule. Die behinderten Kinder wurden in die Normalschule integriert, eine Sonderschule gab es nicht. Ohne spezielle Ausbildung der Lehrer im Umgang und der Förderung behinderter Kinder nahmen diese meist nur passiv am Unterricht teil.
Auf der anderen Seite des Indus führte unsere Reise in eine Gegend, wo der Hauptteil der Bevölkerung aus Muslimen bestand. Wir besuchten ein Haus, in dem ein hörgeschädigter junger Mann alte Zeitungen zu Tüten faltete und klebte, die er an Geschäfte in Leh zum Verpacken von Waren verkaufte. Dadurch verdiente er sich im Monat zusätzlich 1000 INR. Er demonstrierte uns seine systematische und ordentliche Arbeit, während seine Mutter uns einen Milchtee mit XXL Zucker servierte. Der Wohnraum füllte sich mit neugierigen Nachbarskindern und Jürgen musste ständig Bilder machen, denn sie bettelten „One photo, one photo". Eine Schwester schleppte ihr kleines Brüderchen auf dem Rücken daher, immer mehr schlichen herein, niemand störte sich daran. Wir verabschiedeten uns und fuhren weiter im flachen, reichen Industal zwischen großzügig angelegten Bauernhöfen durch eine reizvolle Gegend. Wir besuchten die behinderte Semina, 11 Jahre alt, und ihre gesunden zwei Schwestern und einen Bruder. Seit Geburt litt das geistig fitte Mädchen unter einem kongenitalen Defekt, einer Knochenerweichung und Muskelschwäche.
Sie konnte kaum noch selbständig sitzen und durch das rapide Wachstum im letzten Jahr verformte sich die ungestützte Wirbelsäule zu einer skurrilen Skoliose. Die beunruhigten Eltern zeigten sich dankbar für jeden Rat. Der Vater trug das Kind aufopfernd überall hin und es schien sehr gut versorgt zu sein. Wir untersuchten Semina so gut es ging, denn man durfte ihr keine Kleider ausziehen. Wir gaben den Eltern den dringenden Rat, das Mädchen nach Delhi zu einem Kinderarzt zu bringen und entsprechende Hilfsmittel wie

ein Aufrichtungskorsett für sie anfertigen zu lassen, das die Wirbelsäule im Wachstum unterstützen würde. Sie benötigte auch einen passenden Rollstuhl, in dem sie selbständig ohne Hilfe sitzen konnte. Seminas weiche Gelenke gaben ihr kaum Halt, sie hing regelrecht in den dünnen Muskeln. Ein grotesk verbogener Körper, auf dem ein hübsches, liebenswertes Gesicht saß, das uns glücklich anstrahlte. Semina erhielt Unterricht von einem Privatlehrer und glänzte mit hervorragenden Leistungen.

Es war spät geworden und wir rasten auf einer anderen holprigen Straße wieder nach Leh zurück. Wir nahmen im „Vorbeiflug" noch ein paar touristisch interessante Sehenswürdigkeiten mit. Eine ungefähr 200 Meter lange und zwei Meter breite Mauer aus Mani-Steinen säumte einen Teil des Weges. Das „Ohm mani padme hum" erschien immer wieder in bunten Farben an glatte Felswände gepinselt, Klöster klebten wie Schwalbennester an den Bergen und wir entdeckten kahl geschorene Nonnen mit sehr europäischem Aussehen. Anscheinend gab es hier auch viele Mönche und Nonnen aus dem Westen.

Knapp vor 17 Uhr wurden wir an der „Tibetan Kitchen" abgesetzt, das eines der besten Restaurants in Leh sein sollte. Janet und zwei weitere Bekannte erwarteten uns und wir genossen einen schönen, aber kalten Abend zusammen. Im Restaurant war es fast genauso kalt wie draußen. Das ausgezeichnete Essen, die scharfe Sauce und das Kerzenlicht – es gab wieder mal Stromausfall – heizten uns etwas ein. Stockdunkel war es, als wir zum Guesthouse zurückkehrten, und dort wartete Sonam Dorje mit einem kleinen Abschiedsgeschenk auf uns. Todmüde fielen wir ins Bett, vollgestopft mit neuen Eindrücken und Gedanken und schliefen unruhig, weil wir nicht verschlafen wollten und uns aufgeregt aufs warme Delhi freuten.

## „Jullay, Jullay!"

Mittwoch, 1. 10., Reisetag Delhi

Im frostigen Dunkel kleideten wir uns im Licht der Taschenlampen an, wuschen uns und packten fertig. Die Solarenergie der Lampen reichte nie bis zum Morgen. Der Taxifahrer kam pünktlich um 5:30 Uhr, um uns zum Flughafen zu bringen. Auf der Fahrt chantete er seine Morgengebete und lachte lustig, als er vor lauter Morgendusel fast eine Kuh über den Haufen fuhr, die plötzlich aus dem Dunkel auf der Straße erschien. Wir genossen den Trubel auf dem Flughafen, tranken einen Nescafé für 10 INR aus einem Plastikbecher und beobachteten mit Wehmut den Sonnenaufgang an diesem wunderschönen Ladakh-Morgen. Viele Touristen flogen nach Hause, aber auch das Militär war unterwegs. Wir kletterten ohne unser Handgepäck in die Boing 737. Es war nicht erlaubt, Handgepäck mit an Bord zu nehmen, wir mussten es abgeben und es wurde mit den großen Gepäckstücken im Frachtraum transportiert. Sogar unsere Batterien aus der Kamera wurden bei den vielen Sicherheitschecks konfisziert und mussten im Frachtraum transportiert werden. Wir erhielten dafür eine kleine Empfangsbestätigung mit dem Hinweis, dass wir diese Batterien in Delhi wieder in Empfang nehmen könnten.

Von Florian hatten wir den Tipp erhalten, Plätze auf der linken Seite am Fenster zu nehmen, da man von dort aus den schönsten Blick auf die Berge genießen konnte. Ich war emotional sehr angespannt, da mir der Abschied von Ladakh und seinen Einwohnern, von Rigzin und allem hier sehr schwer fiel. Als ich vor dem Start durchs Fenster schaute, beobachtete ich eine ältere Ladakhi-Frau in einheimischer Tracht, wie sie mit einem einfachen Reisigbesen den Rand der Startbahn fegte und neugierig in unsere Richtung schaute. Was für ein Kontrast, der moderne, komfortable Flieger und die alte Frau draußen, zufrieden arbeitend in der Kälte. Als der Flieger abhob und wir durch die Fenster schauten, hörte ich Jürgen ein leises, wehmütiges „Jullay“ flüstern, und da brach bei mir endlich der Damm und die Sturzflut schoss aus meinen Augen und dem Herzen. Zerrissen zwischen dem tief greifenden Geschehen der letzten Wochen und der Tatsache, dass wir wieder heim flogen, waren wir beide überrascht, wie sehr uns diese Menschen hier ans Herz gewachsen waren. War es möglich, dass die ganzen Strapazen und Gegensätze das Erleben noch intensiviert hatten? Jullay, Auf Wiedersehen!
Aber nun gab es als Tröster ein wunderbares, reichliches Frühstück von Jet Airways, in das meine Tränen tropften, und eine kristallklare Sicht über das Meer der endlosen Gipfel, Gletscher und Furchen

des Himalayas, das unter uns in stoischer Ruhe wogte. Leise schwebte der Flieger in den Höhen und wir baumelten gedankenlos in einer Welt des Staunens und der Ehrfurcht, zeitlos und losgelöst von uns selbst.
Wir flogen gerade eine Stunde, als die Landung angekündigt wurde. Um 8:35 Uhr erwarteten uns in Delhi 23 °C. Nachdem wir unser Gepäck und die Batterien eingesammelt hatten, begrüßten wir meine Schwester, ihren indischen Lebensgefährten und ihren Sohn. Mit ihnen zusammen wollten wir unsere letzten drei Urlaubstage in Delhi verbringen. Durch die ortskundige Führung lernten wir in wenigen Tagen viele interessante und sehenswerte Plätze in dieser großen Stadt kennen und stellten uns schnell auf einen völlig anderen Lebensrhythmus ein: Spätes Abendessen und sehr spätes zu Bett gehen und langes Ausschlafen am Morgen, Essen in Hülle und Fülle, immer irgendein Lärm um uns herum und wohlige Wärme bei Tag und Nacht, die meinen Husten komplett vertrieb. Wir besorgten uns leichte indische Kleidung, weil uns die Trekkingklamotten in Delhi fehl am Platz schienen. Jürgen holte sich vom Fahren im offenen Auto eine leichte Erkältung.
Als wir am 3. Oktober wieder auf dem Internationalen Flughafen standen, schauten wir beide uns unschlüssig an.
Wollten wir überhaupt wieder nach Hause?
Nein, es zog uns weg, weiter weg, hungrig nach Erfahrungen. Uns würde der ferne Osten gefallen, oder vielleicht der Süden Indiens, um dort den Winter zu verbringen….

# - Akt V -

Der Rahmen der Bühne wird gesprengt

## Wieder zu Hause

Als wir in München landeten, empfingen uns blitzende Sauberkeit, glänzende Böden und vornehm gekleidete Menschen ohne Lächeln. Wir gierten nach typisch deutschem Essen und fuhren mit meinem Vater, unserem zuverlässigen Abholservice, erst mal in den Englischen Garten, um dort Weißwürste und Brezeln zu essen und ein Weißbier zu trinken, ein Genuss. Wir bezahlten für diese eine Mahlzeit mehr, als wir in Ladakh in einer Woche zum Essen gebraucht hatten. Auf der Heimfahrt auf glatter Straße rauschten die geraden Leitplanken und großen, gepflegten PKWs an uns vorbei, irgendetwas stimmte nicht. Üppiges Grün säumte die Autobahn, gepflegte Häuser mit roten Dächern formten viele gut sichtbare Dörfer und Städte mit Kirchtürmen, Fabriken und ordentlichen Straßen.
Unsere fleißigen Nachbarn übergaben uns unser Haus im Tiptop-Zustand, der Rasen kurz getrimmt, die Blumen blühten. Eigentlich sollten wir sehr froh sein, wieder im eigenen Heim zu wohnen. Erst eine Badewanne voll heißem Wasser und duftendem Badeöl versöhnte meine aufgewühlte Skepsis, und als ich müde in mein eigenes Bett sank, stöhnte ich vor Vergnügen: Saubere Bettwäsche, Daunendecken, Komfort wie im Himmel. Aber am nächsten Morgen stieg die Skepsis mit mir aus den Decken und begleitete mich in den Arbeitstag in meinem Krankenhaus, denn ich hatte versprochen, dass ich am Samstag, zum Tag der offenen Türe, da sein würde. Ich begegnete nun Dingen, die mich vorher scheinbar nie gestört hatten: Straßen mit viel Blech, ohne Menschen und Tiere, Förmlichkeit, Sakkos und distanzierte Freundlichkeit, leise Sprechweise. Ich suchte vergeblich nach körperlicher Nähe, lautem Lachen und unbeschwertem Geplauder und fühlte mich so allein, wie ich mich in der einsamsten Bergwüste Ladakhs nie gefühlt hatte. Ich bekam die Skepsis nicht los und beobachtete mein Leben und meine gewohnte Umgebung genau. Was störte mich so sehr, dass ich mich gar nicht mehr wohl fühlte in meiner Haut?

An einem Samstagmittag klingelte das Telefon. Es waren Thugjay und die ganze Familie, die aufgeregte Jullays in die Muschel riefen und dann hörte ich deutlich im Hintergrund die Kinder der Solarschule mein Lieblingslied singen und es schnitt mir direkt durchs Herz und da wusste ich es. Ich vermisste die ständige Nähe der Leute und die wilde Natur in der Weite, vermisste das Ursprüngliche und Elementare, das Geschrei und Gehupe, das Brüllen der Esel, den Gestank der Gassen, die menschenvollen Straßen, die Lehmhäuser, an denen keine scharfen und harten Ecken und Kanten zu finden waren. Ich vermisste die unglaublich hohen Berge mit ihren weißen Kappen, den großen, blauen Himmel und die einsame Stille der Wanderwege – und ich vermisste das einfache Essen, denn es hatte mir gut getan. Ich erlebte einen Kulturschock, der mich in seiner Intensität überraschte. Deswegen fing ich an, alle widersprüchlichen Gedanken loszulassen und mich in die Arbeit zu stürzen in der Hoffnung, dass mir mein Unterbewusstsein wieder helfen würde, den Weg zurück in meine Mitte zu finden. Durch Mehrarbeit verdiente ich extra Geld, um die gemachten Schulden abzuzahlen. Jürgen scannte fast 1000 der schönsten Dias ein und stellte sie so für den digitalen Gebrauch zur Verfügung. Wir entwarfen kleine Handzettel über den Zweck unseres Einsatzes und kopierten sie zum Auslegen bei unseren Vorträgen. Entsprechende Musik zur Untermalung bei den Präsentationen musste ausgesucht werden. Ein Diaprojektor mit Überblendtechnik fehlte und wir liehen uns eine Leinwand für die größeren Vorträge vom Alpenverein, bei kleineren reichte eine weiße Wand.

Ich fügte mehrere Powerpointpräsentationen für unterschiedliches Publikum über die Reise und unsere Erfahrungen zusammen und lernte zu diesem Zweck die Grundbegriffe der Bildbearbeitung. Jürgen und ich beeindruckten mit den vielen wunderschönen Dias und spannenden Erzählungen eine ganze Reihe neugieriger Zuhörer bei Vorträgen in kleinen und größeren Kreisen, in denen wir immer für Mitgliedschaften im Verein warben und auch kleinere Spenden erhielten und durch Eintrittspreise ein wenig Geld für den Verein verdienten. Turbulente und arbeitsreiche Wochen schleuderten uns in einen Schaffensstrom, der uns mitriss und nicht mehr frei gab.

Meine ganze Freizeit wurde von dieser Arbeit verschlungen und ich spürte, dass ich oft sehr müde und niedergeschlagen war, ein Schatten ohne Namen kroch leise in mein Leben und breitete sich aus.

In unserer Klinik hielt ich vor den Ärzten einen Powerpointvortrag über unsere Arbeit und spontan schenkte uns ein Arzt eine gut erhaltene Nikon-Spiegelreflexkamera. Ich entwarf zwei Artikel über unsere Reise für die Zeitschrift für Krankengymnastik und das Magazin für Orthopädietechnik. Darin beschrieb ich unser Abenteuer und warb um Freiwillige, die es sich vorstellen könnten, für eine gewisse Zeit nach Ladakh zu gehen, um mit den behinderten Kindern zu arbeiten. Diese Artikel sollten im April und Mai erscheinen. Jürgen und ich überlegten ständig, was wir effektiv für die Behinderten und Armen in Ladakh tun könnten und reflektierten diese Überlegungen mit Freunden. Die Vereinsarbeit nahm viel Zeit in Anspruch und eine Jahreshauptversammlung für die Mitglieder stand bevor. Immer wieder riefen unsere Freunde aus Ladakh an und erkundigten sich nach uns, berichteten von Ladakh. Außerdem setzte meine seit Jahren bekannte, ständige Übelkeit wieder ein, die in Ladakh verschwunden war.

## Verhängnisvolle E-Mail

Dass Ladakh uns nicht vergessen hatte, sollte ich sehr bald erfahren. Im Februar 2004 saß ich in meinem Büro zu Hause und klickte mich durch die neuen E-Mails. Eine davon war von Cynthia. Gespannt las ich ihren Kommentar und fing an zu vibrieren. Ihre Bitte versetzte uns in einen euphorischen Zustand, dem wir uns nicht mehr entziehen konnten: „Könnt ihr bald wieder kommen? Vielleicht schon im Mai? Wir haben wieder ein behindertes Mädchen in einem anderen Dorf gefunden, das 14 Jahre versteckt worden war. Niemand kann ihr helfen, wir haben keine Ahnung, was wir mit ihr machen sollen. Könnt ihr noch mal kommen und dem Kind helfen?“
Diese Bitte entsprach dem Sehnen unseres Herzens, nur hatten wir ein klitzekleines Problem: Es war kein Geld da. Die letzte Reise hatte mehr als alles aufgezehrt, wir fingen gerade von vorne an.

Aber wir schauten nicht auf die äußeren Umstände und diskutierten mit der Hilfe einer Flasche Rotwein eine ganz Nacht über diese E- Mail und waren uns eigentlich schon von Anfang an einig: Wir würden wieder fliegen, egal, was es uns kostete. Und wir wollten bald fliegen, spätestens im Juni.
Ich schrieb Cynthia, dass wir ein zweites Mal kommen würden, aber ob wir es im Mai schaffen würden, konnte ich ihr nicht garantieren.

**Weitere Wunder**

Jetzt fingen die Wunder wieder an, die wir schon bei unserer ersten Reise erlebt hatten. In der Mitgliederversammlung erstatteten wir den wenigen Mitgliedern einen ausführlichen Bericht über die Geschehnisse des letzten halben Jahres und die Gründe und Pläne, im Frühsommer wieder nach Ladakh zu fliegen. Dabei erwähnten wir auch die eingegangenen Gelder durch die Mitgliedsbeiträge, Eintrittsgelder von Vorträgen und Spenden. Die Mitglieder beschlossen spontan, dass wir diese Gelder zur teilweisen Deckung der Reiseunkosten nutzen sollten. Bingo!

Dann kam wieder so ein Tag im März, an dem Jürgen mich anrief und mir sagte, dass er schon wieder einen 5er im Lotto hätte. Ich konnte es fast nicht glauben, war aber nicht so aufgeregt wie das letzte Mal. Tatsächlich, das Spielglück war ihm hold, und dieses Mal sprangen sogar 3700 Euro dabei heraus. Ich machte mir nun keine Sorgen mehr, denn dieser Betrag deckte alle Reiseunkosten und wir leisteten uns noch eine digitale Kamera, die für Behandlungsaufnahmen und Innenräume herhalten sollte, während die Spiegelreflexkamera für schöne Landschaftsbilder und Portraits vorgesehen war.

**Gratwanderung**

Wegen der oben genannten Arbeiten hatten wir für diese zweite Reise nach Ladakh keine Zeit zur intensiven Vorbereitung.
Unsere getestete Ausrüstung musste wieder herhalten, von Vaudee erhielten wir nach der Reklamation ein neues Zelt mit verbesserter Konstruktion. Die Ticket- und Visabestellung lief nebenher und

als die Artikel in den Fachzeitschriften erschienen, trudelten die ersten Bewerbungen von Physiotherapeutinnen ein, die mich zutiefst berührten. Ich empfand es als große Ehre, mit diesen wundervollen jungen Frauen zusammen arbeiten zu können, die bereit waren, ihre Zeit, ihr Geld und ihr Herz in dieses Projekt, das noch in den Kinderschuhen stand, zu investieren. Die Kommunikation nahm einen Großteil meiner Freizeit in Anspruch, da alle Fragen von mir mit E-Mails beantwortetet werden mussten. Ich erstellte einen kleinen Vorbereitungsplan mit den FAQs, den ich ihnen dann als Anhang schickte, um die Sache etwas zu erleichtern. Ich schrieb weiterhin Rundbriefe an unsere Freunde über die Entwicklungen in Ladakh, verschickte sie oft mit der Post, weil viele keinen PC hatten.

In Schulen wurden Schuhe und Kleider gesammelt, die unseren Keller füllten. Meine neunjährige Nichte fragte nach Brieffreundschaften in Ladakh. Wir ermutigten sie, einen Brief zu schreiben, wir würden ihn in Lingshed an ein Mädchen ihres Alters weiter leiten. Sie inspirierte ihre ganze Schulklasse und konnte ihre Englischlehrerin dazu bringen, den Kindern beim Schreiben eines Briefes in englischer Sprache zu helfen. Die Schüler sammelten Farbstifte, Spielsachen, Vitaminbonbons und andere nette Kindergeschenke für ihre potentiellen Brieffreunde im Himalaya.

Meine Tochter überraschte uns zu der Zeit mit der Nachricht, dass sie im Frühjahr ein Baby erwartete. Wir halfen ihr beim Umzug in Stuttgart und unsere kleine Enkelin kam dann gesund und putzmunter im April auf die Welt. Dieses wundervolle, kleine Wesen, meine Kinder und unsere treuen Freunde halfen mir, in Deutschland wieder auf solidem Fuß zu stehen und bestätigten die Notwendigkeit meiner Präsenz in ihrer Nähe.

Trotzdem zog es mich magnetisch nach Ladakh, unwiderstehlich, aber ich wollte nicht mehr ganz dort leben. Dieses Erkennen durchdrang langsam mein Bewusstsein, die Wiedereingewöhnung in Reisensburg hatte geholfen. Widerstrebend musste ich zugeben, dass der Komfort und hohe Lebensstandard in unserem „fortschrittlichen" Deutschland die notwendige Grundlage für eine effektive Arbeit in Ladakh bot. Aber ich wusste in meinem Herzen, dass ich mich auf einer Gratwanderung befand, die mir sehr viel abverlangen

würde. Rechts und links gähnten mir Abgründe ohne Namen entgegen.
Ich musste als Katalysator von Deutschland aus fungieren, denn wo sollten wir sonst die Unterstützung für die Behindertenarbeit her nehmen? Ich tröstete mich mit dem Gedanken, dass irgendjemand ja hier das Ganze aufrechterhalten und den Verein führen musste. Bei der Öffentlichkeitsarbeit wurde mir immer wieder bestätigt, dass meine Begeisterung für das Projekt ansteckend wirkte.
Von unseren Freunden in Ladakh hörten wir, dass Tughjay mittlerweile mit Rigzin nach Leh gereist war, um im Government-Hospital wegen der eventuellen Entfernung des Zungenbändchens nachzufragen. Nachdem mehrere Ärzte das Kind angeschaut und diesen Eingriff evaluiert hatten, wurde er abgelehnt, Grund unbekannt. Danach kehrte sie mit ihrer Tochter nach Lingshed zurück.

## Zweite Reise mit Folgen

Wir waren gerade mal 24 Stunden in Ladakh und von den Umständen überwältigt. Ein kleines Hundemädchen mit fast gelähmten Hinterläufen hoppelte ungefähr 10 Meter und musste dann vor Schwäche sitzen bleiben und sich ausruhen. Ein Mann lief vorbei, auch er schleifte sein Bein. Er warf dem Hund ein Stück Chapati zu.
Sie ignorierte es.
Ergeben wartete sie im staubigen Schatten, bis sich ihr Körper von der Schwäche erholen konnte. Die Menschen um sie herum gingen ihren Geschäften nach, schwatzten, arbeiteten, kauten irgendetwas. Der Hund schaute still vor sich hin.
Im Restaurant vor uns wurde gebrutzelt und laut debattiert. Abgenutzt und schmutzigrot lehnte eine Gasflasche neben dem türlosen Eingang. Mit dem Vorhang wischte sich ein Gast den Mund ab. Eine Frau säuberte sich in einer Schüssel mit Seifenschaum hingebungsvoll die Hände. Danach spülte sie die Schüssel aus und schleuderte das Wasser in hohem Bogen in den Staub vor dem Restaurant.
Die schwarze Hündin war in der Zwischenzeit weiter gehoppelt.
Es war Sonntag. Junge Leute streunten in den Gassen, lachten, gewährten uns freimütig Einblick in ihr Leben. Ein Spatz pickte an

Lebensmittelsäcken, die sich vor dem Laden neben dem Restaurant stapelten.
Wir tranken süßen Milchtee, Chai, und warteten auf die Abfahrt des Busses. Er hätte schon vor einer Stunde abfahren sollen, aber der Busfahrer war unauffindbar. Unser Gepäck türmte sich abenteuerlich mit Säcken, Holzbalken, Kisten, Taschen und Kleinmöbeln auf dem zerbeulten Dach des Busses. Der Himmel spannte sich sonnentrunken über uns. Heute war es heiß, ein wohltuender, lauer Wind wehte.
In den 24 Stunden seit unserer Ankunft in Leh war schon wieder sehr viel geschehen, manches davon Richtung weisend für unsere Arbeit. Als wir gestern Morgen ankamen, empfing uns ein kalter Wind. Das Taxi brachte uns flugs zum Shanti Guesthouse, aber erst nachdem uns eine ganze Reihe Ladakhis geholfen hatte, das richtige Taxi zu finden.
In den wenigen Monaten unserer Abwesenheit empfingen uns einige Veränderungen. Sogar am Domestic Airport in Delhi bemerkten wir Neuerungen und Verbesserungen. Die indischen Frauen im lila Sari waren verschwunden. Es gab kein Gerangel der Taxifahrer um die Gunst der Kunden an den Flughäfen in Delhi und Leh, da eine einheitliche Regelung Ordnung schaffte. Das Pre-Paid-Taxi wurde am Schalter bezahlt und der Beamte schrieb auf jede Empfangsbestätigung die Nummer eines Taxis, welches wir dann suchen mussten. Die Einheimischen halfen uns wie immer unter Gelächter und eifriger Hilfsbereitschaft.

Nach der ersten Tasse gewürztem Schwarztee fühlten wir uns im Shanti Guesthouse sofort wie zu Hause. Cynthia erschien am frühen Morgen und teilte uns mit, dass sie jetzt zum D.C., dem District Councilman gehen wollte, um die Permitts, die Einreiseerlaubnis für die Da Hanu Gegend für uns zu holen. Für unseren erneuten Einsatz sahen unsere Pläne folgendermaßen aus: Mit dem Bus wollten wir in die Da Hanu Gegend bis nach Domkhar. Dort würden uns die Einheimischen abholen, um unser Gepäck und uns das letzte Stück bergauf ungefähr eine Stunde nach Kurambik zu bringen, einem kleinen Dorf am Ende des Tals auf 4100 Metern Höhe. Cynthia hatte in Kurambik ein 17-jähriges Mädchen entdeckt, das

1. *Herbstfarben in Leh, 2006*

2. *Elektrisches Wirrwarr in den Straßen der Hauptstadt, 2003*

*3. Erschreckende Bilder auf dem Weg nach Panjila, 2003*

*4. Überwältigende Kulisse auf dem Trekk nach Hanupatta, 2003*

*5. Ein riesiges Yak begegnet uns, 2003*

*6. Das erste Mal auf dem Sengge La, 5150 m, 2003*

*7. Typisches Dach eines Bauernhauses in Lingshed, 2003*

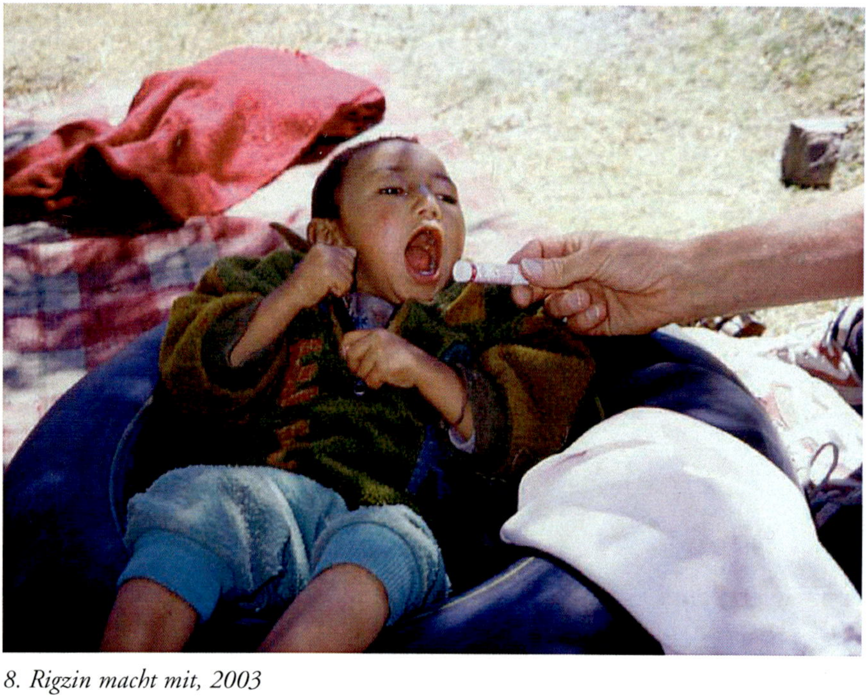

*8. Rigzin macht mit, 2003*

*9. Kloster Lingshed, 2003*

*10. Kind aus Lingshed, 2003*

*11. Toilette am Zeltplatz in Lingshed, 2003*

*12. Omas neue Schuhe, 2003*

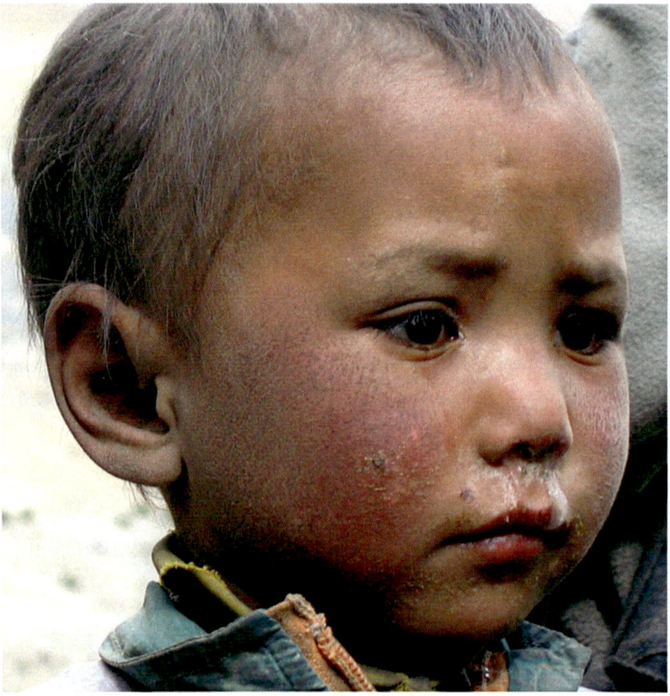

*13. Die Not der Bergkinder in ihren Gesichtern, 2003*

14. *Ankunft in Domkhar, 2004*

15. *Abenteuerlicher Brückenbau, 2004*

*20. Unser Zeltplatz in Kurambik, 2004*

*21. Abstieg vom Tar La, 5250 m, 2004*

*22. Traumhafter Weg zum Löwenpass, 2004*

*23. Rigzin und ihre Schwester üben zusammen, 2004*

*24. Klosterfest in Lingshed, Kindermönche, 2004*

*25. Namgyal, der Wächter des Löwen, 2004*

*26. Mit Tashi auf dem Zeltplatz am Sengge La, 2004*

*27. Unterricht im Leho Centre, 2005*

*28. Endlich lächelt der behinderte Mingjur, 2005*

*29. Unterrichtende Physios beim Abschluss in Landestracht 2005*

*30. Snoopy mit Mama, 2006*

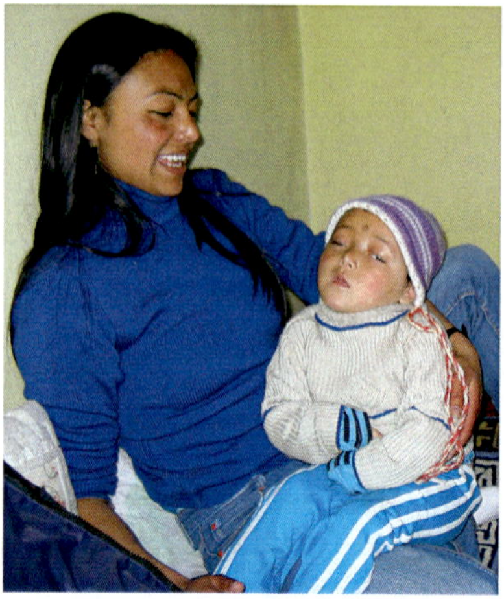

*31. Angestellte Dolkar mit kleiner Patientin, Oktober 2008*

*32. Zanskar mündet in den Indus, Oktober 2008*

*33. Unser Jeep, Oktober 2008*

*34. Chuchot Kinder, Oktober 2008*

*35. Nubra-Tal,
Oktober 2008*

*36. Sanddünen
Nubra Tal,
Oktober 2008*

*37. Angestellte und
Freiwillige im
Therapiezentrum,
Oktober 2008*

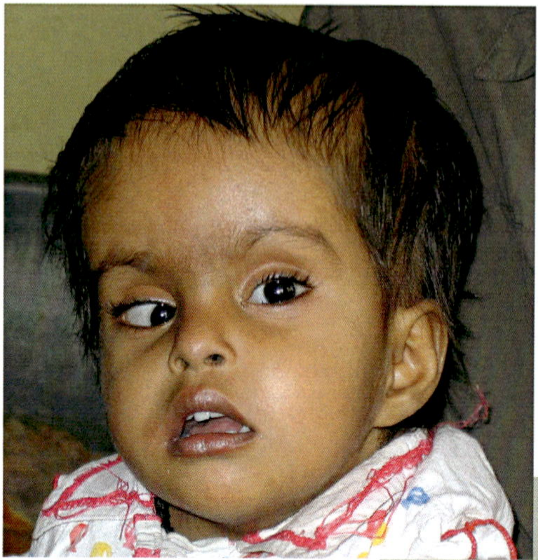

*38. Eines unserer Babies, Oktober 2008*

*Alle Bilder von Jürgen und Karola Kostial*

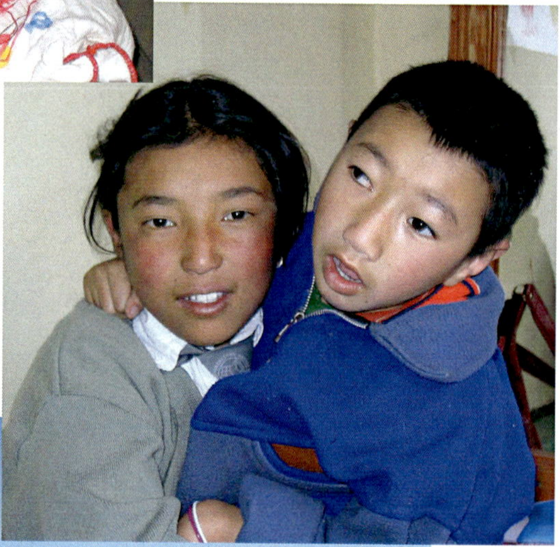

*39. Stanzin-Rigzin mit ihrer Schwester Lobsang, Oktober 2008*

*40. Leh im Oktober 2008*

schwer behindert sein Dasein in einem Raum fristete, völlig isoliert und ignoriert von ihrer Umgebung. Es konnte sich überhaupt nicht fortbewegen und sprechen. Die Mutter und der Großvater, die gleichzeitig einen Bauernhof bewirtschafteten, kümmerten sich um die Grundbedürfnisse des Mädchens.

Es war abgemacht, dass die Einheimischen für unser Essen sorgen und wir in unserem mitgebrachten Zelt schlafen würden.

Da mein Artikel mit dem Aufruf an Physiotherapeutinnen zum Einsatz als Freiwillige schon im April erschienen war, hatte sich eine Therapeutin bereit erklärt, mir bei dem Einsatz in Da Hanu zu helfen. Sie wollte eine Woche vor uns da sein und Kontakt mit Cynthia knüpfen, um den Einsatz in der Da Hanu Gegend vorzubereiten. Leider hatte diese Therapeutin unsere Abmachungen vergessen und sich auf eine Trekkingtour begeben, von der sie noch nicht zurückgekehrt war. Ziemlich sauer und enttäuscht stellte ich mir die Arbeit mit dem schwer behinderten Mädchen vor, die ich nun alleine durchführen sollte.

„Das fängt ja schon gut an", maulte ich in meinem Frust Jürgen an und er tröstete mich mit dem Versprechen, dass er mir sicherlich helfen würde.

## Das Partnertreffen

Samstagnachmittags um 15 Uhr war das große Treffen geplant, das unserer Arbeit und Zukunft in Ladakh vorerst Struktur und Weisung geben sollte. Cynthia hatte gute Arbeit geleistet. Sie kannte Mr. Gergan, den Direktor der Moravian Mission Schule, schon viele Jahre als engagierten und hilfsbereiten Menschen, der sich mit den Hierarchien und Gepflogenheiten Ladakhs bestens auskannte. Als erfahrener Direktor einer der größten Privatschulen Ladakhs und Pastor der einzigen christlichen Gemeinde bewegte er sich angepasst und akzeptiert in allen Kreisen des Landes, kannte sehr viele Leute und verfügte über unzählige nützliche Kontakte. Cynthia konnte in ihm Interesse für unser Projekt wecken und das Treffen fand in seinem Büro statt. Eine seiner Oberlehrerinnen, und Tundup, die Leiterin des Namgyal Instituts , Cynthia, Jürgen und ich nahmen an diesem Orientierungstreff teil. Ich wurde gebeten, von unseren

Erlebnissen und Zielen in Ladakh zu erzählen. Da mich die Ereignisse der vergangenen eineinhalb Jahre sehr tief berührt hatten, berichtete ich mit einer mir selbst unheimlichen Intensität. Ich konnte es selbst nicht glauben, als die Anwesenden die Funken meiner sprühenden Begeisterung in ihren Herzen auffingen und plötzlich mit mir die Möglichkeiten für die behinderten Kinder und ihre Familien sehen konnten. Ein Feuer der Gemeinsamkeit glühte in diesem Raum, jeder wollte seinen Teil dazu beitragen, um das Feuer weiter zu tragen. Mr. Gergan erzählte uns von seinem Campus mit Behindertenheim, das sich gerade in der Fertigstellung befand. Außerdem bot er uns zwei leer stehende Lehrerwohnungen in einem Gebäudekomplex der Moravian Mission als Wohnung und Stützpunkt für die noch kommenden Physiotherapeuten an. Er meinte, dass diese Wohnungen zentral liegen und von der Stadtmitte aus schnell zu erreichen wären.

Tundup vom Namgyal Institut signalisierte, dass sie und ihre Mitarbeiter uns gerne begleiten wollten, um zu lernen und dass sie uns gleichermaßen zu den ihnen bekannten behinderten Kindern in Ladakh führen würden, sodass wir sie behandeln konnten. Cynthia träumte sofort von einer informativen Broschüre, die der Bevölkerung die Probleme der Behinderten anschaulich, zweisprachig und mit vielen Bildern nahe bringen würde. Sogar von einem Unterrichtssystem sprachen wir: Schulabgänger und junge, arbeitslose Ladakhis könnten als Physiotherapiehelfer ausgebildet werden, wenn sie sich für diese Art von Arbeit interessierten.

Wir verließen das sonnendurchtränkte Gebäude der Moravian Mission Schule schwebend, jeder auf seine eigene Art intensiv aufgewühlt und berührt. Jürgen und ich streifen daraufhin durch den Main Market auf der Suche nach fehlenden Lebensmitteln und Ausrüstungsgegenständen, denn gleich morgen, am Sonntag, sollte die Reise losgehen. Uns blieb keine Zeit für eine Höhenanpassung, wir verspürten keine Kopfschmerzen, sondern nur freudige Erwartung auf das Kommende.

## Auf nach Kurambik

Der Busfahrer saß plötzlich hinter dem Steuer und startete den hustenden, qualmenden Motor. Die Leute kreischten fröhlich und langsam schlängelte sich der schwere, bunte Wurm durch die vielen anderen bunten Würmer, um in Kürze schon wieder anzuhalten, neue Gäste warteten winkend am Straßenrand. Als wir losfuhren, warf ein kicherndes Mädchen eine Wasserbombe durch die offene Türe und alle, die vorne hockten, bekamen eine ordentliche Ladung mit, Jürgen am meisten. Verdutzt wollte er gleich raus und den Deppen abwatschen, weil seine Hose ganz nass war. Die Ladakhis lachten nur und grinsten verschmitzt vor sich hin. Jürgen zuckte mit den Schultern und beruhigte sich, grinste dann mit.
Der Busfahrer stellte die Musik an, und zwar so laut, dass sie in mich hinein fuhr, mich in tausend Stücke zerfetzte und wieder neu zusammensetzte. Diese neue Person wurde von der orientalischen Musik fast in einen Trancezustand versetzt, ich war nicht mehr dieselbe.
Eine ganz schöne Verwirrung entstand in Kalthse: Es hieß eine halbe Stunde Mittagspause und wir hatten gerade unser Essen bestellt, als Cynthia uns bestürzt mitteilte, dass der Bus schon wieder abfahren würde. Also würgten wir schnell das Zeug runter, bezahlten und hetzten zum Bus. Dann wurde noch mehr gequetscht. Wir konnten gar nicht glauben, wie viele Leute in den Bus wollten. Kisten und Eimer mit Joghurt schwebten von hilfreichem Arm zu Arm über uns hinweg. Es wurde debattiert und geschoben. Während der Fahrt drehte der Busfahrer immer wieder seine orientalische Musik laut auf. Der Geräuschpegel wurde maximiert und der Tratsch der Frauen passte sich dementsprechend an. Wir beobachteten verstohlen und fasziniert die braunen, ausdrucksstarken Gesichter dieser Menschen. Alle lachten und halfen sich gegenseitig, niemand regte sich auf, kein böses Wort fiel.
Am Police-Checkpoint schnappte sich Cynthia unsere Pässe, den Permitt und ein paar ihrer informativen Broschüren und erledigte somit die Registrierung für uns. Unseren Einsatz begleitete Susan, eine dänische Krankenschwester, die Cynthia oft bei ihren Reisen in die entlegenen Dörfer zur Seite stand und sich um die Gesundheit der Schulkinder kümmerte.

Die Polizisten beachteten uns kaum, sondern kletterten auf das Dach des Busses und suchten nach geschmuggelten Waffen. Natürlich wurde diese Aktion von unseren Mitfahrern zu einem riesigen Ereignis erhoben und die meisten stiegen aus und beobachteten diskutierend das Spektakel. Ein paar Kilometer weiter spuckten wir ein paar Leute aus, um dreimal so viel wieder aufzusaugen, noch mehr Gedrängel, für uns ein spannender Film. Aber jetzt brannte die Sonne und der Wind jagte Staubwolken durch die offene Türe in den Bus und unsere Nasen und Augen. Ein paar Jungs hielten sich außen an der Bustüre fest, als plötzlich einer von ihnen seinen Schuh verlor. Das Pfeifen und Schreien der Burschen, in das die restlichen Fahrgäste einstimmten, veranlassten den Busfahrer tatsächlich anzuhalten und rückwärts zu fahren, bis der verlorene Schuh ins Blickfeld geriet und der Junge ihn holen konnte, eine zusätzliche Vergnügung für unsere lustigen Begleiter.

Beim nächsten Stopp bemerkten wir, dass wir uns in einer anderen Gegend Ladakhs befanden. Die Frauen trugen frische, bunte Blüten in den Haaren und verlängerten ihre schwarzen Naturhaarzöpfe mit Wollzöpfen, die bis zur Hüfte reichten und dort zusammengebunden wurden. Eine dieser Frauen betrat den Bus mit einem Arm voll duftendem Koriandergrün und frischen Kohlrabis und verkaufte alles auf der Stelle. Längst hatten wir die befestigte Straße verlassen und nun stiegen viele Leute aus und benötigten enorme Zeit, ihr Gepäck vom Dach des Busses zu holen: Kisten, prall gefüllte Stofftaschen, warme Decken mit Originalverpackung direkt aus dem Laden, Kerosinkocher und große Pakete mit Glasscheiben. Außerdem stellten wir fest, dass es sich wirklich lohnte, die Fensterscheiben des Busses ganz zu schließen, da wir so eng an den Büschen vorbeirangierten, dass die Äste mit lauten Schlägen an die Fenster klatschten. Ein anderes Mal hielten wir an und es wurde lauter Baumaterial vom Bus geladen: Balken und Bretter.

Auf den letzten Steigungen hoch nach Domkhar zitterten wir mit den restlichen Gästen. Auf der unbefestigten Dreckstraße musste der Busfahrer bei jeder der unzähligen Spitzkehren mit Hilfe seines Busbegleiters und Schaffners zweimal rangieren, um die Kurve zu bewältigen. Unterwegs wurden wir einmal von einem eifrigen Jeep überholt. Es sollte sich später herausstellen, dass sich in dem Jeep zwei Familien mit ihren CP-Kindern befanden, die von unserem Kommen gehört hatten und uns unbedingt ihre Kinder zeigen wollten. Cynthia war darüber erschüttert, denn sie berichtete uns, dass die Familien ein riesiges finanzielles Opfer für den teuren Jeep brachten.

Nachdem wir während dem ewig langen und gefährlichen Anstieg des Busses immer tiefer in die Schlucht und unsere Ängste geblickt hatten, stiegen wir an der Endstation müde, aber froh aus, wieder sicheren Boden unter den Füßen zu spüren.

Aber da warteten sie, diese Kinder und ihre Familien, und die Dorfbevölkerung ließ sich diese Sensation nicht entgehen und drängte sich um uns. Auf der Stelle wurde von uns erwartet, dass wir die zwei Kinder aus dem Jeep anschauten, die Eltern wollten über den Zustand ihrer Kinder Bescheid wissen. Sie wollten hören, dass ich irgendeine Pille zur Verfügung hätte oder von einer Operationstechnik wüsste, die diese Kinder kurieren würde. Unser Übersetzer Namgyal Tashi versuchte ihnen meine enttäuschende Wahrheit zu vermitteln, dass ich leider über keine Wunderkräfte verfügte und die Behandlung Eltern und Physiotherapeuten intensive und harte Arbeit abverlangen würde. Besonders ein älterer Junge mit ungefähr vierzehn Jahren war sehr stark betroffen: Der Speichel floss in ständigem Strom aus seinem Mundwinkel, Ellenbogen und Knie waren kontrakt und er konnte sich überhaupt nicht selbst bewegen. Als ich ihn auf dem Rücksitz des Jeeps sanft inspizierte, schaute er mich aus erschreckten Augen an, während sein rotgesichtiger, grobschlächtiger Vater draußen herum schrie, da ich ihm mit meinen Worten seinen Wunderglauben geraubt hatte. Wir hörten später, dass dieser Junge im darauf folgenden Winter gestorben war. Oh wie hatte ich mir in dieser schweren Stunde eine Kollegin zur Unterstützung an meine Seite gewünscht, denn das Vertrauen der Menschen und die Verantwortung für diese Kinder wog zentnerschwer.

## Empfang in Kurambik

Cynthia und die Männer aus Kurambik drängten, es war kurz vor 19 Uhr. An heißen Tagen schickte die Gletscherschmelze am späten Nachmittag gefährliche, stetig schwellende Schmutzfluten den Canyon hinunter und riss oft die notdürftige, einzige Brücke weg. Mit

den Naturgewalten im Nacken sputeten wir uns, Gepäck und Personen rechtzeitig auf die andere Seite zu bringen. Zum ersten Mal sah ich, wie Dzos zum Tragen unserer Packsäcke benutzt wurden. Aus einer Mischung von Yaks und domestizierten Rindern entstehen Dzos, die sich auf den kargen Almwiesen genauso wohl fühlen wie die Yaks, aber bedeutend mehr Milch liefern. Das zottige Fell der Dzos ähnelte den einheimischen Vorfahren, in der Größe glichen sie den Rindern.
Langsam stiegen wir die restlichen Höhenmeter hoch. Unterwegs begegneten uns freundliche Bauern, die von unserer Ankunft wussten. Nach fröhlichen Begrüßungen wechselten sie ein paar Worte mit dem Übersetzer. Einmal luden sie uns spontan zu einem Steh-Snack aus Tee und Ladakhi-Brot ein. Ich liebte dieses feste, leicht süßliche Ladakhi-Brot, das wie kleine runde Brotlaibe in den heimischen Öfen gebacken wird und eine ausgezeichnete Wegzehrung ergibt, weil es sehr lange hält.
Wir tauchten in die Dunkelheit ein, als wir auf 4100 Metern Höhe Kurambik erreichten. Dort erwarteten uns die „lustigen Weiber von Kurambik" mit Chang, dem einheimischen Bier. Sie schlenderten uns mit dem Begrüßungstrunk lachend und schwatzend entgegen und wollten uns ein wenig Bier in die Hand schütten, aus der wir die Flüssigkeit trinken sollten. Dieses Begrüßungsritual war uns fremd und wir reagierten entsprechend. Jürgen, der mit Susan etwas vor uns wanderte, verstand nicht, was die einheimischen Frauen von ihm wollten und wusch sich die Hände mit dem Chang. Die Frauen brachen in vergnügtes Gekreische aus und bogen sich vor Lachen, kamen wankend und kichernd auf uns zu und gossen uns großzügige Mengen in die hohle Hand. Das Gebräu war klarer und stärker als das in Lingshed.
Wir wurden zu einem großen, beleuchteten Zelt geführt, von der Dorfbevölkerung extra für uns aufgestellt. Überall lagen Sitzmatten im Halbkreis mit dicken Teppichen, kleine, bunt bemalte Tische standen davor. Zwei Solarlaternen beleuchteten das romantische Zelt und zauberten eine orientalische Ahnung von 1001 Nacht. Auf einem größeren Tisch in der Mitte standen Tassen und der unvermeidliche Chang und Gurgur, der Buttertee. Die gesamte Dorfbevölkerung stellte sich ein, samt Kind und Kegel.

Noch nie hatte ein ganzes Team von „Weißen“ ihr Dorf besucht. Wir fühlten uns begafft wie Attraktionen in einem Zoo, vor allen Dingen von den scheuen Kindern. Vom herzlichen Hallo, freundlichen Gesten und Palaver überwältigt, staunten wir sprachlos, müde und hungrig. Erst gegen 10 Uhr abends gab es Thukpa zum Essen und dann verließen uns die meisten dieser lustigen, lebendigen Leute, bis auf ein paar neugierige Kinder, deren Blicke uns vier Fremdlinge aus dem Westen begleiteten, als wir in der Schwärze der Nacht mit dem Wasser unserer Trinkflaschen im Licht der Taschenlampen vor Kälte zitternd die Zähne putzten und todmüde in unseren Schlafsäcken auf die Sitzkissen fielen.
Kurambik hatte uns geholt, in seinen Schoß aufgenommen und wiegte uns mit dem Lied der Stille in einen sanften Schlaf.

Am Morgen streckten uns hilfreiche Geister ein Glas heißes Wasser entgegen, freundliche Gesichter lächelten, dunkle Augen blitzten. Ein strahlend blauer Himmel präsentierte uns Kurambik in seiner wilden Schönheit, ein Bergdorf am Fuße eines Gletschers, wie es wahrscheinlich schon vor Hunderten von Jahren ausgesehen hatte, ursprünglich, fruchtbar, grün. Zerfetzte Gebetsfahnen flatterten auf den Bauernhäusern aus gebrannten Ziegeln und Stein. Von Hand aufgeschichtete Steinmauern zogen sich durch das Dorf und schützten die Felder vor den hungrigen Mäulern der frei herum laufenden Tiere. Auch uns wurden sie zum Verhängnis, denn um die einzige öffentliche Toilette bei der Schule zu erreichen, mussten wir mehrere Mauern überklettern. Wir kannten die verschlungenen Pfade und geheimen Durchgänge nicht und pflügten wie Elefanten quer über alles hinweg auf der verzweifelten Suche nach einem erreichbaren stillen Örtchen, denn unsere kindlichen Beobachter stellten sich schon am frühen Morgen ein und beäugten jeden unserer Schritte mit weit aufgerissenen, neugierigen Augen. Uns blieb kein Zentimeter Privatsphäre.

Jürgen und Cynthia suchten in angemessener Distanz zu den Bauernhäusern nach einem geeigneten Zeltplatz, verborgen hinter hohen Steinmauern, und dann richteten wir uns gemütlich ein. Um 10 Uhr trafen wir uns wieder im Dorfzelt zu Chapatis und fri-

schem Joghurt. Irgendwie vergaß Cynthia den Frauen zu sagen, dass wir noch Tee brauchten. Danach besuchten wir Diskit in ihrem möbellosen „Sonnenzimmer“ auf dem Dach des Hauses mit großen, niemals geputzten Fenstern und einem fantastischen Ausblick auf Schnee bedeckte Gipfel ringsum. Wir starteten die Untersuchung mit der Hilfe unseres Übersetzers, der uns berichtete, dass sich die Eltern sehr für ihr behindertes Kind schämten. Die Mutter schlief nachts bei Diskit. Das inkontinente Mädchen verbrachte den ganzen Tag im Schneidersitz auf dem Boden auf ihrer entsprechend riechenden Decke. Die Eltern brachten Decken und Teppiche ins Zimmer, auf denen wir sitzen konnten.
Nach kurzer Zeit kam eine Frau mit einem etwa einjährigen Baby. Es hatte Fieber und eine Erkältung. Cynthia horchte den Brustkorb des Kindes mit einem Stethoskop ab, kein Rasseln und Pfeifen. Wir schickten die Mutter mit dem Auftrag nach Hause, dem Kind viel zum Trinken zu geben und es nach Khaltse zur Medical Station zu bringen, falls es schlimmer werden sollte.
Mittags kehrten wir zum Zelt zurück und mussten einen extra Sonnenschutz bauen, da es unerträglich heiß war. Jürgen und ich litten mittlerweile unter starken Kopfschmerzen, weil wir den ganzen Morgen noch nichts getrunken hatten. Cynthia holte uns gleich wieder ab und brachte uns in Diskits Zimmer, weil wieder eine Rat suchende Mutter mit ihrer behinderten dreizehnjährigen Tochter Dorje Lamo eingetroffen war. Seit einem schweren epileptischen Anfall im Alter von drei Jahren redete sie nicht mehr, zeigte aggressives Verhalten, in Anfällen auch sich selbst gegenüber. Dorje Lamo litt unter schwerer geistiger Behinderung. Sie schien viel zu verstehen und uns wurde erzählt, dass sie sehr gerne mit und am Wasser spiele. Da es gefährlich war, das Kind zu berühren, beobachteten wir es eine Weile und gaben der Mutter den Rat, Dorje Lamo regelmäßig ihre Medikamente zu geben, was bisher nicht der Fall gewesen war. Wie sich herausstellte, schien das Problem mit den Medikamenten beim Arzt zu liegen, der nicht genügend davon auftreiben konnte, weil anscheinend nicht genügend Geld dafür vorhanden war. Wir waren uns nicht sicher, ob das alles der Wahrheit entsprach, denn wenn wir nachfragten, hörten wir jedes Mal eine andere Version der Geschichte. Schon jetzt erkannten wir die Not-

wendigkeit, dass einheimisches, medizinisch geschultes Personal bei diesen Aktionen dabei sein sollte, um die vielen Fragen und Missverständnisse einigermaßen klären zu können.
Danach arbeiteten wir an Diskits Schluckstörung. Sie konnte kein Wort sprechen und ich war nicht in der Lage, irgendeinen Schluckreflex bei ihr auszulösen. Außerdem standen uns kein Wasser und keine Tücher zum Abwischen zur Verfügung. Mir war völlig schleierhaft, wie das Kind in den letzten Jahren ohne Probleme ernährt werden konnte, bis ich sah, wie die Mutter es machte. Sie kaute das ganze Essen vor und schob es von ihrem Mund in den Mund des Kindes, das auf dem Boden lag. Das Essen schien ohne jeden Schluckakt durch die Speiseröhre in den Magen zu laufen, für mich ein Horror wegen der Aspirationsgefahr.
Nach insgesamt fünf Stunden Arbeit mit Diskit spitzelten plötzlich die Dorfkinder durch die Türe. Nach einer Weile trauten sie sich ins Zimmer und mit freundlichem Locken unsererseits gaben sie Diskit die Hand und begrüßten sie. Ihr Hauptinteresse galt dem bunten Spielzeug und den interessanten Hilfsmitteln, die wir mitgebracht und ausgepackt hatten. Sie stürzten sich staunend auf die Quietschesachen und die Motorikschleife, alles wurde mit großer Neugier inspiziert und ausprobiert. Nach einer Weile ging es in Diskits Zimmer zu wie auf dem Jahrmarkt: Die Kinder spielten, quietschten, schrieen und Diskit hockte mit roten Backen glücklich lächelnd mitten drin.
Wir zogen uns ins Dorfzelt zurück zu unserem Abendessen aus Joghurt, Reis und Ladakhi-Erbsen. Es schmeckte köstlich, nur der pappsüße Tee mit Milch hing uns jetzt schon zum Hals heraus und verursachte in meinen Gedärmen heftigstes Gebrumme. Nach dem Genuss einer Wäsche mit warmem Wasser aus der Solardusche fielen wir wie schwere Steine ins Bett. Unsere Kleiderreinigung am Bach mussten wir wegen des schmutzigen Gletscherwassers am Abend auf den ruhigeren Morgen verschieben.
Cynthia hockte noch lange schwatzend mit den „lustigen Weibern von Kurambik“ vor ihrem Zelt. Sie lachten, erzählten Witze und Horrorgeschichten über Wölfe, denen das braune Fleisch der Ladakhi-Frauen besser schmecken würde als das von uns Weißen.

Der nächste Morgen weckte uns wieder zu gesüßtem Milchtee mit frischem Fettgebackenen und uns wurde schlecht. Nachdem wir gestern zu wenig getrunken hatten, wollten wir das heute nachholen und „bestellten" ungesüßten Schwarztee oder heißes Wasser bei unseren „Dorfdamen".
Kurz nach sieben Uhr fanden wir uns bei Diskit ein, um ihr das Frühstück zu geben. Die Mutter versuchte, dem liegenden Mädchen mit einem Löffel Milch einzuflößen. Wir setzten sie aufrecht hin und ich brachte ihren Nacken aus der Extension in eine leichte Flexion. Während Cynthia den Zungengrund mit gezielten Bewegungen stimulierte, versuchte ich ihr mit der Tasse etwas Milch zu geben. Tatsächlich, jetzt schluckte sie zwischendurch und sabberte nicht mehr so stark. Jetzt mußten wir das Ganze noch der Mutter Sonam beibringen, kein leichtes Unternehmen. Sonam zeigte sich uns gegenüber anfangs sehr zurückhaltend und beobachtete uns mit finsterer Mine, griff jedoch beherzt zu, wenn wir sie anleiteten.

Um 10 Uhr gab es wieder frische Chapatis mit Joghurt, Gemüse und Schwarztee. Für die Einheimischen stellte diese Mahlzeit eigentlich das Frühstück dar. Das Mittagessen wurde üblicherweise am späten Nachmittag eingenommen, das Abendessen, das wir regelmäßig verpassten, erst gegen 10 Uhr nachts.
Wir fanden endlich Zeit zum Wäschewaschen und einer kurzen Pause. Der bedeckte Himmel, eine willkommene Abwechslung, schützte uns vor der Attacke der gnadenlosen Sonne. Nachmittags arbeiteten wir nochmals mit Diskit, aber ich spürte, dass sie mit der vielen Therapie und Beachtung überfordert war und brach die Behandlung früh ab.
Wir holten uns aus unserem Zelt noch etwas übrige Salami, genehmigten uns ein stärkendes Schnäpschen für den Kreislauf und spazierten zum Dorfzelt, denn dort warteten unsere „Patienten". Ein kräftiger, muskulöser Mann beschrieb Rückenschmerzen mit Ausstrahlung bis ins Bein. Mit Hilfe des Übersetzers befragte ich ihn zu seinen Symptomen und dann wollte ich ihn untersuchen. Dazu musste er sich hinlegen und seinen Rücken frei machen. Ich war gespannt, wie das wohl ablaufen würde, denn wieder stand das halbe Dorf um uns herum und wartete voller Spannung auf jede neue

Szene des unglaublichen Films, der sich vor ihren Augen abspielte. Der junge Mann legte sich einfach auf eine Decke im Gras, die ganze Meute stand dicht gedrängt dabei. Sein Rücken benötigte wirklich Behandlung, trotz kräftiger, ausgeprägter Muskulatur und ausreichender Bewegung. Soweit meine Vorurteile, dass diese Bergbewohner kaum Rückenschmerzen haben sollten wegen ihrer vielseitigen Arbeit im Freien. Am späten Nachmittag klagte eine etwa fünfunddreißigjährige Bäuerin über die gleichen Symptome. Beide verstanden die Übungen, die ich ihnen zeigte, sehr gut und fingen an Ort und Stelle mit der Gymnastik an. Viele Leute klagten über Durchfall, Magen-, Kopf-, Halsschmerzen, Husten, eitrige Zähne, entzündete Augen, Arthritis. Wir verwiesen sie alle an ihre zuständige Medical Station.
In Deutschland gesammelt, wühlten wir 15 Brillen in unterschiedlichen Sehstärken aus unserer Tasche mit Hilfsgütern. Wir hatten keine Ahnung, wie wir diese Brillen verteilen sollten, aber die Leute mit Sehschwächen kümmerten sich unkompliziert selbst darum: Sie probierten eine Brille nach der anderen und behielten die, mit der sie am besten sehen konnten. Ein älterer Herr brach in Freudenrufe aus, er konnte zum ersten Mal seit vielen Jahren die Kühe auf der entfernten Weide am Berg erkennen. Noch Tage später kamen Leute aus weit entlegenen Dörfern, weil sie gehört hatten, dass wir Brillen hatten und mancher von ihnen kehrte freudestrahlend und besser sehend nach Hause zurück.
Nach einer deftigen Nudelsuppe fanden wir uns in einem unruhigen Schlaf wieder, verfolgt von den vielen Eindrücken und Menschen des Tages. Ich träumte vom Gletscher und dunklen Mächten und schlief erst gegen Morgen wieder gut.

## Der Gletscher

Mit einer Kanne Tee weckte uns Cynthia am Morgen, gemeinsam trafen wir um 7:30 Uhr bei Diskit ein. Auf dem Plan standen viele Bilder von der Behandlung, um Material für die Infobroschüre zu sammeln, die Cynthia für die Einheimischen über die Probleme der behinderten Kinder plante. An diesem Morgen verweigerte Diskit die Aufnahme jeglicher Nahrung oder Flüssigkeit. Eine junge Frau

brachte ihr sieben Monate altes Mädchen und die besorgte Großmutter mit. Beide meinten, dass ihr Zögling zu schwach und zu klein sei. Das kleine Baby quietschte lebendig und fröhlich vor sich hin, völlig gesund. Mit Hilfe dieses Kindes versuchte ich Cynthia die Entwicklungsstufen zu erklären und zeigte ihr, wie sich ein gesundes Baby dreht, krabbelt und sitzt. Aufmerksam folgten sie und die Mutter meinen Erklärungen, bis Cynthia mich vor ein Problem stellte: Bei den Ladakhis wurde ein Baby selten auf den Boden gesetzt oder gelegt, sondern meistens getragen und diese Kinder erleben einige dieser Stufen wahrscheinlich nicht.
Da hockte ich wieder mit meiner europäischen Schulweisheit auf der blanken Erde des Himalayas und wusste nicht mehr weiter.
Plötzlich platzte unser Übersetzer Namgyal Tashi herein und berichtete aufgeregt, dass heute ein besonderer Tag sei. Anscheinend gab es in Ladakh immer wieder einen dieser überraschenden, besonderen Tage, von denen niemand etwas wusste, der für die Einheimischen aber eine willkommene Abwechslung darstellte. Sie warfen ihren Tagesplan sofort über den Haufen und widmeten sich hingebungsvoll der Spontaneität und schlugen mir damit eine völlig neue Seite ihrer Kultur und Lebensart auf.
Von der Aufregung angesteckt, rannten wir mit Tashi nach draußen. Der Counselor des Gebietes, das Orakel, die Mönche, eine Gruppe weiterer wichtiger Leute und Musikanten befanden sich auf dem Weg hoch zum Gletscher, um dort an einem heiligen Platz drei geweihte Statuen in einem mitgebrachten, bunt bemalten Schrank aufzustellen.

Im letzten Jahr suchte eine böse Flut die Gegend heim und der Schnee krachte von mehreren Hängen als gefährliche Lawinen ins Tal, beides große Schäden verursachend. Das Orakel wurde befragt und hatte geweissagt, dass man die drei heiligen Statuen aufstellen solle und dann würde die Bevölkerung in diesem Jahr von Schaden verschont bleiben.
Schon von weitem konnten wir die Trommeln und Pfeifen der Begleitmusikanten hören. Die Gruppe plante in Kurambik eine Pause, um sich für den Aufstieg zum Gletscher zu stärken. Aufgeregt liefen die Dorfbewohner zusammen, brachten Kannen mit Buttertee,

süßem Milchtee, viel Chang und die üblichen Kekse. Teppiche aus ihren Wohnzimmern legten sie sorgfältig in Reihen auf dem Gras am Bach aus, stellten kleine Tische davor und nahmen Steine aus den Mauern, um das Durchsteigen zu erleichtern.
Die Szene wirkte auf mich wie aus einem orientalischen Märchenbuch, in dem sich eine Seite öffnete, die von einem fantasievollen Maler üppig ausgestaltet worden war: Fröhliche, dunkelhäutige Menschen in bunten Kleidern, mit frischen Blumen in den Haaren und reichlich Schmuck aus Silber und Türkisen, saftige grüne Wiesen, glucksende Bäche und überall Träume aus Rosa, blühende und duftende Heckenrosenbüsche.
Keiner der Dorfbewohner war vorher über diese Aktion informiert worden, deswegen summte und brummte es wie im Bienenhaus, wir standen herum und verstanden nichts. Als die nahende Gruppe über die letzte Mauer stieg, erwarteten wir sie inmitten der Dorfbewohner, aufgestellt in Reih und Glied. Die Mönche huschten murmelnd von einem zum anderen und segneten uns mit ihren Statuen. Mich bewegte diese Zeremonie besonders, da ich die Nacht zuvor vom Gletscher und seinen Mächten geträumt hatte. Ich hockte mich gedankenverloren ins Gras, während Jürgen viele Fotos von den lebhaften Menschen schoss, denen man die Ehrfurcht vor dem Geschehen anmerkte. Da winkte uns der Counselor plötzlich zu sich herüber und wir tranken zusammen Tee und unterhielten uns sehr gut auf Englisch.
Während Chang in Strömen in die Becher der Besucher und Einheimischen floss, konnte sich Jürgen nicht von seinen bereitwilligen Fotoobjekten trennen. Er fragte immer vorher, ob er ein Foto machen dürfte und die meisten Leute hatten kein Problem damit, die Kinder jedoch bettelten um diese Gunst.
Dann zog die Gruppe so plötzlich weiter, wie sie gekommen war, sofort kehrte Ruhe ein und jeder ging wieder seinen Tagesgeschäften nach.
Bis 13 Uhr arbeiteten wir mit Diskit und bereiteten dann einen spontanen Ausflug vor: Wir wollten der Dorfbevölkerung, die die Besucher zum Gletscher begleitet hatte, entgegen gehen, hoch hinauf in das Tal und uns dabei ein wenig umschauen.
Nachdem wir über eine Brücke den zerfledderten Gletscherbach

überquert hatten, stieg das Gelände stetig an. Der kaum sichtbare Weg führte uns durch liebliche Almwiesen, auf denen sich freudig hüpfende Dzos tummelten und sich gegenseitig mit den Hörnern stupsten. Lustige Ziegen mit langen Bärten beäugten uns neugierig, wir sahen jedoch keine Pferde oder Esel. Überall gluckerten glitzernde Bächlein flink über Steine, die unter dem dicken Grasboden hervorlugten, planlos zogen diese Gewässer tiefe Furchen durch die uralten Wiesen.

Ein tiefes Schnauben lies uns anhalten: Ein riesiges, zotteliges, schwarzes Yak mit gigantischen Hörnern schnaufte langsam an uns vorbei. Es blieb stehen und blickte uns mit dunklen Augen forschend an, als wollte es uns erkunden.
Der Wächter des Tales stand vor uns.
Urtümliche Verbundenheit mit diesem Tier flüsterte mit leiser Stimme in mir, ich versuchte Kontakt mit ihm aufzunehmen und spürte Alter, Ruhe und Würde; ein Gefühl des Friedens und der Ehrfurcht durchströmte mich. Er schnaubte zufrieden, drehte sich um und schritt majestätisch weiter.
Die kleine Angst vor dem Tier, die in mir geflattert hatte, holte sich der warme Wind und spielte mit ihr, bis sie zerfiel.

Wir wanderten langsam und schauend. Es war so heiß, dass ich mein Hemd auszog und nur im T-Shirt weiter lief. Ich war mir sicher, dass mich hier kein Mensch sehen würde. Jürgen baute auf einem Hügel sein Stativ auf und vertiefte sich in seine Motive, während ich die Ladakhis beobachtete, die tropfenweise vom Gletscher runter rollten. Auf dem Rückweg schlossen wir uns einer dieser Gruppen an, bis wir zusammen den Bach weit unterhalb der Brücke erreichten. Jetzt stand ich vor einem Problem: Alle Ladakhis plus Jürgen hüpften in großen Sätzen über den breiten, vielarmigen Bach und warteten auf mich. 30 Erwachsene und Kinder standen stumm auf der anderen Seite und schauten gespannt. Ich traute mir diese Sprünge über das Wasser nicht zu. Trotzig rief ich Jürgen zu, dass ich zur Brücke hoch gehen würde und dort rüber wollte. Aber die erwartungsvollen, ruhigen Blicke auf der anderen Seite zogen an mir, forderten mich auf. Jürgen hüpfte wieder zurück bis zur Mitte des Baches auf einen großen Stein und nun traute sich die weiße Frau an der Hand des weißen Mannes. Die Meute nickte zufrieden, wir zogen weiter, und ich war unheimlich stolz auf mich. Wir meckerten albern mit den Kindern um die Wette, ahmten zusammen die frei herumrennenden Geißen nach. Den Kleinen gefiel unser Meckern und Spiel und ich staunte heimlich, wie wenig notwendig war, diese Kinder zufrieden zu stellen, wie viel sie lachten und WIE sie lachten, so herzlich, aus vollem Halse und mit Inbrunst.

### Kulturelle Verwirrungen

Beim Dorfzelt warteten schon wieder neue Patienten auf uns und fragten nach Augentropfen. Die dänische Krankenschwester stieg mit mir zum Zelt hoch und wir suchten passende Medizin heraus. Als wir nach einer Weile zurückkamen, hockten plötzlich etwa 40 Erwachsene im Zelt beim Essen und Trinken und die Stimmung wirkte ernst, fast bedrohlich. Jürgen und ich wussten nicht, was in der Zwischenzeit wieder passiert war und setzten uns an einen leeren Platz im Halbkreis und warteten, denn es war Essenszeit. Aber nichts geschah. Wir wurden schlichtweg ignoriert. Die Frauen füllten die Becher der Männer rechts und links neben uns, reichten Chapatis und Speisen an alle anderen und wir wurden mit jeder verstreichenden Minute hungriger, verwirrter und enttäuschter. Völlig durcheinander verließen wir irgendwann einmal das Dorfzelt, da wir uns komplett ausgeschlossen fühlten. Hungrig plünderten wir in unserem Zelt die letzten Salamivorräte und versuchten, unsere aufgewühlten Gemüter mit Aktivität zu beruhigen. Jürgen räumte auf und ich verdrückte mich zu Diskit und spielte ihr eine Stunde auf der Mundharmonika vor, was ihr sichtlich gefiel. Als ich wieder zu Jürgen zurückkehrte, war Cynthia da und berichtete, dass das „Dorftreffen“ wieder vorbei war. Sie hatte auch nicht verstanden, was los gewesen war. Die Frauen waren wahrscheinlich mit der unerwarteten Flut wichtiger Besucher völlig überfordert gewesen. Da unsere gesamte Versorgung in den Händen der Einheimischen lag, ging ich runter ins Kochzelt und bat die Frauen um heißes Wasser für Tee, da wir schon lange nichts mehr getrunken hatten. Vor Erschöpfung war ich den Tränen nah. Sie gaben mir einen Stapel Chapatis, die wir später, mit Erdnussbutter bestrichen, verdrückten und so den Bauch richtig füllten. Abends, als wir schon im Schlafsack lagen, näherten sich drei Amales (Mütter) mit noch mehr Chapatis, Joghurt und Gemüse. Sie bestanden darauf, dass wir rauskommen zum Abendessen und setzten sich zu uns, plapperten fröhlich, lachten und erzählten, während wir noch einen Chapati runterwürgten und kein Wort verstanden. Nach diesem stressigen Tag schliefen wir sehr gut und Jürgen stand schon um 4:30 Uhr auf, um seinen Rucksack zu packen, denn heute plante er den Gipfelsturm auf den „Berg des langen Lebens", den Hausberg von Kurambik.

Als Jürgen bei wolkenlosem Himmel loswanderte, schrieb ich noch ein wenig bei offenem Zelt und schlief wieder ein, tief und fest. Die Sonne schien auf meinen Kopf, als Cynthia mich um sieben Uhr mit einer Kanne Tee weckte. Groggy wie noch nie wusch ich mich mit kaltem Wasser und fing an, das Zelt auszuräumen und mit Ökoorange auszuwaschen. Es war alles furchtbar staubig. Unser grünes Zelt war braun vom Staub und ich putzte wie ein deutscher Putzteufel, verrückt.

Mit Diskit arbeiteten wir am Rumpf und entdeckten kleine Erfolge in der Beweglichkeit. Immer wieder beobachtete ich den Berg, um zu sehen, wo Jürgen war. Einmal meinte ich, ihn am Grat zu erkennen, aber dann verlor ich ihn wieder aus den Augen. Um 10 Uhr begleitete ich Cynthia wieder nach unten, um das Frühstück für uns vorzubereiten. Ich stand gespannt an der Steinmauer vor unserem Zelt, suchte den Berg nach Jürgen ab und machte mir schon ein wenig Sorgen, weil er völlig alleine unterwegs war. Eine einheimische Frau sah mich und rief mir etwas zu, winkte fröhlich mit dem Arm. Da ertönte plötzlich eine bekannte Stimme hinter mir:

„Nach was schaust du eigentlich?"

Erschrocken und erfreut zugleich fuhr ich herum, er hüpfte mir freudestrahlend entgegen. Froh, ihn wohlbehalten wieder zu haben, löcherte ich ihn mit Fragen. Er hatte es nicht bis ganz oben auf 5350 Meter geschafft, da er das völlig vereiste Schneefeld vor dem Gipfel ohne Steigeisen nicht betreten wollte. Eine recht anstrengende Kletterpartie für ihn, jedoch entschädigte die grandiose Aussicht für alle Mühen. Später fanden wir heraus, dass die Einheimischen Jürgen bei seinem Gipfelsturmversuch beobachtet hatten und die Frau mich nur darauf aufmerksam machen wollte, dass ich nicht mehr nach ihm suchen musste, da er schon wieder zurückgekehrt war.

**Gefährliche Umwege**

Nun, wir frühstückten wieder reichlich: Obligatorische Chapatis mit Joghurt, ausgezeichnetes Gemüse mit frischem Koriander, Spinat, Karotten und Chilis. Bei Diskit fotografierten wir noch bestimmte Positionen und dann packten wir Schlafsäcke und ein paar notwendige Utensilien ein, denn wir wollten mit Cynthia ins Tal nach Domkhar wandern; nicht ahnend, dass uns ein Abenteuer bevor stand, bei dem es um Leben und Tod gehen würde.

Cynthia drängte uns. Die Sonne brannte, für uns heute ein Genuss, denn die Berge des Westhimalayas leuchteten in überirdischer Klarheit in den nahen Himmel.
„The glacier will melt extremely with this sun today. We have to hurry!"
Heute Nachmittag wurden wir im eineinhalb Stunden Fußmarsch tiefer gelegenen Domkhar erwartet. Es war Donnerstag und „Bus-Tag". Einige Eltern aus der Umgebung wollten mit dem wöchentlichen Bus ins Dorf kommen, um uns ihre behinderten Kinder vorzustellen. Wir freuten uns auf die Abwechslung: Raus aus dem einsamen, rauen Kurambik am Fuße des Gletschers, runter in wärmere Gegenden mit Schulen und Englisch sprechenden Menschen. Wir sollten in der Schule übernachten, am nächsten Morgen mit Hilfe der Lehrer weiter mit den behinderten Kindern arbeiten und dann am frühen Nachmittag wieder über die Brücke zurück nach Kurambik.
Beim Abstieg durch die saftig grünen Gerstenfelder und fetten Wiesen hielten Frauen bei ihrer Arbeit inne und winkten uns mit lauten „Jullays" zu. Das Parfum der Heckenrosen, die sich üppig um Häuser schmiegten und an Felsen lehnten, drängte sich in unsere Nasen und zerstäubte in unserem Gehirn in Wonnewolken.
Unseren Zeitplan bestimmte die Natur. Mittlerweile war der Bach morgens am einfachsten zu queren. Erst im Laufe des Tages, wenn viel Sonne schien, strömte die Gletscherschmelze in das Tal und riss

alle Brücken mit sich. Die Einheimischen entfernten die kostbaren Balken, mit denen die provisorische Brücke gebaut wurde, meist rechtzeitig und bauten die Brücke am nächsten Morgen wieder auf. Der reißende Fluss konnte nun nachmittags ab 15 Uhr nicht mehr passiert werden.
Da wir abends in der Schule essen und übernachten würden, nahmen wir nur unsere Schlafsäcke, ein paar Ladakhi-Brote, Nüsse und warme Jacken mit. Cynthia nickte, als wir sie fragten, ob unsere Turnschuhe für den Trip ausreichen würden. Sie lebte schon seit 18 Jahren in diesem Land und davon viele Monate in Kurambik. Sie schleppte im Rucksack ihren kleinen Kocher mit, da sie aufgrund einer schweren Erkrankung eine bestimmte Diät einhalten musste und immer ihr eigenes Essen und ihren Tee kochte. Ich wunderte mich zwar oft, dass ihr Teller voll mit Reis und Gemüse war, das gleiche Essen, das die Einheimischen kochten. Aber im Laufe der Zeit meinte ich ihre Strategie ein wenig zu durchschauen: Auf diese Weise umging sie sehr taktvoll die häufigen Einladungen in die Häuser der Einheimischen und die Angebote des Buttertees, ein für uns Westler sehr gewöhnungsbedürftiges Getränk (Grüntee, Salz und ranzige Yakbutter).

Die Sonne und das leuchtende Grün der Gerste beschwingten unsere letzten Schritte auf dem Weg ins Tal. Kein Grund zur Sorge, denn es war erst 13 Uhr und das Schmelzwasser hatte seinen Höhepunkt noch nicht erreicht. Bis wir völlig verblüfft vor der nicht vorhandenen Brücke standen und durch zischende Gischt auf die andere Seite blickten, von der aus uns unsere Kontaktpersonen, die Lehrer, etwas zuriefen. Durch die extreme Sonneneinstrahlung schwoll der Gletscherbach mit jeder Minute zum reißenden, tobenden Ungeheuer, das große Felsbrocken grollend und polternd talwärts riss. Unsere Freunde auf der anderen Seite schrieben kleine Nachrichten auf Zettel, banden sie mit Stofffetzen an Steine und warfen sie zu uns rüber. Das Toben und Zischen des Wassers erlaubte keine andere Art von Kommunikation. Telefone gab es da oben nicht und schon gar keine Handys. Auch Greta von den „Friends of Lingshed“ war eingetroffen und wartete hilflos auf der anderen Seite. Sie war aus Leh gekommen, um Cynthia in den nächsten zwei Tagen bei einem Lehrerseminar zu helfen.

Die Nachrichten erzählten von einer intakten Brücke ungefähr zwei Kilometer weiter flussabwärts. Wir entschlossen uns zu dem Wagnis, auf unserer Seite flussabwärts zu wandern, um auf dieser nächsten Brücke zu queren. Und wir waren in Eile, denn auch diese Brücke galt als gefährdet. Anfangs schien es ganz leicht. Ein Kuhpfad führte um Felsen herum und wir kletterten über einige Steinmauern, die saftige Gerstenfelder einsäumten. Wir mussten immer höher auf den Berg, denn der Fluss schnitt sich in eine Schlucht. Unsere Freunde auf der anderen Seite verfolgten unsere Wanderung besorgt und versuchten immer wieder, uns etwas zuzurufen, das wir nicht verstanden. Schließlich waren wir so hoch, dass wir die Lehrer nur noch als kleine Punkte sahen. Der steile Hang vor uns wirkte gar nicht so gefährlich. Cynthia querte Geröll und Schotter vorsichtig stapfend mit ihren Bergstiefeln (sie besaß nur diese Schuhe) zur anderen Seite. Wir folgten ihr zögernd. Ich sah Geröll unter ihren Schritten wegbrechen und in Kaskaden den Hang hinunter stürzen. Anfangs fanden unsere Füße noch an einzelnen Felsen Halt, aber dann kam nur noch loser Schotter. Ich fühlte, dass ich rutschte und blickte in die Tiefe und dann traf mich der Schock: Es gab nichts mehr zwischen mir und dem Fluss, der 100 Meter tiefer durch die Schlucht tobte. Nichts für die Hände zum Festhalten, keinen Halt für die Füße, nur noch loser Schotter, der mich mit jedem Schritt in die Tiefe werfen wollte. Jürgen stoppte vor mir, auch er hatte Bedenken. Und Jürgen hat nie Angst! Wenn Jürgen Angst hat, dann habe ich schon Todesangst und ich geriet in Panik.

„Keinen Schritt weiter, ich kann nicht weiter", piepste ich und mein Herz schlug Stakkato, wahrend ich mit meinen Turnschuhen im Sand herumrutschte, mich vor Angst versteifte und wankte.

„Dann drehen wir um, ich will auch nicht mehr weiter!" Unsicher versuchte mich Jürgen zu trösten. Aber wie dreht man an einem Hang um, der bei jedem Schritt nachgibt? Laut rief ich alle zur Verfügung stehenden Engel um Hilfe und betete. Sonst mache ich das leise. Jürgen rief Cynthia und sie kam zu meiner Rettung. Im Alter von 21 Jahren war sie als „professionelle" Bergsteigerin bis auf 7000 Meter Höhe den Mount Everest hinaufgestiegen und dann im Himalaya „hängengeblieben".

„Kick them suckers in the dirt, as deep and as hard as you can," und sie machte es mir vor, stieß ihre Stiefel tief in den Schotter auf der Suche nach Halt und blieb unter mir. Ich folgte ihr willig und hielt die Klappe. Jürgen hatte dabei noch den Nerv, die Kamera zu zükken und Bilder zu machen. Er machte mich zynisch darauf aufmerksam, dass jetzt die Einheimischen, die uns von unten beobachteten, bestimmt über uns lachten, weil wir umkehrten.
„Ist mir doch egal", fauchte ich, als wir wieder auf sicherem Felsen standen. Still und geschlagen wanderten wir zurück zur „Brücke", jeder in eigene Gedanken versunken. Das Tosen des Baches schwoll im Laufe des Nachmittags zu einer Brandung, die Steine und Bäume mit sich riss. Wir beobachteten das Spektakel und fotografierten. Gezwungen, auf dieser Seite im Freien zu übernachten, kochte Cynthia heißes Wasser zum Trinken ab und wir teilten uns die Ladakhi-Brote und Nüsse. Auf einem einigermaßen ebenen Platz hüllten wir uns in die Schlafsäcke und schliefen todmüde unter funkelnden Sternen ein. Wir wachten nachts immer wieder auf, weil unseren Hüften der harte Untergrund nicht so gefiel, aber die funkelnden Sterne zwinkerten uns immer wieder ermutigend zu und schickten uns angenehme Träume.

Dieser Tag voller Extreme grub sich für immer mit jeder Einzelheit in mein Gedächtnis ein. Im Himalaya sind die Sterne so viel näher als im heimischen Günzburg. Wir drei waren zwar allein auf dieser Seite des Flusses, aber nicht einsam. Wir hatten wenig Versorgung, aber viel Zufriedenheit. Trotz hartem Untergrund war ich glücklich, dass ich lebte und die Steine unter mir spüren konnte.

## Zerstörte Brücken

Der Morgen weckte uns mit eisiger Kälte und fröhlichen Männern auf der anderen Seite, die mühevoll daran arbeiteten, die Brücke unter Gefahr für ihr eigenes Leben wieder herzustellen. Auf Cynthias Kocher brodelte heißes Wasser für unseren Tee. In den Schlafsack gehüllt tranken wir ihn, um uns zu wärmen.
Zwei Lehrer aus der Mittelschule, die vorher von der anderen Seite zu uns herüber gewunken hatten, tauchten plötzlich mit nassen Ho-

senbeinen bei uns auf. Sie waren flussabwärts an der nächsten Brücke gekreuzt und von Stein zu Stein hüpfend bis zu uns gelangt. Nun war es ihnen möglich, die Konstruktion der Brücke von unserer Seite aus zu unterstützen. Jeder half mit. Teilweise standen die Männer bis zu den Knien in gletscherkaltem Wasser und balancierten waaghalsig von Fels zu Fels hüpfend über rauschenden Abgründen. Ich unterhielt mich mit den Einheimischen, die unserer Odyssee am Berg gefolgt waren. Sie berichteten über ihre große Sorge um uns und schienen erleichtert und froh, dass alles gut ausgegangen war. Sie erklärten uns auch, dass der Weg des Gletscherwassers vom Gletscher zur Brücke bei der heißen Sonne etwa sechs Stunden benötigte. Deswegen konnte man die Brücke morgens problemlos queren, aber nach ein paar Stunden Sonne rannte das Schmelzwasser am Gletscher los und erreichte die Brücke meistens am frühen Nachmittag.

Endlich konnten die ersten Leute queren, die auf den Bus wollten. Ältere Frauen wurden an der Hand über die rutschigen Holzstämme geführt. Auch ich querte mit Hilfe der Männer und die Lehrer brachten uns in ein großes Bauernhaus, in dem ein geistig behinderter Junge lebte. Wir untersuchten und beobachteten ihn gemeinsam beim Spiel und schlugen den Eltern Hilfestellungen vor. In dem großen Wohnzimmer fanden viele Leute Platz und ein üppiges Frühstück aus Chaptis, Gemüse, Joghurt und Tee fand unter allen Anwesenden großen Anklang. Das Haus mit einem Fundament aus Beton musste reichen Leuten gehören, denn die Wände waren mit Farbe gestrichen und die riesige, gut ausgestattete Küche war voll mit Leuten. Ziegen meckerten aus dem Stall über der Küche zu uns herunter und streckten uns beim Abschied neugierig die Köpfe entgegen. Der Geruch des Küchenfeuers, gebackener Chapatis und Räucherwerk vermischte sich eigentümlich mit der Ausdünstung der Ziegen und weckte in mir eine nicht greifbare Erinnerung an längst Vergessenes.

Ein Besuch in der Schule stand bevor. Die Kinder, die Menschen aus dem Westen nicht gewohnt waren, empfingen uns mit großen Augen, holten uns sofort zwei Plastikstühle und drängten sich für eine Fotosession dicht an mich. In den Klassenzimmern, ungetünchte, dunkle Löcher ohne Fenster und Licht, gähnte uns Leere entgegen: Keine Möbel, wenige Tafeln an der Wand, die Kinder mussten alle auf dem Boden hocken, auch im Winter. Aber die Gesichter der Kinder strahlten und drückten Unbeschwertheit aus. Sie hingen an uns wie Kletten und griffen nach unseren Händen. Als die Lehrer kamen, sagten sie alle im Chor „Good morning, teacher, good morning, teacher…“. Danach formierte sich die ganze Truppe in Reih und Glied auf dem Schulplatz zum Morgenritual, vom kleinsten fünfjährigen Kindergartenkind bis zu den großen Teenagern. Alle Kinder stimmten gemeinsam ein buddhistisches und danach ein christliches Lied an: „We shall overcome…“. Während die Schüler sangen und vorlasen, wanderte der Direktor durch die Reihen und begrüßte die Kinder, rückte da eine Kappe zurecht und zupfte dort liebevoll an einem Kragen. Wir konnten uns kaum von diesem Anblick trennen, mussten aber wieder zurück über die Brücke nach Kurambik. Leider waren die erwarteten Familien mit den behinderten Kindern nicht mit dem Bus erschienen. Cynthia blieb mit Greta in der Schule und bereitete sich auf die Lehrerweiterbildung vor.

Große Hitze begleitete uns, als wir in eineinviertel Stunden nach Kurambik hoch stapften. Die riesige Auswahl an Pfaden, die nach oben führten, verleitete uns zu Entdeckungsreisen und wir fanden eine von tiefen Wasserfurchen durchzogene Wiese. Die Gumpen schimmerten tief und breit und lockten zu einem Bad. Leider änderte jedoch nichts die eiskalte Tatsache, dass es Gletscherwasser war und somit das Baden ungesund.
Wieder beim Zelt wurde erstmal ausgiebig gewaschen und geschrubbt, bis uns Sonam abholte und in ihre Küche brachte, in der sie vor unseren Augen das Essen zubereitete. Mittlerweile hatte sie Zutrauen zu uns gefasst, freute sich, uns zu sehen und mit uns zusammen zu sein. Wir brachten unser Ladakhi-Wörterbuch und verständigten uns mehr schlecht als recht. Als wir uns an der Essenzubereitung beteiligen wollten, tauten die Frau, ihr Mann und der Großvater auf und nun wurde uns alles gezeigt, was so ein Haushalt zu bieten hat. Sonam stampfte im landsüblichen, länglichen Behälter Gurgur, den Buttertee, zeigte uns, wie sie ihre Vorräte lagerte

und ließ uns Pfefferkörner zwischen zwei einfachen Steinen zermahlen. Alle halfen bei der Zubereitung der Chapatis und während wir warteten, schob sie einen Laib frisch gebackenes Ladakhi-Brot zu uns herüber, was mich riesig freute, weil es noch warm war und so gut schmeckte. Zum reichlichen Essen wurde uns sogar einfacher Schwarztee serviert, eine zuvorkommende Geste. Nach der Mahlzeit schliefen die Männer des Hauses auf ihren Teppichen in der Küche ein. Es war 16 Uhr nachmittags, die Lunchzeit der Einheimischen. Jürgen und ich übten mit Diskit das Drehen, seitlichen Stütz und Bauchlage und freuten uns über kleine Lernerfolge. Wir genossen die Arbeit in dem zugfreien Raum mit der schönen Aussicht. Aber der Boden, auf dem zwar die „guten Teppiche" des Hauses lagen, strotzte vor Dreck. Ein Waschtag war selten und Essensreste von Diskit, die auf den Boden fielen, blieben dort liegen, bis sie getrocknet mit dem restlichen Staub rausgeschüttelt werden konnten. Die Fetzen, die dem Abwischen von Diskits Gesicht und Rotznase dienten, trockneten und wurden schmutzig wieder verwendet. Hier stand zwar Wasser in Hülle und Fülle zur Verfügung, die Lappen und Kleidung könnten problemlos gewaschen und in der Sonne schnell getrocknet werden. Meine so genannte „Arbeitskleidung", die durch den Kontakt sehr schmutzig wurde, zog ich nach der Behandlung immer aus und hängte sie zum Lüften auf.

### Diskits soziale Integration

Während der Behandlungen schauten in den letzten Tagen immer mehr Leute aus dem Dorf herein und lenkten Diskit ab. Sie reichten ihr Spielzeug, zerrten an ihr herum und die Mutter demonstrierte hartnäckig und stolz, was sie von uns gelernt hatte, ohne Rücksicht auf die momentan stattfindende Behandlung. Wir erfuhren, dass vor unserem Besuch in Kurambik nie jemand bei Diskit war. Deswegen freuten wir uns mit ihr, dass sich die Bude jetzt füllte und sie ins Dorfleben integriert wurde. Der Dorfälteste wohnte ganz in der Nähe, auch er kam jeden Tag, um nach ihr und uns zu schauen.
Um 18 Uhr waren wir wieder im Zelt, räumten auf und entspannten uns mit Lesen und Schreiben. Die Sonne verschwand früh gegen 7:30 Uhr und plötzlich pfiff ein eisiger Wind vom Gletscher. Wir

krabbelten ins Zelt und machten dort weiter. Aber was hörten wir da schnattern?
Unsere drei wichtigsten Amales näherten sich kurz nach 20 Uhr mit dem Abendessen: Einem riesigen Topf Suppe, Schüsseln und Löffeln. Obwohl wir vom Lunch noch pappsatt waren. Die Kommunikation untereinander schien bei den Einheimischen nicht so gut zu klappen, aber wir lachten einfach mit. Die lustigen Mütter machten es sich bei uns gemütlich. Bilder von zu Hause weckten reges Interesse bei den Frauen und wir erkannten, dass unser Besuch diese Leute sehr berührte und viele neue Gedanken in ihren Köpfen kreisten. Wir stopften noch eine Schüssel Suppe in uns hinein. Endlich hatten wir Ruhe und durften alleine sein.

Am nächsten Morgen fehlte uns der schwarze Tee von Cynthia. Deswegen warfen wir den kleinen Petroleumkocher an, den sie uns zurückgelassen hatte, und kochten einen Cowboykaffee. Aber da schlenderten schon wieder unsere Amales um die Ecke mit gesüßtem Milchtee und salzig-süßen Kräckern. Wir konnten ihnen nicht klar machen, dass wir nichts brauchten.
Die Sonne quälte uns mit ihren Strahlen wie mit heißen Nadeln und dankbar suchten wir in Diskits Raum Schutz. Nach zwei Stunden harter Arbeit waren wir alle fertig. Diskit fielen die Augen zu und wir labten uns an einem Frühstück aus den üblichen Chapatis, Gemüse und zerdrückten Erbsen. Wir ruhten eine Stunde, aber die Sonne brannte so heiß, dass wir es im Zelt fast nicht aushalten konnten. Kurze Zeit später zogen dicke, schwarze Wolken auf, der Wind pustete uns in warme Jacken.
Am laufenden Band erschienen irgendwelche Frauen, die uns etwas zum Essen bringen wollten. Woher auf einmal diese unkoordinierte Fürsorglichkeit? Wahrscheinlich hatte Cynthia den Amales ans Herz gelegt, während ihrer Abwesenheit gut für uns zu sorgen. Aber es war zuviel des Guten, wir mussten sie wieder weg schicken und flüchteten zu Diskit, die heute nicht so richtig mitmachte. Einen Zufallserfolg konnten wir jedoch verzeichnen: Als wir ihr Milch und Kekse fütterten, schluckte sie wunderbar nach jedem Löffel, wenn wir sie dabei am Bauch kitzelten.

Sturm und Regen zogen schnell vorbei und wir waren froh, dass wir uns dabei in einem geschlossenen Raum befanden. Auch hier änderte sich das Wetter zig Mal am Tag. Zwei Stunden später schien schon wieder die Sonne und schickte uns eine Handvoll Kinder ins Haus, die mit Diskit spielen wollten und uns kleine, englische Liedchen vorsangen.
Wieder zurück in unserem Zelt bekamen wir Besuch von unseren eifrigen Freundinnen und der kleinen, blitzgescheiten Rigzin, die ihre Mutter begleitete. Sie half beim Übersetzen. Die Frauen interessierten sich sehr für amerikanische und deutsche Autos, für unsere Häuser, die wir im Westen bewohnten und fragten nach dem Wetter: Ob es in anderen Ländern auch so kalt wäre wie hier in Kurambik. Wir erzählten von unseren Jahreszeiten, den Festen und Gewohnheiten. Heute brachten sie zu unserer Erleichterung „nur" Chang mit und wir waren froh, dass sie endlich kapiert hatten, dass wir nicht so viel essen konnten. Überrascht wurde uns klar, dass auch diese Leute sich über unsere kulturellen Unterschiede Gedanken machten und auf ihre Weise versuchten, uns zu verstehen und entgegen zu kommen. Die Sonne verschwand bald hinter den Wolken und ein kalter Wind setzte dem gemütlichen Geplauder ein schnelles Ende. Im warmen Zelt schmökerten wir, bis der Schlaf uns übermannte.

Am Morgen erschreckten uns dicke, dunkle Wolken. Ähnlich dem Wetter, erlebten wir unsere Gefühle in diesem Land sehr vielfältig, intensiv und ein breites Spektrum umfassend. Sie konnten plötzlich umschlagen: Lachen und Weinen, jetzt nah beieinander, im nächsten Augenblick weit voneinander entfernt, rasten beide in schwindelnde Höhen und dunkle Tiefen, um sich in den Zwischentönen zu einem harmonischen Lied wieder zu finden, nicht ahnend, welcher Ton im nächsten Augenblick anklingen würde.
Die unglaubliche Stille des Landes schuf tiefe, innere Entspannung und füllte uns mit neuer Kraft. Die Nähe zur Natur intensivierte das Menschsein, begegnete uns mit Grundsätzlichem und befreite von Nebensächlichem, forderte spontane Anpassung und heitere Gelassenheit. Unsere Augen, die anfangs durch die Brille des Westens auf diese Welt geschaut hatten, erkannten das Leben dieser Menschen durch das Herz, ließen dieses raue Paradies zu unserem werden.

Die glucksenden Bäche, die sich wie silbern funkelnde Bänder durch die unregelmäßigen, grünen Wiesen zogen, das frei laufende Vieh an den Hängen, die zwitschernde Vogelschar, die sich in den leise wiegenden Weiden tummelten – alles verband sich zu einer uralten Harmonie, in die sich die Menschen hier eingefügt hatten und zu der wir jetzt gehörten. Sie lebten einfach, ökologisch und verwerteten alles, was sie produzierten. Es gab praktisch keinen Abfall, nur das, was von außen herein gebracht wurde, wie Gummischuhe, Batterien und Plastik. Sie zogen ihre eigene Nahrung, verwerteten alles, was das Vieh ihnen bot, von der Milch bis zum Kuhfladen, der im Winter verheizt wurde. Auf der anderen Seite wiederum konfrontierte uns der unglaubliche Dreck und Staub, die verschmutzte Überkleidung der Bauern, der Mangel an Hygiene. Wir kämpften selbst einen erfolglosen Kampf gegen den Schmutz und Staub: fünf Minuten, nachdem wir den Zeltvorplatz gekehrt hatten, war alles wieder wie vorher, wir gaben irgendwann frustriert auf. Wir nahmen den Staub mit in den Schlafsack, in alle Schuhe, manchmal verzweifelten wir schier und schworen uns, nie wieder Ladakh! Dann schweifte der Blick wieder über die Berge, die aufgeweckten Augen der Kinder strahlten und das fröhliche Gelächter der Frauen klang in den Ohren. Plötzlich war alles nicht mehr so schlimm und Kurambik wurde wieder so wunderschön, wie es wirklich war.

Zum Frühstück gab es gezuckerten Milchtee, Ladakhi-Tee und in Fett gebackene Chapatis. Wir waren jetzt schon über eine Woche da und unsere lieben Frauen hatten immer noch nicht verstanden, dass wir am liebsten einfachen Schwarztee trinken. Für sie war es fast eine Beleidigung, dass wir ihren Zucker und Milch nicht wollten. Dann kam auch noch Diskits Mutter Sonam mit einer Kanne Buttertee und heißem Wasser. Jürgen nahm das heiße Wasser dankbar an, denn damit konnte er sich gut rasieren. Da wir heute Nacht wieder im Dorfzelt schlafen würden, baute Jürgen das Zelt ab, ich besuchte Diskit. Sie fühlte sich offensichtlich nicht wohl. Als wir ihre Zähne putzten, blutete ihr Zahnfleisch unablässig. Ich sah einige kaputte und eiternde Zähne in ihrem Mund, die gezogen werden mussten. Sonam und ich wuschen ihr Gesicht und Hände und ich versuchte, mit ihr zu arbeiten. Ihr monotones, lautes Schreien trieb meine Nerven an den Rand des Ertragbaren und ich war versucht, zurück zu schreien. Da kam ihre Mutter und flößte ihr warme Milch mit eingeweichtem Brot ein. Aber Diskit beruhigte sich nicht, ich vermutete, wegen der Zahnschmerzen.

Cynthia schneite plötzlich mit aufregenden Geschichten über die Brücke herein. Heute Morgen mussten sie auf zwei einzelnen Balken im Wasser den Fluss queren. Wir lachten und machten Witze über unsere Querung morgen, wo wir vorhatten, zur Rückfahrt den Bus zu erwischen.
Gemeinsam bauten wir Diskit ein bequemes Bett mit unterstützender Lagerung von jeder Seite und sie schlief sofort ein.
Mittags wuschen wir unsere Haare. Dazu stellte sich Jürgen mangels hoher Bäume auf einen Felsen und hielt eine Holzstange in der Hand, an der die Solardusche hing. Er ließ das Wasser über meinen Kopf laufen und ich genoss warmes Wasser, Shampoo und Schaum. Später erfuhren wir von Cynthia, dass eine ganze Horde von Kindern von ihrem Zelt aus unsere Aktion beobachtet hatte und alle unbedingt zu uns hoch wollten, um diese spannende Sache aus der Nähe zu betrachten. Aber Cynthia ließ es nicht zu, sie wollte unsere Privatsphäre schützen. Aber wir boten ihnen Ersatz: Mit unserer Wäsche fanden wir uns am Dorfbach ein und schrubbten die Klamotten unter der strengen Aufsicht der eng um uns herumstehenden Kinder. Diskits Mutter winkte uns zum Mittagessen aus Thukpa, Erbsen und Ladakhi-Brot. Wir packten weiter, beobachtet vom ganzen Dorf. Diskits Mutter weinte, weil sie Angst um uns hatte. Uns könnte ja was Schlimmes an der Dorfbrücke zustoßen, da wir doch wegen Diskit gekommen waren. Cynthia beruhigte sie.
Beim Umzug ins Dorfzelt verschenkten wir allerlei Tand, den wir nicht mehr brauchten. Die Kinder bettelten nicht um Bonbons, da sie noch nie Kontakt mit Leuten aus dem Westen gehabt hatten und somit diese Unsitte noch nicht kannten.
Heute war Sonntag, die Leute arbeiteten zwar, aber alles schien ruhiger.
Gestern hatten die Männer unter großen Anstrengungen und Mühen den ganzen Vormittag an einer Brücke über den Gletscherstrom direkt in der Schlucht unter Kurambik gebaut. Am Abend

spielten die Fluten mit den Holzbalken und schleuderten sie gnadenlos ins Tal. Mit Respekt vor der Geschicklichkeit und Trittsicherheit der Menschen beobachteten wir heute Nachmittag drei Männer, die mit großen Rucksäcken und langen Stangen von Stein zu Fels hüpfend ihren Weg durch die Fluten auf die andere Seite suchten.
Heute war Fototag. Die Dorfbevölkerung, Diskits Familie, Schüler mit ihren Lehrerinnen, Kinder und unsere Freundinnen, alle wollten mit aufs Bild. Überraschend viele Frauen erschienen mit frisch gewaschenen Haaren. War unsere Aktion am Vortag von mehr Leuten beobachtet worden, als wir ahnten? Dazwischen humpelte ein alter Mann in Diskits Zimmer und klagte über Schmerzen am linken Wadenbeinköpfchen, vermutlich eine Zerrung. Während ich den Anwesenden noch viel über Diskits Probleme und ihr Handling erklärte, behandelte ich die Wade des alten Mannes mit Querfriktionen. Als die Schwellung weg war, blitzte die behandelte Stelle am braunen Bein des Mannes weiß und meine Hände waren dunkelbraun. Er verabschiedete sich dankbar mit vielen Jullays.
Inzwischen wehte wieder ein kalter Wind und wir zogen unsere warmen Jacken an. Auch Diskits Mutter hatte sich speziell fürs Foto die Haare gewaschen und ihre Wollfäden entfernt, welche die Haare bis zur Hüfte verlängert hatten. Glücklich und stolz präsentierte sie ihr glänzendes, kohlrabenschwarzes Haar. Als wir wieder ins Dorfzelt kamen, erfuhren wir, dass alle Männer das Dorf verlassen hatten, um sich beim Straßenbau Geld zu verdienen und dass die Frauen morgen unsere Säcke zum Bus tragen würden. Wir schlüpften bald ins Bett, schliefen aber nicht viel, da wir um fünf Uhr morgens schon raus mussten und nervös waren.
Ich stand um 4:30 Uhr auf und wusch mich gründlich, bevor die Dorfbevölkerung aufwachte und mir die Privatsphäre nahm. Als ich fertig war, öffnete sich schon die erste Türe und eine Frau trat in den Morgen. Allein versuchte ich im Kochzelt Schwarztee zu kochen, aber er wurde so verdammt schwarz und bitter, dass wir ihn nicht trinken konnten. Kurz danach kam Rigzin und kochte heißes Wasser, mit dem wir den Tee verdünnen konnten. Langsam sammelte sich das erwachende Dorf im Zelt. Cynthia kam um sechs Uhr und verteilte die Gepäckstücke unter den Frauen. Zum bedeckten Himmel passend, trugen wir warme Jacken. Wir brachen auf

und folgten den lustig schnatternden Müttern hinab zur Brücke, die es nicht gab. Wir riefen nach den Einwohnern auf der anderen Seite und pfiffen im Chor. Leider hörten wir, dass auch in Domkhar alle Männer weg waren, um Arbeit zu suchen.
Was nun? Wir mussten zum Bus, der nur zwei Mal in der Woche von Domkhar abfuhr. Leichte Panik machte sich breit, wir hatten jedoch Zeit bis 8:30 Uhr, noch eineinhalb Stunden. Auf unserer Seite sammelten sich immer mehr Menschen mit dem Bus als Ziel. Auf der anderen Seite fand sich ein kräftiger Mann mit Seilen ein, der mit Hilfe von ein paar Schulbuben und einem alten Bauern einen Stamm über den Fluss hievte. Dann dauerte es noch eine dreiviertel Stunde, bis die Brücke begehbar war. Vorsichtig wurden Gepäck und Menschen rüber gebracht. Ich trug zwei Rucksäcke hoch zum Bus, Jürgen schleppte einen roten Packsack, der kräftige Mann den anderen. Leider war der Bus schon gerammelt voll. Aber als wir rein kletterten, standen junge Menschen auf und boten uns freundlich ihren Platz an. Das Gepäck musste verstaut werden, dann ging es hoppelnd und scheppernd los. Auf dem Dach des gnadenlos überladenen Busses hockten etwa 30 Leute, weitere hingen außen an den Türen und Fenstern. Bei dem uralten Fahrzeug ließen sich die Fenster schlecht öffnen. Ich stellte mir vor, wie der Bus voll beladen in die Schlucht oder den Fluss stürzte und Gepäck und Menschen durch die Luft segelten. Wer immer im Bus den Sturz überlebte, kam durch die verschlossenen Fenster nicht raus. Es gab auch nichts zum Einschlagen der Scheiben.
Ich konnte mich gar nicht mehr daran erinnern, dass wir so viele Serpentinen hinauf gefahren waren. Bei jeder Spitzkehre hielt der Busfahrer an und rangierte rückwärts, um die Kurve buchstäblich „zu kratzen“. Sein „Schaffner“, der das Geld einsammelte, gab ihm von außerhalb Hilfestellung. Das sonst so laute Geschnatter im Bus verstummte in den Spitzkehren, ein Zeichen für uns, dass diese Manöver auch an den Einheimischen nicht spurlos vorüber gingen. An den unmöglichsten Stellen wurde gehalten, um noch mehr Passagiere aufzunehmen oder aussteigen zu lassen. Jürgen drehte fast durch, weil die kleinen Sitze einfach nicht seiner Körpergröße entsprachen und er sich eingeklemmt und eingeengt fühlte. Seine Knie drückten in den Sitz vor ihm, ganz egal, wie er sich stellte oder

drehte, die Leute neben ihm verschwanden unter seinen breiten Schultern.
Die Frau vor mir am Fenster hatte Pech: Über ihr lag eine Plastiktüte mit einer undefinierbaren hellblauen Masse, aus der es ständig weißlich auf ihre glänzenden Haare und die blaue Wolljacke tropfte. Sie schimpfte nicht, sondern zog einfach ihren blauen Schleier über den Kopf. Die Frau neben mir klammerte sich während der Hinunterfahrt mit ihrer linken Hand an meine rechte und drückte vor Angst fest zu.

Der Wind und die Berge, wir fühlen uns wie Zwerge
Hinauf geweht, hinunter gestoßen
Vom leisen Säuseln zum brandenden Tosen
Der Wind und die Berge, wir fühlen uns wie Zwerge

**Tar La zwischen Himmel und Hölle**

Endlich wieder auf der Teerstraße erreichten wir schnell Khaltse. Cynthia rannte in ein Regierungsbüro, weil sie dort etwas zu organisieren hatte. Wir besorgten uns ein paar Samosas und holten im Voraus bestellte Lebensmittel bei Padma ab, die wir für das nächste Abenteuer benötigten. Dann hupte der Bus schon wieder und weiter ging's. Unser Plan für die nächsten Tage beinhaltete einen Besuch in Tar, einem malerischen Ort in den Bergen, in dem einige Patienten auf uns warteten. Danach planten wir, über einen anderen Weg durch die Berge nach Panjila und Lingshed zu gelangen, wo wir Rigzin, ihre Familie und unsere Freunde besuchen und viele Bilder für Cynthias Buch anfertigen wollten. Unser Übersetzer und Begleiter wechselte heute. Norboo, ein Angestellter des Regierungskrankenhauses und von Beruf „Health Worker", sollte uns begleiten. Bei einigen Reisen zusammen mit Cynthia hatte er sich bewährt, sich dabei stets um die Gesundheit der Bergbevölkerung gekümmert und entsprechende Hilfen für die Leute aktiviert.

In 20 Minuten waren wir an der Brücke zu Tar und der Bus hielt, um uns und unser Gepäck abzuladen. Nach dem Zeitpunkt waren wir bereits ganz schön gerädert, aber der Fußweg nach Tar entschädigte

und beschwingte uns. Ein wunderschöner Canyon, die Wege gesäumt mit üppig duftenden Heckenrosen, führte uns durch lichte Wälder. Vögel sangen, Johannisbeerbüsche wuchsen am Wegrand, eine klare Quelle bot Himalayawasser pur und umsonst an. Ab und zu spitzelte ein einzelnes Bauernhaus durch die Büsche, eine kultivierte, wasserreiche Oase in einer lieblichen Wildnis. Jürgen und ich fanden eine halbe Stunde Zerstreuung, als wir an einem sprühenden Wasserfall inmitten glatter Felswände große Freude im Wasser fanden, das uns anzog und zum Spielen mit den Steinen verlockte. Seitlich führten gehauene Stufen in die Felsen, die Sonne beleuchtete den Wasserfall mit einem Nebel aus Licht. Buddhistische Schriftzeichen zierten die Felsen um uns herum und wir fühlten die Magie des Ortes. Erst sehr viel später sollten wir erfahren, dass es sich hier um eine heilige Quelle handelte.
Wir erklommen die letzten Stufen nach Tar und fanden uns in einem grünen, blumigen Paradies wieder: Terrassen mit Raps-, Gersten- und Erbsenfeldern, umsäumt von blühenden Hagebutten und gelben Rosensträuchern. Wir kämpften uns die künstlich angelegten Wasserläufe hoch zu einer Gruppe Kinder, die Wasser holten. Nun hingen die Kleinen an uns wie Kletten und Jürgen musste Fotos machen. Die Kinder zeigten uns den Weg zur Schule, wo uns zwei Lehrer freundlich begrüßten und Chai und Kekse servierten. Während unserer schleppenden Unterhaltung in Englisch fielen mir fast die Augen zu. Nach einer Stunde erfolglosem Warten auf Cynthia, die uns mit den Eseln und ihren „Horsewomen" folgte, wollten wir uns vor der Schule unter einem Aprikosenbaum ins Gras legen und eine Weile schlafen. Die Lehrerin eilte heraus und trieb uns vom Baum weg, sie wollte das gar nicht sehen und brachte uns in ein Haus am Ende des Tals, in dem sich Cynthia angeblich immer aufhielt. Wir folgten müde und hüpften gequält nach unten, als uns jemand von oben zurief, dass Cynthia nun oben in der Schule sei. Wir hatten genug und hockten uns auf den Trekkerzeltplatz in die Sonne und warteten fünf Minuten, dann verschwand die Sonne, es wurde kalt und wir froren, weil unsere Jacken in den Packtaschen auf den Eseln waren. Also machten wir uns wieder auf den langen Weg hoch zur Schule. Fast oben, schrie uns wieder jemand zu, dass Cynthia nun am Zeltplatz sei. Unser Frustpegel im Paradies erreichte seinen Höhe-

punkt und drohte zu explodieren. Wieder unten fanden wir unser Gepäck auf dem Zeltplatz und eine wütende Cynthia, die keine Ahnung hatte, dass wir von Hinz zu Kunz geschickt worden waren. Ihr wurde erzählt, dass wir in irgendeinem Haus zum Essen eingeladen worden waren.

Nun ja, nach einem kurzen, fetzigen „Gedankenaustausch" konnten wir unser Zelt aufstellen, gerade noch rechtzeitig, da ein heftiger Wind aufkam. Die Bewohner brachten uns einen Topf Vollkornreis mit Gemüse und Chili und unsere Laune verbesserte sich schlagartig. Jürgen verbrachte den Abend draußen an den Baum gelehnt mit einer Tasse Chang, während ich dankbar ins Reich der Träume abdriftete.

Wir erlebten diese Art von Verwirrung, unter der wir heute gelitten hatten, sehr oft unter den Ladakhis. Die Kommunikation in den Dörfern untereinander schien dürftig, die Distanzen zwischen den Häusern waren groß und jeder wurstelte so vor sich hin. Beispielsweise hatte Cynthia einem Mädchen den Auftrag gegeben, für den nächsten Tag ein Lunch für uns zu kochen. Sie brachte das Essen jedoch morgens zum Frühstück. Da wir aber schon in ein anderes Haus zum Frühstück eingeladen waren, mussten wir sie zurück schicken. Lunch wurde wieder an einem anderen Ort serviert.

Mangels Privatsphäre wuschen wir uns im Zelt und kleideten uns auch dort an. Eine Kanne Schwarztee stand schon bereit. Wir reinigten unsere Hosen und Hemden am Gebirgsbach, der direkt am Zelt vorbei rauschte. Das Frühstück fand in einem komfortablen, mit Teppichen ausgestatteten Haus statt. Es gab Rührei von freilaufenden Hühnern, dazu Chapatis und Gemüse. Auf dem Hof verzauberten uns ein paar vier Tage alte, winzige Zicklein, mit denen wir spielten.

Aber die Arbeit wartete: Auf dem Zeltplatz sammelten sich die Patienten, heute stand generelle Physiotherapie auf dem Programm. Es stellte sich heraus, dass die Patienten hauptsächlich über Rücken-, Knie- und Ellenbogenschmerzen klagten.

## Neue Patienten

Deswegen entschied ich mich für eine komplette Rückenschule, an der die ganze Gruppe teilnahm. Sie lernten, ihren Rücken, Knie und Ellenbogen unter Belastung zu schützen, übten die richtige Haltetechnik beim Heben von Lasten und ich informierte sie über die Pflege der schmerzenden Knie. Diese Frauen arbeiteten sehr viel auf den Feldern und verbrachten vor allen Dingen im Winter viel Zeit im Schneidersitz.
Norboo übersetzte fantastisch, er verstand die medizinischen Ausdrücke. Vertraut mit den Problemen der Menschen, prüfte er bei vielen Patienten hinterher den Blutdruck, der teilweise sehr hoch war, sodass die Frauen deswegen unter starken Kopfschmerzen litten.
Jetzt folgten die Physiotherapie-Einzelbehandlungen. Beim ersten Patient, einem 79-jährigen Mann, krachte es beim passiven Bewegen grausam in den Gelenken. Er schien kein Gelenk am Körper zu haben, das nicht schmerzte, setzte sich aber immer noch alleine auf den Boden und stand ohne fremde Hilfe wieder auf. Er humpelte mühevoll am Stock und es bestand für ihn keine Möglichkeit, aus dem Bergdorf raus in die Stadt ins Krankenhaus zu kommen, da er auch nicht mehr reiten konnte. Wir gaben ihm eine Wochenration Schmerzmittel für die Arthritis und veranlassten jüngere Mitbewohner des Dorfes dafür zu sorgen, dass der zuständige Medical Assistant ihn besuchen und mit Medikamenten versorgen würde.
Ein zwölfjähriger Junge klagte über Rücken- und Kopfschmerzen. Seine Mutter erzählte, dass die Probleme angefangen hatten, als er vor ein paar Monaten vom Baum gefallen war. Ich stellte einen Beckenschiefstand fest. Dieses Ungleichgewicht setzte sich bis zu den Schultern fort. Nach Behandlung des Schiefstandes schickten wir ihn mit gezielten Übungen mit seiner Mutter nach Hause. Eine schmerzgeplagte alte Frau deutete auf ihre rechte Schulter und Arm. Die Untersuchung ergab Probleme in der Halswirbelsäule, zusätzlich verhärtete, schmerzhafte Muskulatur und Triggerpunkte. Ich versuchte ihr zu helfen und zeigte ihr effektive Übungen, die bei konsequenter Durchführung die Schmerzen lindern könnten. Dann kamen der Schullehrer mit einer chronischen, schmerzhaften Lum-

balgie und eine Nonne, die nach einem Sturz vor einigen Jahren nicht mehr aufrecht gehen konnte. Sie brachte sogar Röntgenbilder mit. Wir behandelten und zeigten nützliche Übungen. Keiner der Patienten zog sich für die Untersuchung aus und wir arbeiteten mit Norboos Unterstützung mit viel Fingerspitzengefühl und Vorsicht, um auf keinen Fall ein bestehendes kulturelles Tabu zu brechen.
Von der vielen Arbeit hungrig, erhielten wir einen wunderbaren Lunch: Mehrere Gemüsesorten, Reis, frische Kräuter und Chapatis. Cynthia drängte zum Aufbruch. Wir hatten keine Ahnung, wo wir heute noch hin sollten und folgten einfach ihrem Plan. Niemand wusste, wie unser Gepäck befördert werden sollte. Zuerst hieß es, die Frauen würden das erledigen, dann hieß es, zwei Männer aus Nurla und zwei Esel kämen mit. Am Ende begleiteten uns zwei Mädchen, ein taubstummer Junge und zwei Esel aus Tar.

**Der Teufelspass**

Der erste Aufstieg zum Pass führte uns durch einige grüne und malerische Flecken. Wir querten ständig den Bach und folgten dem pfeifenden Wind durch die Täler immer aufwärts, vorbei an Heckenrosen und Weidenwildwuchs. Nach einer Stunde flottem Gehen wurde ich wieder sehr müde, von den letzten Tagen ausgelaugt. Wir erreichten ein vereistes Schneefeld unter einer Nordwand und querten es vorsichtig. An die Präsenz wilder Tiere erinnerte uns das am Wegrand liegende Skelett eines Eibex mit intakten, großen und schönen Hörnern. Er war vom Schneeleopard gerissen und gefressen worden.
Ein plötzlich einsetzender Nieselregen hörte nach 10 Minuten wieder auf. In großer Einsamkeit erreichten wir durchnässt den malerischen Zeltplatz und warteten eine kleine Weile auf die Bumboos, die Eselchen mit unserem Gepäck. Mir war schon richtig kalt als sie endlich ankamen. Jetzt konnten wir das Zelt aufbauen und in trockene Kleidung wechseln. Norboo und der Junge entfachten ein Lagerfeuer und kochten schnell heißen Tee und wir schlüpften ohne großes Essen in den Schlafsack, todmüde. Da wir uns schon in großer Höhe befanden, wurde die Nacht sehr kalt und die Sterne schienen uns wieder besonders nah. Keiner traute sich weit vom

Lagerfeuer weg aus Angst vor den wilden Tieren. Auch die Esel verbrachten die Nacht angebunden neben dem Feuer und den Zelten. Um fünf Uhr morgens standen wir mit dem Ziel auf, um sieben Uhr los zu laufen. Zum Frühstück gab es Chapatis mit Erdnussbutter und Marmelade. Mir war jetzt schon etwas übel von der Höhe. Dann zogen wir los, ohne zu wissen, was auf uns wartete. Es ging an stacheligen Büschen und Weiden vorbei, stetig aufwärts, von einem Tal ins weitere, höher gelegene Tal, das wir wieder ganz durchstreiften. Und dann traf mich der Schlag: Cynthia redete von weiteren drei Stunden für 1200 Höhenmeter bis zum Tar La. Ich hatte keine Ahnung, wie hoch der Pass war und fragte auch nicht. Einfach loslaufen, hinterherlaufen und irgendwann mal ankommen. Nach der ersten halben Stunde begann der Durchfall und hörte nicht mehr auf. Es wurde steiler und steiler und mein Magen wollte sich übergeben. Gott sei Dank hatte mir irgendjemand in Tar zu einem dicken Gehstock geraten, wohl wissend, was auf mich zukam. An diesem Holzstock zog ich mich jetzt hoch, Schritt für Schritt, nach Atem ringend. Norboo trug schon eine ganze Weile meinen Rucksack. Ich glaubte nicht, dass ich es schaffen würde und wurde immer langsamer. Alle anderen zogen an mir vorbei, auch die Esel mit ihrer Last. Mühsam quälte ich mich von einer Spitzkehre zur anderen, musste mich ständig hinsetzen, um Luft zu holen. Ich wusste gar nicht mehr, was und wie ich denken sollte, um mich zum Weitergehen zu motivieren. Aber Jürgen machte das schon für mich und begleitete mich auf Schritt und Tritt, redete mir ermutigend zu.
Endlich waren wir nach über vier Stunden oben und wurden vom eisigen, ungeduldigen Wind begrüßt. Da offenbarte mir Jürgen, dass ich mich auf einem der höchsten begehbaren Pässe Ladakhs, dem Tar La, auf 5250 Metern Höhe befand.
Mein Blick schweifte ringsum über eine Traumlandschaft, still und kalt. Keine Euphorie, nur Berge, Gipfel und Himmel. Ich empfand nichts, spürte nichts, aber ich saugte den Anblick in mich auf, um diese Bilder später mit Gefühlen verbinden zu können.
Die anderen verspeisten kalte Chapatis mit Gemüse, ich brachte keinen Bissen runter. Nach ein paar Fotos wollte ich so schnell wie möglich auf der anderen Seite runter und diesen unmöglichen Schinderpass mit seinem zermürbenden Aufstieg hinter mir lassen.

Für mich gab es kein euphorisches Gefühl des Bezwingens, des Sieges, sondern nur Erleichterung, als es wieder nach unten ging, Durchfall und Übelkeit hörten schlagartig auf. Ein Abstieg über 1200 Meter lag vor uns. Auf steilen Pfaden ging es durch unwirklich steinige Gegenden bergab. Norboo, Jürgen und ich konzentrierten uns darauf, auf den felsigen Wegen nicht zu stolpern. Immer wieder wechselten sandige Wege mit Schotter und Schiefer. Jürgen und ich blieben kurz unter dem Pass an einem quarzigen Stein stehen, der aussah wie eine Replik der Berge um uns herum, nur Miniatur. Er fragte mich, ob er ihn mitnehmen sollte als Erinnerung, weil er so ungewöhnlich sei. Ich entgegnete, dass der Stein bestimmt ziemlich schwer wäre. Wir trabten weiter, aber nach 50 Metern stoppte Jürgen und meinte, dass so eine Gelegenheit nur einmal käme, drehte um und holte den Stein.

## Meditation am Berg

Norboo und ich hockten uns auf die Erde und warteten. Eine unglaubliche Stille nahm Besitz von mir, breitete sich unendlich weit in mir aus, bis ich mich eins fühlte mit diesen Bergen, dem Land, dem ganzen Universum. In mir wurde es ruhig und leer und ich wollte nichts mehr, als in dieser Stille in alle Ewigkeit zu verharren, denn ich fühlte nichts und war trotzdem unbeschreiblich zufrieden und glücklich. Wenn sich der höchste Punkt menschlicher Erfüllung so anfühlte, wenn das Ziel aller Meditation dieser Moment wäre, wollte ich in ihm verharren, ihn immer wieder erreichen. Ewig hier sitzen bleiben, gedankenverloren, selbstvergessen, ein Teil des Ganzen zu sein. Die Erinnerung an diesen Augenblick in der Ewigkeit blieb in mir, ich hatte es „geschmeckt" und würde es immer wieder erfahren, immer wieder in diese Gnade eintauchen wollen. Norboo teilte diesen einzigartigen Moment mit mir.

Diese riesigen, kargen Berge, die uns umgaben, betrachteten uns aus ewiger Ruhe heraus. Vereinzelte Lichtwolken schwebten lautlos über uns hinweg.

„Auf ihr beiden, weiter geht's, wir haben noch ein gewaltiges Stück zu gehen!" Jürgen holte uns pragmatisch in die Realität zurück.

Oben am Hang erkannten wir unsere Esel, die sich an den Abstieg machten. Wir staunten über die bunten Steine und bewunderten die kunstvoll schattierten Felswände, Bögen und Türme. Den gesamten Abstieg schafften wir in zwei Stunden, die Hälfte der Zeit, die ich für den Aufstieg gebraucht hatte. Aber wie so oft auf dieser Reise wechselten die Sonnenseiten sehr schnell mit dunklem Schatten. In Ursi angekommen, wurden wir von Cynthia empfangen, die uns vorausgeeilt war, trotz sehr schwerem Rucksack auf dem Rücken. Anscheinend gab es in Ursi kein Wasser mehr und die Bevölkerung befand sich in Wanla bei einem kurzfristig einberufenen Dorftreffen. Der schöne Zeltplatz war von Franzosen belegt. Wir müssten entweder in der prallen Sonne auf einem kahlen Hof der Schule zelten oder auf dem neu angelegten Zeltplatz unter drei alten Weiden, der eher einer Schutthalde glich und von Sandflöhen infiziert abschreckte.

Wir ruhten uns eine Stunde aus und Jürgen und ich schmiedeten Pläne, heute noch bis nach Panjila vorzudringen. Wir wussten, dass wir dort etwas zum Essen einkaufen konnten und der Zeltplatz war uns bekannt. Wir warteten auf die Esel und baten die Mädchen, unser Gepäck mit einem Esel nach Panjila zu bringen. Cynthia und Norboo würden am frühen Morgen mit frischen Eseln in Panjila eintreffen und dann wollten wir zusammen weiter reisen nach Lingshed. Da wir und die Mädchen den Weg nach Panjila nicht so gut kannten, brauchten wir für die 300 Höhenmeter auf versteckten Pfaden bergab eineinviertel Stunden, bis wir die Ortschaft erreichten. Der Shop, in dem wir letztes Jahr so gemütlich gespeist hatten, war eine hässliche Baustelle, aber wir erhielten Omelette und Chapatis und tranken Wasser und Bier. Vor dem Shop unterhielt sich ein junger Mann mit einigen Frauen. Er machte einen aufgeweckten und intelligenten Eindruck und sprach recht gut Englisch. Wir fragten ihn nach einer Alternative zum Campground, da dieser leider mit holländischen Zelten belegt war. Als der junge Mann, Namgyal, uns das Wohnzimmer seiner Eltern anbot, sagten wir nicht nein. Jetzt konnten wir uns ausbreiten, ausruhen, Wäsche waschen und den verschwitzten Körper reinigen. Ein heftiger Wind blies und die Vögel sangen und zwitscherten in den Weiden vor dem Zimmer. Wir waren sehr dankbar für diesen Komfort und Namgyal kam immer wieder und fragte, ob wir noch etwas brauchten. Wir fühlten uns wohl, schliefen gut und wachten erfrischt und gestärkt am nächsten Morgen auf.

Unseren Schatz, den Bergstein, durften wir bei Namgyal lassen. Er würde ihn aufbewahren, bis wir ihn nach dem Rückweg von Lingshed wieder abholen konnten. Die ganze Familie kam, um den schönen Stein zu bewundern.

Nach einem guten Frühstück packten wir und stellten uns mit den Säcken an den Straßenrand und warteten auf Cynthia und die Esel. Wir holten uns noch schnell zwei Flaschen verpacktes Wasser, die gesamte Trinkration für den Tag. Dann kam Cynthia und kurz danach der Horseman mit den Eseln. Wir beluden die Tiere und plötzlich verzogen sich Norboo und der Horseman ins Dorf, um nachzufragen, ob in der Asciuto-Schlucht, durch die wir heute mussten, die Brücken passierbar waren. Wir wussten zu dem Zeitpunkt nicht, dass so eine Befragung bei Tee statt fand und Stunden dauern würde. Cynthia, Jürgen und ich trieben die drei störrischen und langsamen Viecher bis zur Brücke der Hanupatta-Schlucht. Eine Ladung verrutschte so stark, dass wir sie nicht mehr richtig befestigen konnten und auf den Horseman warten mussten. Unsere beiden Herren ließen sich Zeit, da ihnen anscheinend gesagt worden war, dass der Weg durch die Schlucht unpassierbar sei und wir über Hanupatta müssten, den langen Weg. Das würde einen extra Tag für uns bedeuten, den wir nicht zur Verfügung hatten. Das würde wiederum bedeuten, dass die Reise nach Lingshed den Aufwand nicht wert war.

Aber ich wusste ganz sicher, dass wir nach Lingshed mussten, spürte das mit jeder Faser meines Wesens und hatte keine Bedenken, durch die Asciuto-Schlucht zu wandern. Also warteten wir vor der nächsten Brücke, der Abzweigung von der Hanupatta-Schlucht in die Asciuto-Schlucht. Cynthia und Norboo waren voller Sorge, ich wollte weiter und war mir so sicher. Ich betete innerlich, dass Leute von der anderen Seite der Schlucht kommen würden und somit bestätigten, dass der Weg in Ordnung war. Und Gott sei Dank ließen diese Leute nicht lange auf sich warten: Sie zogen in Scharen durch die Schlucht, mit bepackten Eseln und Pferden und erzählten uns, dass alle Brücken passierbar seien.

Unsere Begleiter waren beruhigt und endlich zogen wir los. Aber nun weigerten sich die Lasttiere in typischer Eselsmanier, die Brücke zu überqueren. Der Horseman schob das Kleinste am Hintern einfach drüber, die anderen folgten. Jürgen fragte mich, ob wir wohl das Richtige tun, denn mittlerweile war es schon nach 11 Uhr, wir hatten durch die Warterei viel Zeit verloren. Aber als wir nach nur einer halben Stunde Weg durch die Schlucht auf einmal Tashi, unserem Horseman vom letzten Jahr begegneten, fielen wir uns glücklich in die Arme und freuten uns riesig. Jetzt war auch Jürgen überzeugt, dass Lingshed wirklich sein sollte. Tashi Puntsock war über die Begegnung genauso überrascht wie wir und zeigte seine Wiedersehensfreude offen und herzlich. Wir wanderten weiter und spürten bei jedem Schritt die Strapazen des gestrigen Tages in Knochen und Muskeln.
Die Hitze quälte und den vielen Einheimischen, die uns aus der anderen Richtung entgegen kamen, weil sie auf dem Weg zu einem religiösen Fest waren, lief der Schweiß in Strömen die Gesichter herunter. Die Frauen trugen frisch gefärbte Wollmäntel und ihre Hände und Hälse waren lila eingefärbt vom Schwitzen.
Als das Geisterdorf Asciuto hinter uns lag, ruhten wir beide uns auf den warmen Steinen am Flussufer aus und warteten eineinhalb Stunden auf die Esel und unsere Begleitpersonen. Dann marschierten wir einigermaßen ausgeruht weiter in großer Hitze, immer bergauf, bergab in Richtung Machu. Gegen 19 Uhr erreichten wir den Zeltplatz sehr hungrig und durstig, denn wir hatten den ganzen Tag nur von einem Liter Wasser und ein paar Snacks gelebt. Norboo kochte in Windeseile Tee, Reis und Gemüse mit irgendwelchen Sojastücken. Das warme Essen stärkte uns und nach zwei Litern Ingwertee kehrten die Lebensgeister und die Freude zurück. Nachts weckte uns prasselnder Regen und ich rettete schnell unsere Wäsche von den Büschen, nahm sie mit in den Schlafsack. Bis zum Morgen war alles trocken.

Um 5:30 Uhr krochen wir aus den Federn in eine klatschnasse Natur. Gott sei Dank hatte Jürgen unsere Rucksäcke und Schuhe in die Ortlieb-Packsäcke gesteckt und die Ausrüstung war trocken geblieben. Norboo zauberte frittierte Chapatis, für sich und den Horse-

man mit Gemüse, für uns mit Marmelade. Heute sorgten wir dafür, dass jeder mindestens zwei Liter Wasser und Tee bei sich trug. Um 7:15 Uhr zogen wir los, unser Versorgungstrupp folgte in Kürze. Schon nach den ersten Metern spürten wir unsere strapazierten Muskeln und bleierne Schwere. Heute warteten wieder 1400 Höhenmeter auf uns, aber der Sengge La war nicht so brutal steil wie der Tar La. Er stieg beständig, aber gnädig an und wir mussten einige Male den Bach queren. Mit meinem mittlerweile unentbehrlichen Wanderstock hüpfte ich problemlos von Stein zu Stein. Das Wetter wechselte andauernd: Mal blies ein kalter Wind, wir zogen unsere Windbreaker an. Aber dieser Wind verjagte die Wolken und die Sonne kam wieder heraus, es wurde warm. Also Jacke wieder runter. Das Rauschen des Baches begleitete uns den ganzen Tag. In manchen Vertiefungen lag noch Schnee. Murmeltiere pfiffen und huschten goldbraun über die Felsen. Wir entdeckten viele kleine Blumen und Edelweiß. Das beeindruckende Panorama auf dem Weg zum Löwenpass änderte sich bei jedem Richtungswechsel und war für mich wohl eines der schönsten und spektakulärsten, das sich mir je angeboten hatte. Mal schneite es in den Bergen, die Flocken wehten bis zu uns runter, dann tauchte die Sonne die schneebedeckten Gipfel in gleißendes Licht. Die Pfade wechselten von einfachen, ausgetrampelten Wanderwegen zu schwer begehbaren Felsbrocken. Überall lag Viehmist und die Sonne verstärkte deren „Duft“. Nach dreieinhalb Stunden waren wir buchstäblich „am Ende“. Jürgen und ich suchten ein windstilles Plätzchen, legten uns bequem auf die Erde und schliefen sofort ein. Später entdeckte uns Cynthia und ließ ihren Spott über uns regnen, ihr folgten die Donkeys.
Weiter ging es, mühsam bergauf.
Wir begegneten Ladakhis mit ihren Eseln und Pferden und jedes Mal wurden ein paar Worte gewechselt. Der Sengge La rückte näher. Ich schob mich mehr den Berg hinauf als ich wanderte. Kälte und Wind warteten auf uns: Winddichte Mütze und Handschuhe mussten her. Die letzten 100 Meter waren die schlimmsten. Jürgen rannte mir entgegen, um mir den Rucksack abzunehmen. Ich kämpfte wieder mit Übelkeit und stieg ganz langsam hoch. Ab und zu fragte ich mich, ob ich eigentlich noch recht im Kopf sei, weil ich mich solchen Strapazen aussetzte. Dann summte ich wieder eine Melodie,

hockte mich zwei Minuten hin und endlich oben, war es verdammt kalt. Ich hatte mir extra für diesen Trip eine winddichte Jacke in Rot gekauft, die aber nicht ganz hielt, was sie versprach. Außerdem war der Kragen so kurz, dass mein verschwitzter Hals auskühlte. Noch ein Schluck Tee und wir hechelten die 400 Meter runter ins Basecamp, wo Cynthia schon mit heißem Tee wartete. Wir ratschten erst eine Weile und erzählten ihr, wovon Jürgen und ich beim Abstieg geträumt hatten: Belegtes Wurstbrot mit Essiggurken, hart gekochte Eier und ein kaltes Weizenbier.
Aber leider gab es im Basecamp nur Tee. Dann hatte Norboo die zündende Idee: Heute Abend würden wir Pasta kochen. Wir waren begeistert. Ich konnte Tomatensoße bieten, Norboo die Nudeln. Inzwischen standen die Zelte für uns und das Tarp für Norboo und den Horseman. Norboo rief uns ins „Kochzelt", bestehend aus der Wind abweisenden Tarp, und servierte uns einen Dampfkochtopf voll mit Nudeln, Soße und Gemüse. Es schmeckte absolut fantastisch, jeder verschlang zwei Schüsseln voll. Dazu tranken wir heiße Trinkschokolade und vergaßen Wurstbrot und Bier. Voll und zufrieden fütterten wir die vielen Esel und ihre Fohlen im Camp mit Crackern. Sehr schnell wurde es kalt und alle verzogen sich in die Schlafsäcke, auch die anderen Trekker auf dem Zeltplatz. Mein Puls raste heute, aber Ruhe und Regeneration fühlten sich wunderbar an.
Am nächsten Morgen gab es keinen Stress, da wir nur noch ungefähr fünf Stunden bis Lingshed hatten. Bei 3 °C erlaubten wir uns nur eine Katzenwäsche und Norboos Frühstück aus Kraut und Reis war zeitgleich mit unserem Packen fertig. Wir wanderten langsam los, immer noch müde. Sonne wechselte ständig mit Wolken, es blieb frisch, zum Wandern ganz gut. Wir sahen Murmeltiere ganz nahe im Fels sitzen, seltsame, entenähnliche Vögel davon huschen, beobachteten Vögel mit roter Brust und braunem Gefieder und Vögel mit rosa Schattierungen und stahlblauer Unterseite. Als wir an der Passhöhe vom Kiupa La standen, entdeckten wir auf der anderen Seite eine riesige Karawane aus Pferden, Eseln und Rotröcken. Es schien, als ob alle Nonnen von Lingshed unterwegs waren. Wir begegneten ihnen am unteren Drittel des Passes. Von weitem erkannten sie uns und schrieen wie verrückt „Karrolla und Jurrgenn". Es gab ein großes Hallo. Die Nonnen befanden sich auf dem Weg nach

Panjila, um Geshe La, ihren Abt, abzuholen. Die kleinen Nonnen durften sogar auf den Pferden reiten. Ich ließ mich von der allgemeinen Wiedersehensfreude anstecken und wollte so schnell wie möglich nach Lingshed. Aber der Weg zog sich durch immer noch ein Tal und noch einen Anstieg, begleitet vom kalten Wind. Wir begegneten immer wieder Einheimischen, die sich auf dem Weg nach Panjila befanden.

## Freudiges Wiedersehen in Lingshed

Endlich hatten wir es geschafft: Das Tal lag vor uns. Es war noch nicht so grün, wie wir erwartet hatten und fanden später heraus, dass wegen der allgemeinen Wasserknappheit erst vor etwa vier Wochen das Kanalwasser auf die Felder geleitet werden durfte. Wir hockten eine Weile an der oberen Chörte (Buddhistisches Bauwerk) und genossen den eindrucksvollen Blick. Für mich war Lingshed einer der schönsten Orte der Erde. Auf dem letzten Wegstück kamen sie uns schon entgegen: Tughjay mit Rigzin auf dem Rücken. Bunt und schön sahen die beiden aus, geschmückt mit frischen Blumen an den Mützen. Wir bekamen sofort Kataks und freuten uns riesig. Unten wartete auch Stanzin, der Medical Aid von Lingshed. Wir unterhielten uns eine Weile, Cynthia war auch schon da.

Wir begegneten den vielen kleinen Mönchen mit ihrem Lehrer, einem gebildeten, freundlichen und offenen Mann. Er schaute mich an und sagte mir ohne Vorwarnung: „You look like a Ladakhi.“ Alle, die herum standen, staunten über seine Aussage und Cynthia meinte, dass ich in meinem letzten Leben wohl hier gewesen war.

Ein kleiner Mönch holte den Schlüssel vom Shop und wir kauften uns Kokoskekse und Pepsi. Dann begleiteten wir Tughjay nach Hause. Es hatte sich nichts verändert. Die Oma kam uns mit einer Holzschüssel voll Tsampa entgegen. Dem Brauch entsprechend entnahmen wir eine Fingerspitze und warfen das Mehl in den Mund. Die zwei Söhne von Tughjays Schwester beäugten uns neugierig, rotznasig wie immer. Jetzt wurde erst einmal gegessen, dazu mussten wir uns durch die engen Eingänge in die Küche ducken. Es gab doch Veränderungen: In dem Raum stand ein kleiner Tisch mit Tischtuch und ein neuer Teppich schmückte den Boden. Ein Strauß mit frischen Heckenrosenzweigen verlieh dem dunklen Zimmer einen frühlingshaften Zauber. Chapatis mit Joghurt, Schafsmilch und Kekse lagen bereit. Wir spielten mit Rigzin, die runde Backen hatte und sauber gewaschen war.

Endlich trabten unsere Esel in den Hof. Die Frauen und Kinder fegten mit Hilfe von viel Wasser und Besen die Tenne und wir bauten dort unsere Zelte auf, das Tarp diente Norboo als Wohn- und Kochzelt. Dort hockten wir auf der Flucht vor dem Wind, als uns Tashi Puntsock, der aus Panjila zurück war, und später noch Lama Sonam besuchten. Mit Hilfe von Norboo als Übersetzer klappte die Verständigung mit unseren Freunden sehr gut. Wir bezahlten den Horseman und entließen ihn.

Die Nacht hielt Einzug und mit ihr die Kälte, die uns ins Zelt trieb. Meine Beine, völlig übermüdet und überanstrengt, schafften und zuckten die ganze Nacht und gaben erst gegen Morgen Ruhe.

Unser Schlaf wurde morgens rau unterbrochen: Um fünf Uhr stand Tughjays Schwester vor dem Zelt und rief laut „Karrolla" und hörte nicht auf zu reden. Schlaftrunken sandte ich sie zu Norboo, da ich nicht verstand, was sie wollte. Er erzählte uns später, dass sie uns zum Essen einladen wollte. Um sechs Uhr war mit der Ankunft von Lama Sonam und Lama Padma die Nachtruhe endgültig vorbei. Sie probierten mitgebrachte Schuhe, gespendet von einem Schuhgeschäft in Günzburg speziell für die Lamas und wir freuten uns mit ihnen. Da kam auch der Carpenter Tashi und wir beauftragten ihn mit dem Bau eines Behindertenreitsattels für Rigzins Esel. Die Zeit verflog so schnell, dass wir fast zu spät zu Tashi Puntsocks Frühstück aus Chapatis, Joghurt und grünem Gemüse erschienen. Norboo und Lama Sonam begleiteten uns.

Überraschung! Tashis Familie war im Winter gewachsen: Ein fünf Monate altes Töchterlein strahlte uns aus ihrem Korb entgegen.

Danach arbeiteten wir auf der Wiese unter den Weiden mit Rigzin. Ich zeigte Norboo und Cynthia Befundaufnahme und Behandlungsschritte, wir schossen gezielt Fotos für das Buch und besprachen weitere notwendige Schritte. Immer wieder kam jemand vorbei und wir hielten viele Schwätzchen. Morgens hatte ich angefangen Wäsche zu waschen, bekam sie aber erst am Mittag fertig.

Es war Sonntag, alle Einheimischen wuschen in aller Öffentlichkeit Haare und Kleidung.
Die Buchbesprechung dauerte bis 14 Uhr. Wir wanderten hoch zum Kloster, wo sich das ganze Dorf versammelt hatte, weil ein dreitägiges Fest zur Fertigstellung der 108 Heiligen Bücher stattfand. Die Puja-Hörner riefen beharrlich die Leute des Tales zusammen. Alle strömten sie herein, geschmückt in Landestracht, die Frauen eine Augenweide mit ihren riesigen Peraks und den bunten Schärpen. Wir knipsten viele Bilder und beobachteten den Festverlauf. Männer und Frauen hockten getrennt, aber die Kinder waren überall. Zuerst teilten die Mönche an die Dorfbevölkerung Kollak in runden, tennisgroßen Bällen aus, zusammen mit Buttermilch. Danach gab es gesäuertes Brot mit Buttertee. Dann schütteten die Mönche und ihre Helfer Tsampa in die bereit gehaltenen Plastiktüten der Dorfbevölkerung. Das Fest begann um 14 Uhr und dauerte bis 17 Uhr. Plötzlich verzog sich die Dorfbevölkerung auf den Dorfplatz außerhalb des Klosters, wo es Chang, Musik und Tanz gab. Im kalten Wind schlenderten wir müde zu Stanzin, der uns zu Skew und Milchtee eingeladen hatte und überreichten ihm die mitgebrachte Augenmedizin. Bald wieder zu Hause, hockten wir noch eine Weile mit Norboo zusammen und als es dunkel wurde, kehrten Frauen und Kinder vom Fest zurück. Der Mond leuchtete hell und warf einen Schleier aus Silber über das Tal. Die Nacht faltete sich über uns und schenkte uns tiefen Frieden.

Am Morgen meckerte die Hausziege ab sechs Uhr unablässig vor dem Zelt. Bei 5 °C genossen wir im warmen Schlafsack die Aussicht über das Tal und beobachteten die Sonne auf ihrem Weg. Erst als sie uns erreichte, krabbelten wir aus dem Schlafsack. Tashi, der Carpenter, kam und wollte uns zum Essen in sein Haus einladen. Wir mussten leider absagen, da die Zeit zu knapp war und noch zuviel Arbeit auf uns wartete. Aber wir gaben ihm Schuhe und Kleidung für seine Familie mit. Dann eilten wir hoch ins Kloster zu Lama Sonams Frühstück, bestehend aus Momos und Suppe. Es schmeckte wie immer wunderbar und wir verdrückten mehr als wir sollten. Norboo war wieder dabei, da wir ihm viel zu erzählen und zu unterrichten hatten. Lama Sonam schenkte Jürgen und mir ein schönes Korallenarmband und eine hölzerne Trinkschale. Wieder zu Hause, arbeiteten wir mit Rigzin und unterbrachen mittags für zwei Stunden, um in der Solarschule über das Satellitentelefon nach Deutschland zu telefonieren. Wir erfuhren zu unserem Schrecken, dass meine Großmutter mütterlicherseits im Sterben lag. Nach einem Besuch bei den Lehrern eilten wir wieder zu Rigzin und zur Arbeit zurück: Bilder, Buchbesprechung, Behandlungen, Planung, Physiotherapiehelferschule und vieles mehr. Nach 17 Uhr besuchten Norboo, Jürgen und ich nochmals das Fest, um den Tänzern zuzuschauen. Wir tranken Chang und später schauten wir noch bei Lama Tsewang vorbei und wurden mit Tee, Joghurt und Brot versorgt. Er gab uns noch einen Brief von Tashi, den dieser Anfang Juni an uns geschrieben und der noch nicht den Weg nach Deutschland gefunden hatte. Wir lachten viel, zeigten auf dem Heimweg den Brief Tashi, der auch herzhaft lachte. Durch das Fest fiel Organisation leicht, da alle Leute auf einem Fleck und zudem noch mit Hilfe des Changs sehr „gut gelaunt" waren. Zu Hause kochten wir Nudeln mit Käsesoße und schliefen tief und fest, bis uns die Meckergeiß wieder weckte und wir den Morgen mit Träumen und Sonnenschauen begannen. Nach etwas Arbeit mit Rigzin machten wir uns auf den Weg in die Schule, da wir heute die Briefe der Kinder aus Deutschland an die Kinder von Lingshed verteilen wollten. Leider war ausgerechnet heute schulfrei, wahrscheinlich wegen des Festes. Wir unterhielten uns mit zwei sehr netten Lehrerinnen und diskutierten diesen internationalen und interkulturellen Austausch. Beide versprachen, die Verteilung der Briefe zu organisieren und sie wollten dafür sorgen, dass die einheimischen Kinder den deutschen antworten würden.

Bei Rigzin wurde wieder hart gearbeitet: Pläne durchgehen, noch mehr Fotos machen, mit Rigzin Zähne putzen üben und zum Schluss badeten wir Rigzin in einer Schale mit warmem Wasser und es gefiel ihr sehr. Sie roch hinterher nach Seife und wir knuddelten und kitzelten sie endlos und sie gackerte wie ein gesundes kleines Mädchen. Wir arbeiteten bis kurz vor 16 Uhr und dann begaben wir uns gemeinsam wieder zur Gompa, um den Tänzen zuzuschauen. Heute war der letzte Tag des Festes, an dem die 108 Bücher wieder feierlich zurück in die Klosterbücherei gebracht wurden. Wir besuchten Lama Sonam beim Malen in einem Klosterraum, Lama

Padma versorgte uns noch einmal mit Momos. Wieder beim Zelt besprachen wir mit Tughjay ihren möglichen Umzug nach Leh, da das baufällige Haus, in dem sie im Moment wohnte, ihren Stiefbrüdern gehörte und diese nicht an eine Renovierung dachten. Sie weinte und freute sich.
Der Halbmond schaute uns zu, Tashi kam gut gelaunt vom Fest zurück und setzte sich eine Weile zu uns. Das gesamte Tal lag klar und definiert vor uns, die Sterne blinkten und grüßten. Ich konnte nicht genug bekommen von diesem milden und friedlichen Abend. Wir schliefen im offenen Zelt und ließen uns immer wieder vom Mondlicht aufwecken.

### Abschied von Lingshed

Heute war mein Geburtstag und unser Abreisetag. Wir standen früh auf und packten, leider viel zu früh, denn dann hockten wir frierend herum und warteten. Die Nachbarn hatten sich auch schon eingestellt, sie halfen uns oder schauten zu. Dann flüchteten wir vor der Kälte doch noch in Thugjays warme Küche und warteten, bis Tashi mit seinen Eseln kam. Es gab eine große Verabschiedung mit Geschenken beiderseits, Kataks und vielen guten Wünschen. Ich heulte bereits, als wir losgingen. Jetzt bemerkte auch Rigzin, dass wir uns entfernten. Sie spürte, dass es ein richtiger Abschied war und fing so laut zu brüllen an, dass sie über das ganze Tal zu hören war. Sie schluchzte herzerweichend und mir brach schier das Herz. Also rannten wir zurück, Tughjay kam uns entgegen und Rigzin lachte wieder. Aber irgendwann mussten wir gehen und das Heulen und Schluchzen Rigzins klang mir noch viele Stunden in den Ohren.
Lama Sonams „Kloster-Schnellimbiss“ servierte uns ein stärkendes Frühstück und danach eilten wir los und attackierten den ersten Pass bei Traumwetter: Wärme, Sonnenschein und ein leichtes Lüftchen. Wir wanderten zusammen mit einem dänischen Pärchen, das wir beim Klosterfest schon kennen gelernt hatten und mit dem wir uns gut verstanden.
Unterwegs stießen wir auf Geshe La, der mit einem Pferd nach Lingshed ritt. Wir unterhielten uns kurz und er versicherte uns, dass er die Arbeit mit den behinderten Kindern immer unterstützen

würde. Lobzang Dolma, Tughjays jüngere Schwester, war mit ihm aus Bangalore gekommen und wartete auf uns in Leh.

Dann lag der Kiupa La mit seinen steilen Serpentinen vor uns. Mein Blick folgte den grauen Kurven nach oben und ich fühlte mich müde. Aber eine Stunde später standen wir schon auf dem Sattel und eine deutsche Trekkerin schenkte mir ihr hart gekochtes Ei als Geburtstagsgeschenk. Ich war sehr glücklich und dankbar für dieses kleine Ei und sang die ganze Zeit vor mich hin, bis uns die Nonnen wieder begegneten. Sie bereiteten in einem provisorischen Lager ihren Buttertee. Ein kurzes Stück weiter trafen wir die Nonne Tsering mit drei ihrer Leidensgenossinnen, die schwitzend sehr schwere Pakete auf ihren Rücken schleppten und bleich und müde am Wegrand hockten. Die Lasten waren große Bilder vom Dalai Lama. Sie bettelten um Wasser und wir schenkten ihnen zusätzlich alle unsere restlichen Chapatis mit Gemüse, da uns die vernachlässigten Mädchen sehr leid taten.

## Geburtstag und Gedanken am Löwenpass

Es ging weiter und die Wege zogen sich endlos bis zum Basecamp. Die beiden Dänen waren von ihrem über zwei Wochen dauernden Trekk ganz schön kaputt. Ich auch, ich schlief in der Sonne ein. Zusammen mit den Dänen kochten wir später Nudeln und eine super leckere Tomatensoße und verdrückten die Toblerone unserer Wegbegleiter. Wie im letzten Jahr unseren Hochzeitstag feierten wir dieses Jahr meinen Geburtstag schlicht und einfach im Basecamp des Sengge La. Mein schönstes Geschenk war die grandiose Sicht: Der Fast-Vollmond schaute uns ruhig zu, einzelne Wolken trieben wie langsame Watteschiffchen am blauen Himmelsmeer, ziellos und leicht. Neugierige Dohlen krächzten, Tauben pickten geschäftig im reichlich vorhandenen Abfall und Viehmist herum. Wir sprühten unsere Ausrüstung noch einmal mit Ökoorange ein, weil sich im Erd- bzw. Staubboden allerlei geschäftiges, saugendes Kleingetier tummelte. Wir schliefen schlecht, denn wir hatten zu wenig getrunken und dann das ungewohnte deutsche Essen.

Bitte an die Berge

Wir grüßen Euch, ihr hohen Berge.
Mächtig und ewig seid ihr, hier am Dach der Welt.
Wir kommen zu Euch, um auf Eueren Rücken zu wandern und in Euerem Schoß zu schlafen.
Wir bitten um Euere Erlaubnis, unsere Tage in Frieden mit Euch zu teilen.
Wir sind klein, jedoch beweglich.
Wir werden reisen und von Eurer Schönheit erzählen.
Wir wollen Euch nicht bezwingen, sondern erfahren und spüren.
Wir geben Euch unsere Lieder und Freude für die Ruhe und Erholung, die wir bei Euch erleben dürfen.
Nehmt uns auf und öffnet unsere Augen für das Ungewöhnliche.

Der wolkenlose Morgen auf 4.500 Metern wartete mit bitterer Kälte auf uns. Von heißem Tee gewärmt, beobachteten wir das erwachende Camp. Tashi buk wunderbar knusprige Chapatis, die ich gleich heiß von der Pfanne weg mit Erdnussbutter und Aprikosenmarmelade bestrich. Morgens war ich immer sehr hungrig. Jürgen packte unsere Sachen. Er verdrückte Haferflocken mit Schokolade, da er die Chapatis nicht mehr essen konnte. In den Zelten regte sich das Leben, alle packten und kochten Tee. Wir staunten über die unglaublich gute Fernsicht, als die Sonne endlich das Basecamp erreichte. Der Eselmist neben dem Zelt stank unter der Wärme der Sonne barbarisch. Das Licht offenbarte die schrecklichen Müllmengen, aber wir hatten gelernt, den Anblick einfach zu ignorieren.
Die Dänen und ich zogen zuerst los, ganz langsam. So war es angenehm und stresste überhaupt nicht. In einer guten Stunde erreichten wir die Passhöhe und staunten über das unglaublich milde, schöne Wetter. Der Löwenpass zeigte sich von seiner schönsten Seite.

Sengge La
Der Löwe schnurrt.
Friedlich streckt er sich aus,
Lässt sich von der Sonne den Rücken kraulen.
Namgyal, der Wächterberg, steht geduldig neben ihm, schaut ihm zu.

Der tiefe Atem des Löwen bläst mir die Haare aus dem Gesicht.
Lautlose Stille umgibt schroffe Berge.
Mein Blick schwebt schwerelos zu weißen Gipfeln und weiter hoch.
Der Löwe schläft.

Unsere dritte Urlaubswoche neigte sich dem Ende zu. Auf dem Weg vom Sengge La zum Zeltplatz unterhalb Machu unterhielt ich mich intensiv mit der Dänin, einer angehenden Ärztin, über unsere Arbeit. Wir boten den beiden einen Platz im Taxi für den Weg zurück nach Leh an, da sie ausgelaugt waren und keine Lust mehr verspürten, mit einem schweren Rucksack auf dem Buckel ihre Reise durch die Berge fortzusetzen.
Zusammen mit unseren neuen Freunden, die noch vielerlei abgepackte Suppe im Rucksack mit schleiften, kochten wir ein 4-Gänge Menü. Zuerst gab es Kaffee und Kekse, dann „gemischte Suppe", danach Reis mit Daal, danach Bulgur mit Rosinen und Honig. Diese kulinarischen Genüsse verliehen dem einfachen Trekkerleben eine besondere Seligkeit, in der wir gerne schwelgten. Jürgens letzter Vorrat an hausgebranntem Obstler von der schwäbischen Alb rundete das köstliche Mahl ab. Die Sonne begleitete uns bis 19 Uhr, ein lauer Wind und traumhafte Temperaturen verleiteten uns zu Lagerfeuer- bzw. Kerosinkocherromantik.
Der Fluss schwoll in der Zwischenzeit durch das Gletscherwasser gewaltig an und rauschte braun an uns vorbei. Wir hatten Probleme, diese schmutzige Brühe zu Trinkwasser zu filtern. Jürgen pumpte ewig und musste den Filter dauernd vom grauen Schlamm befreien, aber das Resultat ließ sich gut trinken: Sauberes, klares und frisches Wasser.
Der schöne, milde Abend, das luxuriöse Menü, die herzliche Gemeinschaft mit Tashi und den Dänen bereitete uns auf einen angenehmen, zufriedenen Schlaf vor, aus dem wir am nächsten Morgen von Kaffeeduft geweckt wurden. Tashi überraschte uns mit dem letzten löslichen Kaffe und frischen Chapatis. Auch er fühlte sich in unserer bewegten Gruppe sehr wohl und staubte allerlei Kleidung und Utensilien ab, die wir so nach und nach ablegten und nicht mehr mit nach Hause nehmen wollten.

Gute Laune begleitete uns durchs Frühstück, Jürgen verspeiste wieder Haferflocken mit Schokopulver, und um 7:30 Uhr war alles gepackt und wir vier Wanderer zogen los. Als Langsamste und Älteste der Gruppe ging ich heute voraus, uns stand sehr viel Zeit zur Verfügung. Wir genossen den rauschenden Canyon mit seinen vielen endlosen Windungen, den Duft der Heckenrosen und die vielen Brücken. In Aciuto legten wir eine kurze Pause ein, die Sonne schien, es war warm. Im Canyon wechselte Schatten mit Licht. Ein kurzes Gewitter zog über uns hinweg und bewarf uns mit ein paar bedeutungslosen Regentropfen. Als unsere Blicke an den endlosen Felswänden hoch kletterten, entdeckten wir durch den Regenschleier einen strahlend blauen Himmel. Vögel zwitscherten und flogen schwerelos durch die tiefen Schluchten: braune mit rostrotem Bauch, schwarze mit feuerrotem Bauch und Schwanz. Einmal sahen wir eine kleine gelbe „Bachstelze", die am Wasser nach Futter suchte. An der nächsten großen Brücke, an der zwei Bäche zu einem verschmolzen, machten wir eineinhalb Stunden Rast und warteten auf Tashi und die Esel. Wir spielten mit den Steinen, dem Wasser, schmökerten in einem Buch, ruhten uns aus. Jeder verspeiste seine mitgebrachten Müsliriegel, Nüsse, Chapatis. Am Fels hinter der Brücke stand ihr eingeritztes futuristisches Erstellungsdatum: 20001. Weiter ging es, auf und ab, durch lila Staub zu grünem Staub, gemütlich immer weiter und nach insgesamt vier Stunden Gehzeit waren wir an der Brücke, wo uns der Jeep abholen sollte.
Hinter dem Berg grollte das Gewitter, konnte uns aber keine Angst einjagen.
Ja, der schwierigste Teil der Reise lag hinter uns. Heute Abend würden wir uns in Leh duschen und frisch machen und ganz „gepflegt" zum Essen gehen.
Ich fühlte mich heute wieder sehr gut. Nur beim Spielen am Bach wurde mir durch einen heftigen Schwindel die große Höhe bewusst, in der wir uns befanden: 3700 m.
Nun hockten wir alle an der Brücke zur Hanupatta-Schlucht und warteten auf den Horseman von rechts und den Jeep von links. Und es kam wie es sollte: Fünf Minuten vor 12 Uhr trudelte Tashi von rechts ein und fünf Minuten nach 12 Uhr tuckerte der Jeep von links an. Lama Sonam hatte mittels des Satellitentelefons von Lingshed

aus das Taxi für uns bestellt. Ich war schon wieder erstaunt, wie gut manchmal doch alles hier klappte. Der Taxifahrer kam übrigens nur fünf Minuten zu spät, weil er sich nicht sicher war, ob wir an der Brücke in Panjila warteten oder an der Brücke zur Hanupatta-Schlucht. Am Abend zuvor hatte Jürgen die Vermutung geäußert, dass uns eventuell der gleiche Fahrer abholen würde, der uns bei unserer ersten Reise im Jahr zuvor an diese Brücke gebracht hatte. Tatsächlich, es war der gleiche Fahrer, der uns sofort erkannte und mit großem Hallo begrüßte. Er brachte auch einen Brief vom Lingshed Dorje für uns und Pakete für Tashi, die er nach Lingshed mitnehmen sollte.

Wir packten alle unsere Sachen in und auf den Jeep und verabschiedeten uns von Tashi. Er überreichte uns noch einmal einen Katak, umarmte uns und sagte uns, dass wir seine besten Freunde wären. Was für ein lieber Mensch, er strahlte immer Liebe und Herzlichkeit aus. Sein tiefes, sonores Lachen begleitete uns lange und klingt heute noch in meinen Ohren.

Lama Sonam hatte uns beim Abschied auch noch einmal gebeten, Sponsoren für Tashis Kinder zu finden, so dass sie eine gute Schulbildung erhalten konnten. Ohne Schulbildung enden diese Kinder wieder in der Landwirtschaft, im Kloster oder beim Militär. Unter der Dorfbevölkerung wuchsen intelligente und begabte junge Menschen heran, die aus finanzieller Not heraus keine adäquate Förderung erhielten und Medical Assistant werden mussten, anstatt Arzt, der sich für seine Leute einsetzen konnte. Norboo, unserem Begleiter und Übersetzer, war es so ergangen.

Die kurze Strecke nach Panjila legten wir in einer Staubwolke zurück. Jürgen holte seinen Stein bei Namgyal ab und wir rasteten vor dem Shop eines Shopkeepers, der lauter abgelaufene Sachen anbot. Der freundliche Mann zeigte uns frisch eingetroffene Kartonagen mit Coke, Pepsi und Snacks. Morton, Jürgen und ich bestellten ein Godfather und Snacks, zusammen lachten wir grundlos übermütig. Immer mehr Ladakhis gesellten sich zu uns und schauten uns zu. In einer Weise erleichtert, dass der Trekk hinter uns lag, trauerten wir andererseits diesen unvergesslichen Tagen im wunderschönen Lingshed inmitten des Sonnengebirges nach. Ich wusste, dass ich die

bunten Steine vermissen würde, den Wind, der einem wild um die Nase fegte, und den einsamen Schrei der Dohlen. In meiner Erinnerung wird der Adler, der hoch über dem Sengge La ruhig seine Runden drehte, weiter schweben und mich immer wieder mitnehmen in ein Land voller Gegensätze, das seinen Anker fest in meiner Seele verhakt hatte und unentwegt daran zupfte.
Wir fuhren weiter durch heißes Land, sahen zwei umgekippte Lastwagen und begleiteten den angeschwollenen Indus ein ganzes Stück. Für etwa 150 Kilometer brauchten wir viereinhalb Stunden. Die Pässe quälte sich der Jeep oft mit nur 20 Stundenkilometern hinauf. Wir wurden müde und die bewegungsgewohnten Füße schwollen dick an. Als wir in Leh einfuhren, erkannten wir eine drastische Veränderung im Vergleich zu der Zeit vor drei Wochen: In der Stadt wimmelte es von Touristen, Motorrädern und geschäftigem Leben. Im Shanti Stupa Guesthouse bezogen wir unsere Zimmer und stürzten uns in eine wohltuende, kalte Dusche, wuschen die Haare und cremten und cremten. Die von den drei Wochen Cross Country ausgetrocknete Haut lechzte nach immer mehr. Dann rannten wir mit unseren nassen Haaren die Hauptstraße von Changspa zur Stadtmitte runter und landeten im Magpie Garden. Eine riesige Pizza mit Bier rundete einen schönen Tag ab und wir fielen todmüde auf eine angenehme Matratze.
Am nächsten Morgen gingen wir bald in die Stadt, um unsere gesamte Schmutzwäsche abzugeben. Da fanden uns Lobsang Dolma und Lingshed Dorjey. Nach großer Begrüßung entdeckten wir auch schon Morton und Tina, unsere dänischen Freunde. Zusammen gingen wir Kaffee trinken und unterhielten uns. Namgyal verabschiedete sich von uns und wir luden die scheue und „stumme" Lobsang Dolma zum Essen ein. Die Hitze des Tages setzte uns ordentlich zu.

## Zweites Treffen mit Partnern und große Pläne

Genau vor drei Wochen fand unser erstes Treffen mit Mr. Gergan und den anderen Partnern statt. Heute trafen wir uns wieder um 15 Uhr, um gemeinsame zukünftige Aktivitäten zu besprechen. Mr. Gergan und seine Oberlehrerin führten uns zu einem Grundstück am Stadtrand von Leh. Wegen seinem großen Einsatz für die jungen Menschen in Ladakh und seiner ausgezeichneten Privatschule hatte das Government Mr. Gergan ein sehr großes Stück Land geschenkt, auf dem er ein Hostel (Internat) für die Schüler der Moravian Mission bauen wollte. Ein Gästehaus war bezugsbereit, das Hostel für die Jungs war fast fertig und das Gebäude für die Mädchen stand im Rohbau. Mr. Gergan konnte mit Hilfe von Sponsoren seinen Traum verwirklichen, ein Heim zu errichten, das er behindertengerecht ausgebaut hatte. Es war fast fertig, ihm fehlte nur noch eine kluge Planung für die Toiletten, für die er sich unsere Hilfe erbat. Er wollte eine original Ladakhi- und eine westliche Toilette ausbauen. Das rollstuhlgerechte Haus bot schöne große Räume im Erdgeschoss für die Therapie von Behinderten, im Obergeschoss waren Ausbildungs- und Schulungsräume geplant, im Untergeschoss große Werkstätten. Er schlug uns vor, für die geplante Physiotherapieschule die Räume im Obergeschoss zu nutzen. Gastlehrer für die Schule konnten im fertig gestellten Gast- und Lehrerhaus wohnen, die mit dem Luxus von Kochnischen und zimmereigenen Toiletten- und Waschräumen einen hohen Komfort versprachen. Auf dem gesamten riesigen Grundstück, um das sich eine durchgehende Mauer zog, plante er Spielplätze und Fußballfelder für die Kinder und die Pflanzung von 5000 jungen Bäumen im nächsten Jahr. Seine Freude und Begeisterung über seine Pläne steckte uns an, die Sicht auf die Berge und die klare Abendluft beflügelte unsere Phantasie.

Wir trafen die Abmachung, dass uns Mr. Gergan einen Kostenvoranschlag für die Einrichtung unserer zukünftigen Wohnungen für die freiwilligen Therapeuten und die Voraussetzungen für die Aufnahme der Schultätigkeit zusenden würde. Es war geplant, mit Hilfe unserer Therapeuten, Ärzten aus Leh und Fachpersonal aus den Krankenhäusern geeignete Schulabgänger, die keinen Ausbildungsplatz gefunden hatten, in Physiotherapie auszubilden. Praktika konnten in den Krankenhäusern geleistet werden. Mr. Gergan wollte sich um alles kümmern, wir sollten unseren Lehrplan in Englisch erstellen und die Freiwilligen entsprechend einweisen. Ich würde Mr. Gergan per E-Mail immer darüber informieren, welche Freiwilligen zu welcher Zeit in Ladakh ankamen und er würde dafür sor-

gen, dass sie vom Flughafen abgeholt und in die Wohnung gebracht wurden.
Die Leute vom Namgyal Institut waren für den praktischen Teil zuständig: Unsere Freiwilligen sollten sich nach ihrer Ankunft im Office des Instituts melden und die Sozialarbeiter würden die Einsätze und Behandlungen mit unseren Leuten absprechen und mit ihnen zu den behinderten Kindern fahren. Die Namgyal Fachkräfte würden bei den Schulungen ihren Teil übernehmen und nahmen die Idee einer Ausbildung für Einheimische mit großem Interesse auf.
Jürgen und ich freuten uns sehr über unsere begeisterten Partner, die uns so viel Hilfe anboten. Uns war allen klar, dass die Tücke in den vielen unausgearbeiteten Details auf uns wartete, für die im Moment schlichtweg weder Zeit noch Erfahrungswerte vorhanden waren. Aber wir verabschiedeten uns froh und dankbar für das solide Grundgerüst einer zukünftigen Behindertenarbeit, das wir gemeinsam geplant und aufgerichtet hatten.

Abends trafen wir uns mit unseren Freunden zum pseudo-mexikanischen Essen im Sheldon Garden. Lobsang verabschiedete sich und uns überfiel die nicht so gute Idee, noch Kuchen zu essen, nachdem wir unsere Wäsche abgeholt hatten. Vom ungewohnten Schokoladenkuchen, der aus Zucker und Weißmehl bestand, konnte ich die ganze Nacht nicht schlafen.
Oder vielleicht war es auch der unglaublich schöne Vollmond, der sein Licht in dieser milden Nacht über Leh ausschüttete und die Gassen beleuchtete? Eine milde Brise begleitete uns zum Guesthouse.

## Schwierige Reise nach Manali

Am Sonntag kam ich kaum aus dem Bett, war wie erschlagen. Um 10:30 Uhr trafen wir uns mit Lobzang, wir tranken eine Tasse Capuccino, eigentlich ein Milchkaffee mit Zimt. Aber er weckte uns auf und wir gingen Shoppen. Wegen dem bewölkten Himmel drückte die Sonne heute nicht so heiß. Nach dem Abendessen in der Tibetan Kitchen mit allen unseren Freunden verabschiedeten wir uns und eilten zum Guesthouse. Obwohl todmüde, mussten wir noch

packen. Immer noch unsicher, ob uns ein Taxi um zwei Uhr morgens abholen würde, kontaktierten wir den Sohn des Hausherrn, Rigzin. Er telefonierte noch für uns, dann bekamen wir Bescheid, dass wir abgeholt werden würden.
Diesmal hatten wir uns für eine Rückreise per Jeep über den Himalaya nach Manali entschlossen, eine beliebte und günstige Reiseroute. Wir wollten damit zwei Ziele erreichen: Unseren eigenen Hunger nach Sehenswertem und neuen Erfahrungen stillen und diese Route zur Empfehlung für die zukünftigen Freiwilligen erkunden.

Trotz großer Müdigkeit konnte ich in den drei Stunden kaum schlafen und stand um 0:30 Uhr wieder auf. Im Dunkeln packten wir unsere Sachen und warteten unten vor dem Tor. Ein Jeep kroch langsam durch die Nacht und hielt unterhalb unseres Standpunktes am „Oriental Guesthouse“. Dort suchte der Taxifahrer nach zwei Personen. Wir rannten runter und überprüften anhand des Nummernschildes und der Bestätigung auf unserem Ticket, ob es unser Jeep war und er war es. Wieder einmal versuchten uns die typischen Missverständnisse zu verwirren, aber wir blieben cool. Der robuste Fahrer beeindruckte uns mit seiner gnadenlosen Alkoholfahne. Mit mulmigem Gefühl verfrachteten wir unser Gepäck und tuckerten in die schwarze Nacht hinaus, um die anderen Gäste abzuholen.
Gegen zwei Uhr morgens brausten wir los in Richtung Manali, voll gestopft mit 10 Personen. Nach drei Stunden Fahrt hielten wir wegen einem ständig maulenden und fluchenden Amerikaner an, da er sich übergeben musste. Ihm ging es immer schlechter und wir hielten alle 30 Minuten an. Seine Begleiterin bestand darauf, dass er vorne neben dem Fahrer sitzen durfte und die Schweizerin, die für den Logenplatz neben dem Fahrer 400 INR mehr bezahlt hatte, musste ganz nach hinten auf einen billigen Platz neben die Nepalis. Zusätzlich stoppten wir zweimal wegen Passportchecks, einmal wegen einem Platten, einmal zum Frühstücken und einmal für den Lunch. Unter düster bewölktem Himmel querten wir auf der Reise über den ganzen Himalaya endlose Bergwüsten. Auf der gesamten Strecke gab es nur Zeltdörfer, die auch der Versorgung der Gäste dienten.

Als wir Leh verließen, war es stockdunkel, aber an Schlaf war wegen der räumlichen Enge nicht zu denken. Nur die Einheimische neben mir machte eine Ausnahme: Sie schlief ein und legte sich voll auf mich, mit ihrem Kopf auf meiner Schulter, und das fast die ganze Fahrt. Auch wenn ich sie weg schob, fiel sie sofort wieder auf mich. Gerade als wir auf der unbefestigten Straße an einem der höchsten befahrbaren Pässe der Welt ankamen (Taglang La, 5317 m) wurde es hell und die ausgemergelten, steinigen Berge um uns herum wirkten nicht gerade einladend. Der nahe, Wolken verhangene Himmel schüchterte uns ein, und wir fühlten uns sehr klein angesichts der Riesen ringsum.
Seltsame Felsformationen an den Hügeln entlang eines Flusses erregten unsere Aufmerksamkeit: Der Wind hatte zusammen mit dem Sand die Felsen in riesige ockerfarbene Kegel in allen Größen geschliffen. Sie wirkten wie künstliche Tempel, so rund und exakt geformt. Wir tuckerten ständig auf einer Höhe über 4000 Metern auf der zweithöchsten Gebirgsstraße der Welt und allen ging es gut bis auf den Amerikaner, der nur noch grunzte und stöhnte. Da er auch Blut spuckte, tippten wir auf eine ernstere Erkrankung und boten ihm Hilfe in Form von Getränken und homöopathischen Mitteln an, die er dankbar annahm, aber nicht lange bei sich behielt.
Wir staunten über die unglaublichen Straßen, die sich endlos durch triste Steinwüsten schlängelten. Obwohl wir uns nur mit 30 Stundenkilometern Durchschnittsgeschwindigkeit fort bewegten, war der Fahrer ständig gezwungen, wegen riesigen Schlaglöchern oder Wasserlachen abzubremsen oder auszuweichen. Oft folgten glucksende Bachläufe dem Straßenverlauf, suchten sich unschuldig ihren Weg auf und neben der Fahrbahn.

Der größte Teil der Strecke war unbefestigt. Hier begegneten sich Busse, „Jipsies" (Jeeps), riesige Lastwagen und kleinere PKWs, und alle passten auf die anderen auf. Trotzdem erschauerten wir bei dem Anblick von mindestens drei abgestürzten Lastwägen, die zertrümmert in der Tiefe vor sich hin rosteten. Nicht umsonst benötigte man für die 477 Kilometer von Leh nach Manali 16 Stunden Fahrzeit.

Das Fenster unseres Fahrers war ununterbrochen geöffnet. Wir vermuteten, dass er so seinen „Nebel" loswerden wollte. Staub, Ruß und Abgase wehten in den Innenraum. Beruhigt stellten wir jedoch fest, dass der Fahrer sein Fahrzeug und die schwierige Strecke sehr gut im Griff hatte.
Es war nicht kalt und die schlafende Manalin als Heizkissen brachte mich ganz schön zum Schwitzen. Jürgen nutzte jede Gelegenheit, um die vorbeiziehende Landschaft mit der Kamera festzuhalten; einsame, verlorene Gegenden, die uns gerade durch ihre Abgeschiedenheit und Leere zum Aussteigen und Nachforschen lockten.
Immer wieder tauchten wir in Rauchschwaden ein: Am Wegrand nepalesische Straßenarbeiter, schwarz vom Ruß des Feuers, das in Tonnen brannte, um den Teer zu verflüssigen. Die leeren Fässer lagen zu Tausenden wild in den Tälern, einfach weggeworfen. Ab und zu entdeckten wir einen Berg verrosteter Fässer, jemand hatte sich die Mühe gemacht, sie zu sammeln. Manchmal schien es uns, dass wir direkt durch das Feuer fuhren, eingehüllt in dicke Rauchwolken schlugen die Flammen rechts und links vom Jeep hoch, ein Weg durch die Hölle.

Zum Lunch hielten wir wieder in einer verdreckten Zeltstadt und uns verging der Appetit. Die vorbeifahrenden Trucks pusteten uns Staub und Diesel ins Gesicht und wir waren froh, als es weiter ging. Langsam veränderte sich die Landschaft, mehr Wasser, grüne Hänge. Bald erschienen die ersten Bäume, Felder und Ortschaften. Jetzt wurde es richtig spannend. Der Amerikaner reiherte immer am schlimmsten, wenn wir uns auf einer steilen Passstraße befanden und unser Fahrer in riskanten Manövern alles gegeben hatte, um langsame Fahrzeuge zu überholen. Dann standen wir wieder hilflos am Abgrund, der Amerikaner stöhnte herzerweichend und alle gerade Überholten fuhren an uns vorbei. Der Frustpegel des Fahrers wuchs und er fluchte andauernd.
Gigantische Gletscher spitzelten eisblau zwischen den riesigen Bergen zu uns herunter. Die an den steilsten Hängen terrassenförmig angelegten Felder, umgeben von dichten Wäldern und durchfurcht von rauschenden Bächen, boten ein faszinierendes Bild, an dem wir uns nicht satt sehen konnten. Trotz großer Müdigkeit trieb uns un-

bändige Neugier zum Schauen und Beobachten. Jürgen meinte, dass die Gegend wie das Tessin anmutete. Aber als wir durch die Ortschaften fuhren und die streunenden Buckelkühe, den allgegenwärtigen Müll sahen, und die Nepalis mit schmutzigen Gesichtern Steine schleppten, wurde unser romantischer Eindruck zurecht gerückt: Wir befanden uns in Indien.

Ab und zu mussten wir warten, wenn Lastwagenfahrer anhielten, um ein kurzes Schwätzchen über die Straße zu halten. Unser Fahrer drehte dabei schier durch und hupte wie verrückt. Dann mussten wir wieder warten, als unser Fahrer mit einem entgegenkommenden Jeep seiner Firma Informationen und Papiere austauschte und vor und hinter uns ein Hupkonzert den Unwillen der gestressten Fahrer ausdrückte. Bei unserem Start letzte Nacht in Leh nahm ich an, dass der Fahrer bei 16 Stunden veranschlagter Fahrzeit einmal ausgetauscht würde. Dem war nicht so, denn unser Fahrer hielt 19 Stunden am Stück erstaunlich gut durch. Jürgen verfolgte unsere Reise auf der Karte genau und prophezeite noch einen sehr hohen Pass vor Manali, den Rothang La mit 3975 Metern. Wir kletterten und kletterten, bis wir im dicken Nebel verschwanden und durch die Schwaden an den Hängen schemenhaft Einblick auf den riesigen Pferdemarkt Manalis erhielten. Viele Leute aus Ladakh besuchten Manali, um dort ihre Trekkingpferde abzuholen. Der Pass fungiert als klimatische Wetterscheide, der vom indischen Subkontinent heraufziehende Südwestmonsun regnet sich dort ab und hinter dem Pass werden die Niederschläge spürbar weniger.
Wir spürten die klimatische Veränderung, die Feuchtigkeit, klamm am ganzen Körper, aber keine trockene, blutende Nase mehr. Auf der anderen Seite des Passes tauchten tropische Vegetation und riesige Bäume auf. Die Bergpalmen, die ich im Wohnzimmer pflegte, wuchsen hier wild zwischen filigranen, fremdartigen und bekannten Farnen.
So langsam staute sich der Verkehr und unser Fahrer drehte durch. Er hupte nur noch, quälte die anderen Fahrzeuge mit Lichthupe und waghalsigem Drängen zur Seite und zur rechten Zeit kotzte unser Ami wieder und alle überholten uns. Wir folgten der trägen Verkehrsschlange nach Manali und kamen mit zwei Stunden Verspätung

todmüde an. Zum ersten Mal im Urlaubseinsatz schmerzte mein Rücken. Die Schweizerin Susanne schloss sich uns an und wir ließen uns von einem Taxi in ein ruhiges, billiges Hotel in Old Manali bringen. Der erste Schock über den üblen Zustand der Zimmer wich einer erschöpften Gleichgültigkeit, die uns daran hinderte, etwas anderes zu suchen. Jürgen schlug gezählte 59 Fliegen tot, bevor wir italienisch-indisch Pasta essen gingen und dann todmüde einschliefen.
Wir waren zu früh aufgestanden und in unserer Gegend gab es nichts zu frühstücken. Also schnappten wir uns eine Rikscha und fuhren nach Downtown Manali, aber da war auch noch tote Hose. Wir spazierten eine Weile durch die Gassen. Viele Inder aus dem Süden verbrachten hier ihren Urlaub und aus einem Hoteleingang kamen spontan ein paar indische Kinder auf mich zu gerannt, gaben mir die Hand und grüßten. Andere folgten und ich wusste nicht zu deuten, was da vor sich ging, aber mein Herz streckte sich den Leuten entgegen.
Der „Tibetan Market" war wegen des heutigen Geburtstags des Dalai Lama geschlossen. Es mutete uns seltsam an, dass der Geburtstag des Dalai Lama national gefeiert wird, während die „normalen" Buddhisten aus Lingshed nicht einmal ihren eigenen Geburtstag kannten und oft nicht wussten, wie alt sie waren.

Ich war sehr enttäuscht und niedergeschmettert von dem Unrat, der überall herumlag und in den dünnen Rinnsalen schwamm. Im Vergleich zu Manali empfand ich nun Leh als eine saubere Oase. Auch hier fand ich mich wieder im extremen Wechselbad der Empfindungen, in einer ständigen, ermüdenden Hassliebe hin- und herschwankend.

An der Hauptstraße fanden wir ein geöffnetes Hotel und bestellten ein Frühstück aus Eiern und Toast. Da die Restaurants anscheinend über keine echten Toaster verfügten, war jeder Toast auf einer Seite braun, auf der anderen weiß, einfach schnell in der Pfanne gegrillt. Wir verdrückten unsere schwarzweißen Toasts mit Eiern und mir fielen die wunderbaren, luxuriösen Frühstückrestaurants in den USA ein. Ich schmunzelte über den Vergleich und genoss die Gegensätz-

lichkeit der Kulturen und die Eigenart des Momentes noch mehr. Bald füllten sich die Straßen mit Leben und nach 10 Uhr umgab uns ein ohrenbetäubender Lärm aus Motorengeknatter, Menschenstimmen und indischen Geräuschen, die Zwischenräume füllten.
Es lag noch Arbeit vor uns: Wir mussten unsere Busplätze für Chandighar am nächsten Tag buchen. Wir buchten bei einem privaten Anbieter zwei Plätze im Luxusbus nach Chandighar für morgen, Mittwoch. Danach suchten wir das Büro der Northern Railway auf, wo leider alle Anweisungen und Beschriftungen nur in Hindi auf die Tafeln geschrieben waren. Da standen wir nun ziemlich unsicher herum und wussten nicht so recht weiter. Ein Engel in Form einer Deutschen, die ihre Tochter nach Delhi zum Studieren schickte, kam uns zu Hilfe. Wir füllten ein Formular aus für den Shatabdi-Express, einen Touristenzug, über den wir in Mattauschs Buch gelesen hatten. Die Deutsche warnte uns, dass wir bei privaten Anbietern von Busfahrten aufpassen mussten, da der versprochene schöne Super-Deluxe-Bus meist nur mittelmäßig war und sehr oft zu spät ankam. Sie empfahl uns, im Regierungsbüro einen Bus zu buchen; die seien besser und zuverlässiger, weil die Fahrer gut bezahlt wurden. Also suchten wir das Ticketbüro für die Government-Busse auf, buchten neu und eine Stunde früher. Die zehnstündige Fahrt mit dem Bus von Manali nach Chandighar sollte um 17 Uhr beginnen. Ohne Probleme erhielten wir unser Geld vom privaten Unternehmen zurück. Dann mussten wir unser Ticket noch bestätigen lassen und schon war es Mittag. Wir nahmen eine Rikscha zurück zum Hotel und ruhten uns eine Weile aus, bevor wir uns ins Aussteigerdorf Vashisht zu den heißen Sulfatquellen kutschieren ließen. Dort streunten wir herum, suchten im Wald nach Wasserfällen und badeten im sulfathaltigen, heißen Wasser. Das Wasser sprudelte mit beachtlichen 60 °C aus öffentlichen Hähnen mitten im Dorf und jeder kam, um dort zu waschen: Körper, Wäsche und Geschirr. Eine Mutter ließ ihr kleines Kind in die Rinne vor den Hähnen pinkeln und ein Häufchen machen und spülte dann die ganze Sache mit dem heißen Wasser die Gosse hinunter. Als ich das beobachtete, regten sich in mir Ekel und Entsetzen. Ich hatte bei einem Restaurant am Fluss beobachtet, dass das Personal das ganze Geschirr in einem Waschbecken im Vorraum wusch. Das Wasser kam aus einem Hahn, des-

sen bunte Zuleitungsrohre aus Plastik ganz einfach bis hinunter zum verschmutzten Fluss zu verfolgen waren, in den die Gosse mündete. Wir wanderten ein wenig durch die Läden, ganz und gar auf den Tourismus ausgerichtet, und fanden ein schönes Terrassenrestaurant mit toller Aussicht. Das indische Essen überraschte uns positiv in Geschmack und Qualität. Die Aussicht auf enorme, dicht bewaldete Berge beruhigte unsere Wahrnehmung, obwohl Himmel und Gipfel sich in den Wolken versteckten. Ein leichter Schal über den Schultern schützte mich vor dem sanften Abendwind.

Nachts kühlte der Wind die Temperaturen etwas herunter. Wir packten unsere Säcke und frühstückten im „Riverside Music" gegenüber von unserem Hotel. Es gab hier, wie in Ladakh, überall die „German Bakeries", in denen täglich frisch die besten Backwaren angeboten wurden. Gestern kostete Jürgen ein Stück Käsekuchen, von dem er begeistert schwärmte. Heute probierten wir ein leckeres Nutellacroissant; gesund essen konnten wir wieder zuhause.

Wir nahmen im Freien Platz und bestellten zusätzlich ein „Continental Breakfast", bestehend aus Tee/Kaffee, Eier nach Wahl, Hashbrowns und Toast. Der Toast schmeckte wunderbar, es war in Scheiben geschnittenes Brot aus der Bäckerei, diesmal auf beiden Seiten getoastet. Die Hashbrowns bestanden aus Kartoffelstücken mit vielen Zwiebeln und Tomaten. Das Glas, in dem der Tee serviert wurde, war schmutzig und Jürgens Löffel war total verkrustet. Das Geschirr wurde hier immer mit kaltem Wasser ohne Spülmittel, meistens auf dem Boden von einem Küchenboy gewaschen.

Auf der gegenüberliegenden Seite des Flusses strotzte das Ufer vor Müll und ich musste meine Augen zwingen, nicht ständig zu meinen Füßen und in allen Ecken Müllberge zu entdecken. Einer der jungen Angestellten drückte vor einem Spiegel seine Pickel aus.

Im Gebäude des Gasthauses standen niedrige Tische mit schmalen, abgewetzten Sitzkissen. An der Wand hing ein großes Bild einer Marihuanapflanze, die hier überall wild wuchsen. Aus einem Fernseher dröhnte indische Tanzmusik. Vor dem Raum stand ein einzelnes Paar Schuhe. Der Überrest vom vorherigen Abend schlief in eine Decke gehüllt seinen Trip aus.

Wir zahlten ganze 60 INR für ein Frühstück. Im Hotel deponierten wir unser Gepäck im Lagerraum und beglichen unsere Rechnung von 500 INR für beide Nächte. Wir schulterten unsere Rucksäcke und wanderten langsam den steilen Weg zum „Hadimba-Devi-Tempel“ hoch, der im Jahr 1553 erbaut und der Göttin Hadimba gewidmet worden war. Schon beim Frühstück beobachteten wir, wie einige Männer prächtige geschmückte Yaks den Pfad hinaufführten und nahmen an, dass heute eine Veranstaltung statt finden würde. Weit gefehlt! Ein großer Rummelplatz befand sich hinter dem alten Holztempel mit Pagodendach und außergewöhnlichen Holzschnitzereien. Die Yaks und die hübschen Pferde wurden den Touristen für Fotos angeboten. Ich nahm die Gelegenheit wahr und schwang mich auf eines der riesigen Urtiere. Aber erst nachdem unter den 10 Yakmännern fast der Krieg ausbrach, weil jeder um meine Gunst buhlte. Der eine sagte zu mir: „This one is a dangerous bull, take mine“, der andere schrie: „Madam, my bull is the nice one!” Ich wählte den schwarzweißen Bullen, stieg unter Anleitung auf der rechten Seite hoch, Jürgen knipste Bilder und dann glitt ich auf der linken Seite wieder runter. Das Ganze kostete 20 INR. Wir lachten alle herzlich und es gab einen großen Disput unter den Männern. Hier war niemand aggressiv.

Vor dem Tempel war eine Stelle, die so aussah, als ob vor kurzem ein Tier geschlachtet worden war, überall Blutspritzer. Uns grauste es und wir flüchteten in den wunderschönen Wald, einen Naturpark. Riesige Lärchen spendeten willkommenen Schatten und Schutz vor der Sonne, die am Vormittag gnadenlos brannte. Krächzende Raben begleiteten unseren stillen Weg durch den grünen Wald, in dem Abfallbehälter für Müll und Schaukeln für Kinder standen. Der Abfall lag leider auf dem Boden neben den Behältern, die Schaukeln schwangen leer im Wind. Es war so herrlich still hier, eine Oase abseits des lauten Treibens der Stadt. Die Zeit verging schnell und wir verspürten Durst und Lust auf eine gemütliche Kaffeestunde. Schon gestern hatten wir das Hotel Mayflower an der Hauptstraße zu Old Manali entdeckt. Im Vorhof des Hotels beeindruckte uns eine tropische und äußerst gepflegte Blütenpracht. Da sich dort auch ein Restaurant befand, entschlossen wir uns, diesen Weg einzuschlagen. Überall hingen Ampeln mit Geranien und anderen tropischen Blumen. Rankwicken mit großen lachsroten Blüten schlängelten sich um Apfelbäume und Büsche und den Parkplatz säumten ordentliche

Beete voller bunter Stiefmütterchen. Gelbe Riesentagetes spitzelten zwischen tiefroten Rosenbüschen hindurch. Verwitterte Tontöpfe in Reih und Glied, ihr Bauch übervoll mit Blüh- und Grünpflanzen aller Art, zeugten von sorgfältiger Pflege, nirgendwo ein verwelktes Blatt.

Oh, es war so schön hier und wir nahmen Platz unter einem schattigen Dach. Hochgewachsene, duftende Geranienbäume am Geländer streckten ihre roten Blüten der Sonne entgegen. Am Eingang zum Restaurant hingen schwarze Regenschirme zum Schutz der Gäste vor dem Monsun, der noch nicht angekommen war. Das bestellte Lemonsoda wurde in einem sauberen Glas mit Strohhalm serviert und der „Black Coffee“ bestand aus einem Döschen löslichen Kaffee und einer großen Kanne heißem Wasser. Wir durften den Kaffee selber anmischen und verbrauchten alles restlos.

Ja, so ein gepflegtes Paradies verlangte auch einen höheren Preis. Wir zahlten für unsere gegrillte Forelle im Sesammantel und Chips ganze 350 INR, das sind 6 Euro pro Person, das teuerste Essen, das wir hier in Indien zu uns genommen hatten. Aber es lohnte sich und wir genossen jeden Bissen.

Nachdem ich schon zum dritten Mal wegen unserem fragwürdigen Frühstück die Toilette aufsuchen musste, kam ich mit dem Manager ins Gespräch, dessen Büro sich gegenüber dem westlichen WC befand. Er zeigte uns die schönen Räume des „Mayflowers“ und bezeichnete die Bettlaken in „seinem“ Hotel als „crispyclean“, alles war blitzblank, bis auf die Stockflecken von der Feuchtigkeit des Monsuns. Er gab uns einen Tipp für ein gutes Hotel der mittleren Kategorie ganz in der Nähe des Bahnhofs in Delhi und rief dort sogar für uns an, machte Reservierungen. Wir bedankten uns und freuten uns auf ein Zimmer in Delhi mit Airconditioning.

Es war an der Zeit unsere Packsäcke im Riverside Hotel abzuholen und wir ließen uns von zwei Rikschas zum Busbahnhof kutschieren. Am Schalter mussten wir noch die Nummer des Busses holen und dann warteten wir. Sofort erschienen Bettelkinder mit Schuhputzkasten und bestanden darauf, meine Trekkingsandalen zu „putzen“. Die Augen der bildhübschen Jungs leuchteten dunkelwarm. Drei Mädchen gesellten sich dazu und ich war hin und weg von der Theatralik und Persistenz der Kleinen. Sie rollten ihre schönen Augen so

kunstvoll, dass ich ihnen gar nicht widerstehen wollte. Keines der fünf Kinder besuchte die Schule.
Die Latrine fünf Meter weiter rechts stank furchtbar und wir waren froh, als der Bus kam. Oder auch nicht. Denn wie der versprochene Super-Deluxe-Bus sah er nicht aus. Aber wir hatten gute Plätze und als es losging, konnten wir die Füße ausstrecken. Wir staunten über die Veränderung in der Vegetation innerhalb der ersten zwei Stunden Busfahrt hinunter ins „Valley". Zuerst Lärchen, dann Pinien und dann Palmen. Es wurde wärmer und schwüler. Das Frühstück belastete mich immer noch. Stundenlang kurvten wir die Hänge hinunter, immer wieder durch kleine Ortschaften. Plötzlich hielt uns eine Polizeikontrolle an und ein Beamter stolzierte mit arrogantem Ausdruck im Bus direkt auf uns zu. Jürgen und ich waren die einzigen westlichen Touristen an Bord. Barsch und herausfordernd fragte er uns, wo wir her kämen und wo wir hin wollten. Wütend über den „Überfall" und den Ton erwiderte ich genauso barsch und bestimmt, dass wir aus Ladakh kämen, wo wir Zeit, Geld und Arbeit in behinderte Kinder gesteckt hatten. Plötzlich veränderte sich sein Gesichtsausdruck und der aufgeblasene Beamte schrumpfte zu einem kleinen Jungen und verschwand so schnell, wie er gekommen war. Wir vermuteten, dass er auf Jagd nach Drogenkonsumenten war, von denen es in der Aussteigerszene Manalis genug gab.
Eine Frau in der Sitzreihe hinter uns litt unter furchtbaren Kopfschmerzen. Ihr Mann bat den Busfahrer in einer Ortschaft anzuhalten, denn er wollte Medikamente für sie besorgen. Jürgen bekam das mit, kramte Schmerzmittel aus seinem Rucksack und gab sie der dankbaren Frau, die sich danach besser fühlte. Dafür erklärte uns ihr freundlicher Mann freiwillig und zuvorkommend die Eigenheiten der Landschaften, die wir durchfuhren.
Morgens um zwei Uhr erreichten wir das schwül-heiße Chandighar und ließen uns von einem Taxi vom Busbahnhof durch die menschenleeren, kahlen und breiten Straßen an den Zugbahnhof bringen. Man hatte uns erzählt, dass der Bahnhof in Chandighar luxuriös mit Dusche ausgestattet sei und wir freuten uns auf Wasser und Erfrischung.
Wir tappten in die nächste indische Überraschung, als wir den Bahnsteig betraten. Schlafende Hunde lagen kreuz und quer auf dem war-

men Steinboden, dazwischen Männer, Frauen und Kinder auf Decken oder Mänteln ausgestreckt. Seelenruhig schliefen die Menschen auf dem harten Untergrund. Das Dach des Bahnhofs schützte sie vor Regen.
Wir suchten nach der Toilette und Dusche und erlebten eine herbe Enttäuschung: Aus dem einzigen Wasserhahn tröpfelte langsam warmes Wasser und die in den Boden eingelassenen Toilettenschüsseln waren bis oben voll. Angesichts der Tatsache, dass wir heute Abend schon im komfortablen Hotel sein würden, arrangierten wir uns schnell und verbrachten die restliche Nacht beobachtend und staunend. Ich saugte die Atmosphäre auf, versuchte mich in das Denken dieser ruhigen Menschen hineinzuversetzen, die in den frühen Morgenstunden fröhlich erwachten und mit Tee vom fahrenden Verkäufer den Tag begannen. Turbane in allen Größen und Farben thronten auf dunkelbraunen Gesichtern, aus denen stolze Augen blitzten. Sorgfältig gepflegte Bärte verliehen den Männern noch mehr Würde. Die Saris der Frauen, Farbtupfer in grauer Betonwüste, zogen immer wieder meine Blicke an. Die Anmut der Bewegungen, mit der sie ihre Schals zurecht zupften, faszinierte mich und ich begegnete manch freundlichem Blick aus orientalischen Märchenaugen. Der angenehme Tonfall der ruhigen, rollenden Hindisprache begleitete uns in den jungen Morgen.
Der Bahnsteig füllte sich und kurz nach sechs Uhr fuhr unser Zug ein. Die reservierten Sitzplätze begeisterten uns mit ihren sauberen, weißen Bezügen. Als der Zug losfuhr, kam ein uniformierter Servant und brachte erst Trinkwasser und Tee, dann Zeitung, dann Frühstück, dann wieder Tee. Wir genossen diesen Luxus und Service und lehnten uns zufrieden zurück. Das Abteil war auf ca. 18 °C runtergekühlt, Gott sei Dank hatte ich meinen großen roten Wollschal dabei, Jürgen fror ein wenig.
Draußen flogen die Landschaften an uns vorbei, getönt durch die gelbliche Färbung des Zugfensters. Felder, Hütten, Kühe, Menschen auf dem Weg zur Arbeit, indisches Landleben. Ladakh war so viel anders als dieses Land, auch die Menschen eine andere Rasse mit anderen Gewohnheiten, Traditionen.
Nach drei Stunden Fahrt empfing uns Neu-Delhi mit unglaublicher Hitze und einem Menschengewimmel, in dem wir fast verloren gin-

gen. Viele Hände rissen sich um unsere Packsäcke, wir schleppten sie selbst, weil wir Angst hatten, den Überblick zu verlieren. Außerdem war es nicht weit bis zum Taxistand. Wir gaben dem Taxifahrer die Adresse unseres Hotels und er brachte uns in ein Reisebüro, weil man anscheinend vorher eine Registrierung vornehmen musste. Dort wurde uns gesagt, dass es Probleme mit dem gebuchten Zimmer gäbe und sie ein anderes, gleichwertiges Hotel anzubieten hätten. Überfordert gaben wir nach und ließen uns in das vorgeschlagene Hotel bringen, wieder eine angenehme Überraschung mit mehr Luxus, als wir erwartet hatten. Wir verbrachten noch eineinhalb Tage in dieser heißen Stadt und genossen jede Minute, tauchten ein in das Wechselbad der Temperaturen, Eindrücke und Empfindungen.

# - Akt VI -

Nichts ist mehr, wie es war

Unser Heimkommen löste diesmal nicht mehr das brennende Interesse an unserer Arbeit aus, Neugier war der Gewohnheit gewichen. Aber ein Mitglied unseres Vereins bereitete im Stillen eine riesige Aktion vor, die uns das Startkapital für die Vereinsarbeit einbrachte und uns ein solides finanzielles Standbein schaffte, zumindest für den Anfang. Als Lehrerin organisierte sie kurz vor den Sommerferien einen Sponsorenlauf, an dem die Schüler der gesamten Schule teilnahmen. Die hoch engagierten Kids „errannten" eine phänomenale Summe, die uns unglaublich erschien, und für die wie sehr dankbar waren.

Vor uns breitete sich ein neuer Interessen- und Aufgabenteppich aus, dessen Bearbeitung unsere gesamte Freizeit vereinnahmte. Um von den vielen Anfragen und E-Mails der Freiwilligen, die sich meldeten, nicht aufgefressen zu werden, war es an der Zeit, schleunigst eine Homepage mit allen notwendigen Informationen zu schaffen. Aber auch in unserem strukturierten Deutschland geht nicht immer alles schnell, denn wir suchten den ganzen Sommer vergeblich nach einem Webdesigner, dessen Gebühren sich unserem schmalen Geldbeutel anpassten. Irgendwann fanden wir durch einen Zufall den arbeitslosen Armin, ein begnadetes, kreatives Genie. Er half uns, die Homepage für den Lohn von ein paar Tassen Kaffee pro Abend zu gestalten. Ich hatte mir vorgestellt, daß die Basis einer solchen Homepage in drei bis vier Wochen stehen würde, da ich alle notwendigen Artikel schon geschrieben und für die englische Seite mit Hilfe einer Europasekretärin für Übersetzungen gesorgt hatte.
Aber Armins Perfektionismus übertraf unsere Erwartungen. Allein die Gestaltung des Logos wurde ein Akt, der mehrere Nachmittage verschlang, ganz zu schweigen von der Zeit, die wir mit dem Entwurf der zauberhaften ersten Seite verbrachten. Dazu verwendeten wir nur mitgebrachte Medien. Armin verschmolz Gesichter mit Bergen, zauberte aus Fotos „Buttons", hinterlegte sie mit den Tönen der Puja-Hörner und den Zimbelklängen aus dem Kloster Lingshed. Mit der ersten Seite wollten wir vermitteln, daß wir mit Kindern

arbeiten. Deswegen suchten wir Stunden nach der passenden Schrift für die Überschriften und den Farben der Schriften, die wechselten, wenn man sie anklickte.

### Ein arbeitsreicher Herbst mit Schatten

September, Oktober und November 2004 vergingen und wir waren immer noch am Arbeiten. Fast jeden Tag nach meinem Feierabend hockten Armin und ich Kaffee trinkend bis spät in die Nacht am PC, tüftelten und überlegten. Ich beobachtete ihn, wie er mit dem Programm arbeitete, gab meine Kommentare zu seinen Vorschlägen und bremste ihn, wenn er sich zu sehr verzettelte. Er ging auf jeden meiner Wünsche ein und verstand es, den Geist hinter der Sache einzufangen und der Vision ein präsentables Gesicht zu verleihen. Und das fast umsonst. Fast, denn er entdeckte Jürgens Kochkünste und forderte seinen Lohn in köstlichen Naturalien, die Jürgen nun oft für uns in der Küche zauberte. Die Dunkelheit der Jahreszeit raubte mir die Energie, bleierne Müdigkeit quälte und Armin forderte mich hartnäckig mit seinen fantastischen Ideen und perfektionistischen Ansprüchen.

In diesem Spätherbst übertrug mir mein Chef in der Klinik die Verantwortung für eine noch größere Gruppe von Therapeuten. Diese zusätzlichen Aufgaben belasteten mich und ich fühlte mich überfordert mit den Konflikten und Schwierigkeiten.
Ich merkte erst, dass es mir sehr schlecht ging, als ich nachts nicht mehr richtig schlafen konnte; und wenn ich endlich einnickte, wachte ich nach Alpträumen mit rasendem Herz, in Angstschweiß gebadet, auf. Der Schatten im Leben gedieh und verdunkelte meinen Tag und meine Sichtweise.

Im Oktober kam die Nachricht aus Ladakh, die mir den Boden unter den Füßen wegzog und mich ziemlich deprimierte. Mr. Gergan schickte mir den Kostenvoranschlag für die Ausstattung der Wohnungen und der geplanten Schule, für meine Begriffe eine nicht erschwingliche Summe. Als Neuling auf dem Gebiet der Entwicklungshilfe sah ich diese Kosten als verbindliche Vorgabe und fühlte mich unter Druck gesetzt. Ich hatte keine Ahnung, wie ich diese Summe aufbringen sollte und zweifelte ständig, ob das überhaupt notwendig war.

Jürgen baute in diesem Herbst unser Dachgeschoss als Gästezimmer aus, ich organisierte die Einsätze in Ladakh und kümmerte mich um aufkommende strukturelle Schwierigkeiten vor Ort, indem ich immer wieder unsere Partner aktivierte, sie um Hilfe bat. In unseren Wohnungen in Leh gab es kein Telefon, wir verfügten über keine anderen Transportmittel als die öffentlichen Busse und auch sonst gab es keine klaren Strukturen, sie mussten sich erst noch entwikkeln. Deswegen grenzte es an ein Wunder, dass zwei Schulabgängerinnen der Berufsfachschule für Physiotherapie in Günzburg zusammen mit Mr. Gergan in der Lage waren, im Dezember 2004 in Leh das erste zehntägige „Physio-Camp" für Healthworker auf die Beine zu stellen. Der Einsatz dieser jungen Frauen legte den Grundstein für die Fortsetzung der wertvollen und geschätzten Camps in den darauf folgenden Jahren und ermutigte mich, weiter zu machen, auszuhalten.
Aber von einer „Schule" waren wir noch weit entfernt.
Zwei Powerpoint-Präsentationen in der erwähnten Schule in Günzburg sollten zusätzliches Interesse bei den jungen Leuten wecken und bei einem Vortrag für die Vereinsmitglieder im Haus einer Freundin informierten wir über unsere zweite Reise und deren Folgen. Termine mit der Lokalzeitung bereiteten einen Artikel über die Fortschritte unserer Arbeit vor.

### Lamas in Günzburg

Im November klingelte bei uns das Telefon. Auf dem Display erschien eine Münchner Nummer.
„Hello Karola, here is Lama Padma and Lama Sonam, we are in Munich. Can we come to visit you?" Wir konnten es nicht glauben, dass diese beiden engagierten Mönche es geschafft hatten, mit Hilfe deutscher Buddhisten und Sponsoren nach Europa zu kommen. Sie sollten in einem buddhistischen Zentrum ein Sand-Mandala anfertigen und von einer Station zur anderen reisen und dabei Spenden für das

Kloster Lingshed sammeln. Wir fuhren Ende November durch tiefen Schnee bis nach Graz, Österreich, wo die Organisation „Friends of Lingshed" einen Informationsabend über ihre Arbeit veranstaltete und die Mönche und uns dazu eingeladen hatten. Wir amüsierten uns köstlich über die Reaktionen der einfachen Mönche auf die Herausforderungen unserer westlichen Welt. Die Mönche lachten mit uns zusammen über ihre eigene Überraschung, sie sahen das alles ganz locker. Am Abend der Veranstaltung sollte eine Band mit Latino-Rhythmen den entsprechenden Abschluss bilden. Die Sängerin wippte lässig in ihrem kurzen, schwarzen Trägerkleidchen auf der Bühne hin und her und versetzte die Mönche in ungläubiges Staunen. Noch nie in ihrem Leben war ihnen der Anblick einer solch spärlich bekleideten Frau gewährt worden. Sie trauten sich nicht, selbst Bilder von der Sängerin zu knipsen, sondern beauftragen uns damit.

Mit den Organisatoren sprachen wir ab, dass die Mönche in der Woche vor Weihnachten zu uns nach Günzburg kommen sollten. Wir würden mit ihrer Hilfe einen Vortrag über unsere Behindertenarbeit in der Schule abhalten, die den Sponsorenlauf veranstaltet hatte und die Volksschulklasse meiner Nichte besuchen, um Briefe der Schulkinder aus Lingshed abzugeben und Informationen auszutauschen. Für die Abende ihrer Anwesenheit planten wir gemütliches Beisammensein in unserem Haus und luden alle Freunde und Bekannten zum Austausch mit den Lamas und zur Gemeinschaft miteinander ein.
Der Auftritt der beiden Mönche wurde zum vollen Erfolg. Ich zeigte ihnen unser Krankenhaus, sie besuchten die Professoren unserer beiden Kliniken. Die Presse war anwesend und sie nahmen an einer Adventsfeier für die Patienten teil. Eine lustige Anekdote erfuhr ich erst hinterher: Unser Betriebsfotograf, der bei einer der Begegnungen Bilder von den Mönchen und dem Professor machen sollte, suchte das ganze Gelände nach der Frau Kostial und ihren Lamas ab. Er dachte, ich käme mit der Gattung der Tier-Lamas. Als er endlich zum Fototermin auftauchte und uns erzählte, was ihm passiert war, lachten wir von Herzen und ich fragte ihn, ob er es denn nicht komisch fände, dass ich mit zwei

exotischen Tieren im Krankenhausgelände erscheinen sollte. Er erwiderte: „Der Frau Kostial hätte ich so eine Aktion schon zugetraut."

Ich begleitete die Mönche zu dem Besitzer eines Schuhladens, der den beiden bereits bei unserer zweiten Reise feste Stiefel gespendet hatte, denn sie wollten sich persönlich bei ihm bedanken. Dieser wiederum zeigte ihnen die historische Günzburger Hofkirche im Weihnachtsglanz und wir erfuhren, daß diese schöne Kirche genauso alt war wie das Kloster Lingshed. Die vier Tage füllten sich mit Aktivität, Veranstaltungen und Begegnungen, die uns alle segneten, verbanden und durch ihre Intensität überraschten.
Die Mönche erzählten uns, dass Tashi, unser Horseman, seine Ausbildung als Amchi, als Heiler, fortsetzen wollte und dazu Geld brauchte. Zur gleichen Zeit erhielt ich die E-Mail einer Frau, die gerade von einem Ladakh-Urlaub zurückgekehrt war und der es am Herzen lag, einem Amchi bei der Ausbildung zu helfen. Sie überwies uns später das notwendige Geld und wir gaben es einer Freiwilligen mit, die es an Tashi weiter leitete.

Wie viel kann ein Mensch aushalten, wenn er zwar will, aber plötzlich der Körper nicht mehr mit macht? Ich war so schrecklich müde und Weihnachten stand vor der Tür.
Der Schatten wurde schwarz und verschlang das Licht.
Meine Konzentration ließ nach, meine Laune litt und Geduld entfleuchte in unbekannte Regionen. Ich stritt mich mit Armin, er kam nicht mehr zurück. Jetzt durfte ich alles selber machen. Gott sei Dank hatte ich durchs Zuschauen gelernt, ich musste mich nur noch gründlich in das Programm einarbeiten. Außerdem plante ich meine dritte Reise nach Ladakh für April 2005, diesmal allein, ohne Jürgen. Wir wollten ein großes „Residential Camp" veranstalten, zusammen mit Cynthia und den anderen Partnern. Bei einem solchen Camp wohnen die Teilnehmer die ganze Zeit zusammen in einem Haus. Tagsüber wird unterrichtet, abends Gemeinschaft gepflegt, gebastelt und für den nächsten Tag vorbereitet. Es sollten diesmal nicht nur Healthworker teilnehmen, sondern auch Eltern mit ihren behinderten Kindern. Ich hatte keine Ahnung, was auf mich zukam, war aber

als Hauptinstruktor eingeteilt und hatte den Lehrplan für das Camp vorbereitet.

## Gedankenlose Hilfe

Unser Keller barst vor Kisten voller Schuhen und Kleidern, die von Schulkindern für die Armen in Ladakh gesammelt worden waren. Ich wühlte mich durch den Berg von Spenden, vieles davon völlig unbrauchbar, unpassend und verschmutzt: Schwarze Lederstiefel mit 10 cm hohen Pfennigabsätzen, gammelige Hausschuhe mit Löchern, ausgelatschte Kinderschuhe mit Rissen, Dreck klebte an Stiefeln und im Keller waberten Fußschweißwolken. Enttäuscht über die Gedankenlosigkeit der „Spender" musste ich mich um die Entsorgung der unbrauchbaren Sachen kümmern.
Mindestens 40 Paar Brillen in unterschiedlichen Sehstärken waren gesammelt worden. Aber wie sahen die alle aus! Ohne Brillenetui, verklebt und schmutzig, in Plastiktüten überreicht. Ich schämte mich, solche Gaben mitzunehmen und putzte die Brillen, wickelte sie in saubere Tücher, verpackte sie so, dass man sie transportieren konnte, ohne dass sie zu Bruch gingen. Ein ganzer Sonntag ging mit dieser Brillenaktion drauf und ich war hinterher erschöpft und in Tränen aufgelöst, da ich nicht damit gerechnet hatte, dass es so lange dauern würde. Überhaupt brauchte ich immer länger für die einfachsten Arbeiten, die mir immer mehr Mühe bereiteten. Guter Schlaf floh auf Nimmerwiedersehen, dafür nisteten sich ständige Bauchschmerzen und -krämpfe in mein Leben ein, obwohl die Vereinsmitglieder halfen, wo sie konnten. Sie verschickten den Weihnachtsbrief per Post, kochten für uns, als die Lamas in unserem Haus lebten und zeigten Interesse an allem, was geschah, ein riesiger Trost für mich.

Mit dem Tsunami am 25.12.2004 riss die Spendenflut für die Ladakh-Hilfe plötzlich komplett ab und es kam nichts mehr rein – noch eine Sorge, denn wir hatten Verpflichtungen in Ladakh. Ein hässlicher Kopf tauchte aus dem Chaos der Aktivitäten auf und schien uns höhnisch auszulachen. Er erinnerte uns ständig daran, dass Entwicklungshilfe viele Gesichter hat. Ständige Anfragen in

Form von Briefen und Anrufen von Bekannten aus Ladakh nervten uns mit Bitten um Geld.
„You are sponsor, please help!“
Wir sollten die Schulausbildung ihrer Kinder und alle möglichen anderen Dinge finanzieren. Diese Aktionen gingen sogar so weit, dass sich die Leute gegenseitig in den Briefen und Telefonaten denunzierten.
Wussten denn diese Menschen nicht, dass wir alles, was wir nach Ladakh brachten, hart verdienen mussten und dafür Opfer brachten? Ich fühlte mich manchmal wie eine „Westliche Milchkuh“, die von den Leuten gemolken werden wollte, nur dass ich kaum noch Milch zu geben hatte.
Wir grenzten unsere Aufgabe knallhart ein, in erster Linie wollten wir den Behinderten helfen. Aber wir entschieden uns, trotzdem zu diesen Leuten zu stehen und ihre Kämpfe zu akzeptieren, denn sie wussten es nicht besser. Es war sehr schwer, über die Kluft „reicher Westen – armer Osten“ eine tragbare Brücke zu bauen.

Der Winter kam und meine Nerven gingen. Wachsende Verantwortung und Arbeitslast in meinem Beruf überforderten meine Kräfte und im Februar wurde ich zum ersten Mal krank. Aber es musste weitergehen, denn im April 2005 wollte ich nach Ladakh, um zu unterrichten und zu organisieren. Die Freiwilligen vor Ort leisteten bewundernswerte Arbeit, aber der ständige Wechsel der Einsatzkräfte und die erschwerten Bedingungen vor Ort warfen neue Probleme auf, für die ich verantwortlich war.
Eine Physiotherapeutin hatte sich gemeldet, sie wollte ein ganzes Jahr in Ladakh bleiben. Sie besuchte uns und nahm an einem Diavortrag in Ulm beim „Herrnhuter Arbeitskreis“ teil, einer Gruppe der Uni Ulm, die Manuskripte einer deutschen Missionarsfrau der Herrnhuter Mission aus Ladakh sichteten und aufarbeiteten. Mr. Gergan, unser lokaler Partner, gehörte der Moravian Mission an. Moravian Mission ist die englische Bezeichnung für die Herrnhuter Mission. Ich hatte Kontakt mit der Gruppe in Ulm aufgenommen, nachdem ich Informationen über den Arbeitskreis im Internet gefunden hatte und ich mich sehr für die geschichtlichen Hintergründe interessierte.

Die Moravian Mission ist die einzige christliche Organisation und Kirche in Ladakh und leitet eine der größten und besten Privatschulen im Land. Außer unserer partnerschaftlichen Verbindung und gemeinsamen Interessen in Bezug auf Hilfe für Behinderte bestand keinerlei religiöse Verbindung.

## Die dritte Reise, diesmal allein

Die Vorbereitungen für die dritte Reise liefen auf Hochtouren. Es galt wieder, so viel Hilfsmittel wie möglich mitzunehmen. Diesmal flog ich ohne Jürgen und mit der Turkish Airline, denn diese Fluglinie gestattete 30 Kilogramm Gepäck und ich setzte noch zusätzliche 25 Kilogramm durch, weil ich Hilfsgüter für arme Leute mitnahm.
Am Wochenende vor meinem Abflug plagten mich starke Ohrenschmerzen. Obwohl ich komische Töne hörte und meinte, dass das Klassikradio zu Hause zurzeit sehr viel „schräge“ Musik abspielte, sah ich mich als Hypochonder, immer fehlte mir irgendwas. Ich schrieb meine Müdigkeit und Abgeschlagenheit einfach der vielen Arbeit mit der Reisevorbereitung zu.
Am Donnerstagabend besuchten Jürgen und ich meine Eltern, ich wollte mich verabschieden. Da schneite meine quirlige, achtjährige Nichte herein und unterhielt sich mit uns. Mit Erschrecken stellte ich fest, dass ich ihre Worte buchstäblich zweimal hörte, und das in unterschiedlichen Tonlagen. Außerdem war ich vor Erschöpfung ganz niedergeschlagen. Da wurde mir erst recht mulmig und ich sah mich gezwungen, kurzfristig Hilfe zu suchen. Freitagmorgen, am Tag vor meinem Abflug, telefonierte ich mit meinem HNO-Arzt und er gab mir sofort einen Termin. Auch er untersuchte meine Ohren und konnte nichts feststellen. Aber bei der Hörprüfung platzte die Seifenblase: Hörsturz, wahrscheinlich vom Stress. Er legte mir nahe, morgen nicht zu fliegen, da die Hörfähigkeit meines rechten Ohres auf dem Spiel stand.
Aber er hatte Verständnis für meine Situation und empfahl mir, die Reise mit Aspirin im Gepäck anzugehen und den Stress zu reduzieren. Er setzte mir noch Akupunkturnadeln und ich wusste, dass eine Therapeutin, die gerade in Ladakh war, dieser Technik kundig war. Sie würde mir mit Sicherheit helfen.

Am nächsten Morgen landete ich im Flieger auf dem Weg nach Istanbul und verschlief den ganzen Flug. Nach dem Umsteigen pennte ich weiter und wir erreichten Delhi mit zwei Stunden Verspätung. Es war vier Uhr morgens und der Flug nach Leh startete um 5:30 Uhr. Als ich um 4:45 Uhr den Schalter von Jet Airways auf dem Domestic Airport erreichte, sagte man mir, dass ich zu spät sei, die Fluggäste seien schon beim „Boarding".

Im finsteren Morgen stand ich wütend, enttäuscht und hilflos mitten auf dem Parkplatz, mein Gepäck war irgendwo, ich hatte keine Ahnung, und ich konnte nichts mehr sehen, weil mir die Tränen die Augen verstopften.

Es war wieder mal Zeit für ein Wunder. Da ich offensichtlich losgelassen hatte, konnten hilfreiche Hände eingreifen.

Ein etwa 12-jähriger, indischer Junge zupfte mich am rechten Ärmel.

„Mam, do you need a hotel?"

Ich nickte und er nahm mich bei der Hand. Mir war alles egal. Der Junge führte mich in ein Taxi, von irgendwoherher schleppten sie meine enormen Mengen an Gepäck und brachten mich in ein Hotel ganz in der Nähe, das nicht mal teuer war. Ich legte mich auf das Bett, schlief fast 24 Stunden durch und wachte erfrischt auf, als mich der Service weckte.

Heute wollte ich pünktlich sein und auf silbernen Schwingen über den Himalaya gleiten und endlich in meinem geliebten Ladakh ankommen.

Es war unglaublich, dieses Licht, diese Klarheit. Und ich wurde erwartet. Meine ladakhische Familie schaute neugierig durch die Glastüren des Flughafens. Sie waren schon gestern da gewesen, aber das Flugzeug kam ohne mich. Heute standen sie wieder am Eingang und ich freute mich riesig. Thugjay, Rigzin, ihre Schwester Lobsang, die Oma, Lobsang, die Tante und ihr Mann Dorje, Lama Padma und Lama Sonam und Tashi, unser Horseman. Tashi befand sich gerade auf seinem Amchikurs in Leh.

Da ich keine Zeit hatte, Geld umzutauschen, wurde ich von der neu eingeführten Touristengebühr von 400 INR überrascht und musste mir das notwendige Geld von Lama Sonam borgen. Meine Freunde besorgten ein Taxi und wir fuhren zusammen ins Shanti-Guest-

house, unterhielten uns und tranken Tee. Es war sechs Uhr morgens und sehr kalt.
Später traf ich im Namgyal Institut die drei Physios, die zurzeit die Stellung hielten. Ich kannte Jana, Julia und Nicole nur von Bildern und E-Mails und freute mich riesig, mit ihnen zusammen zu sein. Wir bereiteten das Camp vor und erhielten bei unüberwindlichen Hürden Hilfe von Mr. David, damals der zweite Direktor der Moravian Mission School. Mr. David war außerdem der Präsident vom lokalen Lions Club, hatte mit seiner Familie schon Deutschland besucht und half unvoreingenommen, gerne und praktisch, so auf die Art „Ein Mann, ein Wort".

Nicole behandelte mich mit ihren Akupunkturnadeln und ich ging die Arbeit langsam an.
Wir besuchten das Schloss des Königs, um seine kleine Tochter zu behandeln. Im Kinderzimmer liefen indische Musikvideos. Nachdem wir eine Weile dort hockten und uns unterhielten, fiel mir auf, dass ich die Töne wieder normal hörte. Es ging mir wieder besser, das Problem im Ohr war verschwunden.

## Ein Physio-Camp mit Folgen

Das Leho Centre füllte sich mit Leuten, Cynthia kam mit all den behinderten Kindern aus Kurambik, zusammen mit den Müttern und anderen Familienangehörigen. Insgesamt zählten wir 56 Teilnehmer, die im Centre übernachteten, lebten und lernten. Cynthia hatte einen Koch mit Team organisiert, der alle versorgte. Aber es war immer zu wenig Geschirr vorhanden und oft mussten wir unser Essen mit den Fingern verzehren. Da die Unterbringung in Gruppenräumen statt fand, zogen wir es vor, bis auf zwei Nächte doch in unseren Wohnungen und dem Gästehaus in Leh zu bleiben.

Unsere Schüler waren Buddhisten und Moslems, Healthworker, Lehrer und Eltern. Wir sahen an Bildern, dass einige der Teilnehmer vom ersten Kurs wieder da waren, obwohl wir den fast gleichen Lehrplan anboten. Norboo, unser Übersetzer auf der zweiten Reise, war auch zum zweiten Mal dabei, sowie die Mutter des klei-

nen, behinderten Norboo, Tsewang Yangdol, eine schüchterne Lehrerin, die uns das Wissen mit ihren Augen von den Lippen saugte.
Jana begann den Morgen mit Gymnastik im Freien und weckte die ganze Bande mit ihrer Fröhlichkeit. Wir entdeckten, dass die Einheimischen bei Geschicklichkeitsübungen mit dem Pezziball relativ schlecht abschnitten, sich aber wie Kinder über diese Spiele freuten. Das Berühren der Leute untereinander, vor allen Dingen zwischen Moslems und Buddhisten, galt als Tabu. Aber wir machten vor, stellten Forderungen und diese Tabus zerbröselten zu Staub. Sie traten ein in eine neue Welt und betrachteten sie mit offenen Augen und kindlichem Staunen. Mit diesen Menschen zu arbeiten bereitete mir große Freude und erfüllte mich mit Dankbarkeit.
Die ehemalige Freiwillige Sigrid, eine erfahrene Kindertherapeutin, hatte uns ein Video zur Verfügung gestellt, auf dem sie bei ihrer Arbeit in Deutschland mit schwer- und schwerstbehinderten Kindern zu sehen war. Außerdem hatte sie ein informatives und lehrreiches Album mit Bildern von deutschen behinderten Kindern und ihren Problemen angefertigt. Diese Materialien faszinierten unsere einheimischen Schüler, denn für sie war es unvorstellbar, dass wir in unseren westlichen Ländern auch mit solchen Problemen kämpften. Stundenlang hockten sie vor dem Film, beobachteten immer wieder Sigrids Arbeit und unterhielten sich darüber.
Cynthia ließ ihre Beziehungen zur Indischen Armee spielen. Die Soldaten transportierten an mehreren Nachmittagen alle unsere Kinder zum Armee-Zahnarzt, der ihnen die faulenden und eitrigen Zähne zog. Das war vor allen Dingen bei Diskit ein riesiges Problem gewesen und sie schien danach sehr viel fröhlicher zu sein. Mit den kaputten Zähnen waren auch die Schmerzen verschwunden. Sonam, ihre Mutter, genoss das Camp mehr als alle anderen. Mit den vielen unterschiedlichen Leuten um sich, konnte sie sich austauschen, helfen, auf die Nerven gehen, lernen und spürte das Mitgefühl der Teilnehmer für ihre Tochter. Ich glaube, dass diese Frau nach dem Camp neuen Auftrieb, Bestätigung und Offenheit mit nach Hause nehmen konnte.
Dorje Lamo, das aggressive, geistig behinderte Mädchen, teilte einige Faustschläge aus, wurde aber trotzdem von den Menschen akzep-

tiert. Ein Onkel begleitete sie und sorgte mehr schlecht als recht für das schwierige Kind.
Little Mingjur aus Domkhar kam mit seiner Tante. Er zeigte autistische Tendenzen und lächelte sehr selten, sprach nie und ließ sich nicht zum aufrechten Gehen bewegen, obwohl er dazu imstande war. Er spielte mit den Puzzles, Bausteinen und schaute sich Bücher an.
Tughjay und Rigzin glänzten wie fröhliche Sterne im bunten Gewimmel. Mit ihrer Erfahrung half Tughjay vielen Eltern und sprach ihnen Mut zu und Rigzin gewann mit ihrem offenen Lächeln und ihrer sanften Aufmerksamkeit die Herzen aller Teilnehmer. Unsere Schüler kümmerten sich aufopfernd um diese Kinder und viele andere, die nur für einen Tag vorbei gebracht wurden.

Als wir eines Morgens starteten, bemerkte ich, dass eine ganze Reihe neuer Leute da war. Aber ich dachte mir nichts dabei, vielleicht neue Schüler. Mich überraschte hier nichts mehr. Erst am späten Nachmittag, nachdem die Neuen alles mitgemacht und sich an allen Übungen beteiligt hatten, wurden mir die Leute vorgestellt. Es waren große und kleine Patienten aus entlegenen Gegenden, die den weiten Weg nicht gescheut hatten, um die Gelegenheit wahrzunehmen. Wir untersuchten und behandelten sie, erteilten Ratschläge und verschenkten Hilfsmittel.

Soweit so gut…
Es lief auch alles nach Plan ab, natürlich wie immer in Ladakh mit viel Diskussion, Missverständnissen, Frust und Gelächter. Für mich waren die Kommentare von einigen der sehr engagierten Healthworker das schönste Resultat dieses Camps: „Warum wissen wir alle nichts von Behinderungen? Warum lernen wir nichts darüber in der Ausbildung? Diese Kinder und ihre Familien brauchen offensichtlich Hilfe und wir wollen ihnen helfen.“ Es sollte sich später zeigen, dass diese lieben Menschen zu ihrem Wort standen. Sie selbst hatten in ihrer Ausbildung nicht einmal das Wort Behinderung gehört. Und jetzt lebten sie mit den Behinderten Tag und Nacht zusammen und erkannten, dass es Menschen waren, die Hilfe brauchten, die akzeptiert und unterstützt werden sollten.
Wir waren sehr glücklich über diese Erkenntnis.

Die intensive Begegnung von Gesund und Behindert und den betroffenen Familienangehörigen hinterließ bei allen sehr tiefe Spuren. Vor allen Dingen profitierten die Mütter der Kinder von der Beachtung und Hilfe. Von unseren Volontärinnen hörte ich später immer wieder von „unseren" Kindern, die danach in die Schule integriert worden waren und im Dorf regelmäßig besucht wurden, wie beispielsweise der kleine Mingjur. Cynthia organisierte eine selbst gebastelte Gehhilfe in Form eines Lastwagens und in kürzester Zeit konnte er laufen, nahm von da an jeden Tag am Schulleben in Domkhar teil und tanzte morgens zu den buddhistischen und englischen Liedern, die von den Kindern gesungen wurden.
Jeden Morgen hockte ich auf dem Betonboden vor dem Eingang des Leho Centers und schaute in die Berge, deren weiße Hauben vor dem klarblauen Himmel leuchteten und schimmerten. Ihr Anblick faszinierte mich immer wieder aufs Neue und schenkte mir Kraft für den Tag.
Wenn Cynthia Zeit hatte, gesellte sie sich zu mir. Ihrer außerordentlichen organisatorischen Leistung war das Camp überhaupt zu verdanken. Ihre und unsere Organisation trugen gemeinsam die Gesamtkosten für das Camp. Jeden Abend nach Seminarende hockte Cynthia in ihrem kleinen Kämmerchen und trug die gesammelten Informationen des Tages auf ihrem Laptop zusammen und druckte sie als Handout für die Teilnehmer aus.
Zum Abschluss des Camps gab es eine große Zeremonie, zu der wir vier Deutschen in ladakhischer Tracht erschienen. Diese Geste wurde von den Teilnehmern mit großem Respekt und Anerkennung aufgenommen. Von mir wurde eine Ansprache erwartet und prompt begrüßte ich einen der anwesenden V.I.P.s mit dem falschen Namen. Sogar der C.M.O., Mr. Dawa, war präsent, Mr. Gergan hatte seine Beziehungen spielen lassen. Ein Ornigramm mit meinen Ideen für die Zusammenarbeit bei den zukünftigen Camps drückte ich dem viel beschäftigten Dr. Dawa beim Abschluss in die Hand und forderte ihn zur Stellungnahme heraus. Ich glaube, er war erstaunt über meine Persistenz und setzte sich spontan mit uns an den Beratungstisch, wo wir einen Plan ausarbeiteten, bei dem der C.M.O. eine große Rolle und die Hauptkosten übernehmen würde. Es sollte eine offizielle Anweisung an alle Healthworker in Ladakh gehen, an un-

seren Camps teilzunehmen, für uns ein voller Erfolg auf der ganzen Linie. Bei allen Hausbesuchen unserer deutschen Freiwilligen in den Dörfern sollte immer der zuständige Healthworker dabei sein, die Betreuung des Kindes lernen und sich darum kümmern, wenn wir nicht da waren. Die nächsten Camps für den Rest des Jahres wurden sofort geplant.

Nach dem Camp nahmen wir uns einen Tag Auszeit, um ein paar Klöster zu besuchen, eine wunderschöne und erholsame Erfahrung in der Gemeinschaft. Danach organisierte ich zusammen mit unseren drei Freiwilligen die Einsätze, die bessere Ausstattung der Wohnungen, ließ ein Telefon installieren, kaufte ein Mobil-Telefon für unterwegs und kümmerte mich um Schnittstellenprobleme. Der Transport der Freiwilligen in die Dörfer stellte weiterhin die größte Schwierigkeit dar. Die Fahrt mit dem öffentlichen Bus war lang und zeitraubend, mit dem Taxi schnell, aber teuer. Aber wir fanden keine befriedigende Lösung. Außerdem beschlossen wir, dass kurze Einsätze unter acht Wochen nicht machbar waren. Der ständige Therapeutenwechsel überforderte die Kinder und für mich war es ein immenser organisatorischer Aufwand, so viele Leute entsprechend einzuteilen. Bisher hatte das Abholen der Freiwilligen vom Flughafen ganz gut geklappt, aber es wurde zusehends unzuverlässiger. Der Fahrer von Mr. Gergan „vergaß“ die Freiwilligen immer öfters. Also beschlossen wir, dass die Leute selbst mit dem Taxi in unsere Wohnungen fahren sollten.

### Unfachliches Interesse

Da die indische Armee großes Interesse an unserer Arbeit gezeigt hatte, bekniete ich auch hier in Form von Briefen und persönlichen Besuchen die offiziellen Stellen um Transportmittel für unsere Einsätze, leider ohne Erfolg.
Spannend war, dass die indische Armee mehr als nur fachliches Interesse bekundete. Ein hübscher Major der Ladakhi-„Pathfinder“ fand Gefallen an unserer Jana und tauchte immer wieder in der Wohnung auf, um mit uns zu kochen, zu ratschen und Jana auszufragen. Das war aber nicht alles: Sogar ein Mönch wollte sein „heiliges“

Dasein aufgeben und die blonde Julia ehelichen. Solch eindeutige Angebote verlangten natürlich enorme Standfestigkeit von den deutschen Therapeutinnen.
Bei vielen anderen Freiwilligen blieb es nicht nur bei „Versuchen“. Manche Liebesgeschichte zwischen „German Girl“ und „Ladakhi Boy“ erheiterte den Alltag und schuf Brücken ganz anderer Art. Mit diesen Entwicklungen hatte ich natürlich überhaupt nicht gerechnet, fand sie aber spannend und bereichernd.
Ich verließ Ladakh Anfang Mai, kehrte sofort in den Berufsalltag zurück und knüpfte da an, wo ich vor vier Wochen aufgehört hatte: Bei Stress und Problemen. Das rote Stopplicht ignorierend, leerten sich meine Batterien sofort und der Schatten übernahm. Ich war gewarnt worden, aber trotzdem in die Falle gelaufen.
Ein völliger „Burn Out“ zwang mich in die Knie und somit sechs Monate in den Krankenstand. Meine Kapazitäten waren überschritten, ich hatte meine Kräfte überschätzt. Jetzt half mir auch mein Idealismus nicht mehr, ich war zu intensiver Reflektion gezwungen und sah Dinge so, wie sie wirklich waren und dachte viel über Entwicklungshilfe nach. Ich wollte nichts mehr hören und sehen, nur noch schlafen.
Trotzdem brannte das Feuer für Ladakh weiterhin in meinem Inneren und gab mir die Kraft und den Mut, einen Neuanfang zu wagen. Nachdem ich mich erholt hatte, suchte ich nach Wegen, mein Leben und die Arbeit der Ladakh-Hilfe weiter zu führen, ohne mich zu verheizen. So gerne ich es wollte, aber die Einnahmen der Ladakh-Hilfe reichten nie und nimmer für eine Anstellung beim Verein, obwohl es für mich fast ein Vollzeitjob war. Ich musste also weiterhin versuchen, meinen Lebensunterhalt anderweitig zu verdienen.

## Gemeinsames Brückenbauen

Im Juni besuchte mich eine fünfzehnköpfige Gruppe ehemaliger und zukünftiger Freiwilliger und bei diesem Treffen wurden die Pfeiler und Fundamente der neuen Brücken nach Ladakh gefestigt und erweitert. Wir besprachen den Lehrplan für die Camps und jeder wollte einen Teil der Ausarbeitung übernehmen. Wir planten Einsätze, Homepageartikel, Verbesserungen und Änderungen des Freiwilligenkatalogs. Die Freiwillige, die im Juli für ein Jahr nach Ladakh gehen würden, wollte die Hauptverantwortung vor Ort übernehmen. Eine der Teilnehmerinnen am Treff spendete einen gebrauchten Laptop, den die nächsten Therapeuten mit nach Ladakh nahmen. Dieser Laptop förderte die Kommunikation und Möglichkeiten der Freiwilligen enorm, gab aber bald den Geist auf. Wir erkannten, dass die ursprünglichen Pläne einer Physiotherapieschule, wie wir sie in Deutschland kannten, im Moment in Ladakh unmöglich waren und unsere Kapazitäten überstiegen.

Das ganze Jahr über schickten wir orthopädische Schuhe mit den Freiwilligen nach Ladakh. Bei uns standen vier große Kisten mit gespendeten, nagelneuen Schuhen in allen Kindergrößen im Keller. Die Freiwilligen nahmen immer zwei bis drei Paare im Ameisentransport mit.
Im Herbst dieses Jahres geschah in Ladakh einiges: Die engagierten Langzeit-Freiwilligen gründeten mit der Moravian Mission Schule eine Tages-Sonderschule für Behinderte, an der auch Rigzin teilnahm. Außerdem fanden noch zwei Physio-Camps statt, eines im August und ein weiteres im November. Kontakte in Ladakh wurden gestärkt. Die neue Behinderten-Sonderschule, MAC (Moravian Ability Centre) wurde langsam und mit Überlegung von unseren Leuten eingerichtet.

Nicole, die Physiotherapeutin vom gemeinsamen Einsatz im April, schrieb mir und teilte mir mit, dass sie in den nächsten Jahren auch längere Zeit nach Ladakh wollte, aber aufgeteilt auf die Sommermonate. Nicole sollte in den nächsten Jahren eine unserer eifrigsten Brückenbauerinnen werden.

In Deutschland nahmen Jana, Julia und Nicole im November an Dieter Glogowskis Weitsichtfestival in Frankfurt teil und vertraten mit einem Stand unser Anliegen. Dieses Festival sollte in der Zukunft ein zusätzlicher Brückenschlag zwischen Menschen und Ländern werden, denn jedes weitere Jahr folgten sie Dieters Aufruf nach Frankfurt. Ladakh-Reisende erfuhren dabei von unserer Arbeit, setzten sich vor ihrem Flug mit uns in Verbindung und nahmen Materialien und Hilfsgüter mit, besuchten unsere Einrichtungen in Ladakh und ermutigten uns durch ihre Anteilnahme.

Ich nahm im Oktober wieder meine Arbeit im Krankenhaus auf und stellte einen Antrag auf Reduzierung meiner Arbeitszeit auf 75% ab 1.1.2006. Ich hoffte, mit diesem Freizeitgewinn dem Schatten weniger Raum in meinem Leben zu geben. Ich fürchtete ihn nicht mehr, denn Schatten gehört zu Licht. Es lief nicht alles perfekt und manchmal schienen die Wochen im Chaos zu versinken. Ich ließ es einfach zu und konnte danach den Phönix bewundern, der aus der Asche zerstörter Illusionen und Träume in den Himmel stieg und mir neue Zuversicht einflüsterte. Die Tragweite unserer Arbeit überraschte selbst uns, denn wir hatten nie damit gerechnet, daß wir in so kurzer Zeit so viel erreichen würden. Manchmal glaubte ich, Zauberei wäre im Spiel, denn die Entwicklungen erschienen mir zu schnell, zu gut, zu unheimlich. Aber im gleichen Verhältnis wuchs auch die Verantwortung.

**Scheinbar negative Entwicklungen leiten positive Veränderungen ein**

2006 startete ruhig und viel versprechend. Mit zusätzlicher Freizeit war es mir nun möglich, mich mehr um den Brückenbau nach Ladakh zu kümmern. Ein großer Freiwilligen-Treff fand im Februar in Würzburg statt, viele Infos flossen.

Dann fingen die Schwierigkeiten an: Die Therapeutin, die ein Jahr bleiben wollte, brach nach 8 Monaten vorzeitig ab. Die Bedingungen, der harte Winter und das viele Alleinsein forderten ihren Tribut. Damit stimmte die Therapieplanung nicht mehr, eine Freiwillige war zwei Wochen lang völlig allein und beschwerte sich.
Aber jeder Entwicklung folgte eine Reaktion, denn wir waren am Wachsen und somit ständig auf der Suche nach gangbaren Wegen, wir mussten erst Strukturen für uns schaffen, uns entwickeln und anpassen.
Oft gingen die Meinungen auseinander, es bildeten sich Lager. Bei so vielen involvierten Menschen war das kein Wunder. Es galt, klare

und kluge Entscheidungen zu treffen, was mir nicht immer gelang. Meist entschied ich aus dem Bauch heraus, weil mir aus der Ferne die Fakten oft verzerrt und mit persönlichen Meinungen gespickt erschienen.
Die Freiwilligen der ersten Zeit hatten große Strapazen und Entbehrungen auf sich genommen und trotzdem wahnsinnig viel geleistet. Uns war allen nicht klar gewesen, wie schwierig und Kräfte zehrend so ein langer Einsatz für eine Person sein würde. Heute bewundere ich die Therapeutin, die unter den harten Bedingungen acht Monate ausgehalten und so viel geleistet hat.

Wir mussten reagieren, dieser Vorfall gab uns einen neuen Impuls. Ich besprach mich mit anderen engagierten Therapeutinnen, von denen mir mittlerweile eine ganze Handvoll zur Seite stand. Wir brauchten dringend eine einheimische Angestellte, die sich als konstanter Faktor um die Freiwilligen kümmern würde und Ruhe in den ständigen Wechsel bringen konnte. Als Nicole im Sommer in Ladakh auftauchte, fand sie Dolkar, eine arbeitslose Studentin. Wir besprachen uns, stellten das lebendige und lustige Mädchen ein und sie engagierte sich über unsere kühnsten Erwartungen hinaus.

Im Mai stürzte mein Computer ab und alle Daten in Outlook, Adressen und Informationen gingen verloren. Ich wusste nicht mehr, was ich mit welchen Leuten vereinbart hatte, weil die Korrespondenz fehlte und ich stiftete viel Verwirrung unter den Freiwilligen. Einige sprangen ab, ich musste Ersatz finden.

Zwei weitere, hoch qualifizierte Kindertherapeutinnen kamen in Ladakh an und flogen nach zwei Wochen wieder nach Hause. Sie hielten den Schmutz, den Staub, die Wanzen und Läuse nicht aus, die Wohnungen waren unter Standard, die Wohngemeinschaft zu unstrukturiert. Wieder ein scheinbar herber Rückschlag. Ich versuchte zu vermitteln, telefonierte, schrieb und überlegte, ohne Erfolg. Die beiden traten dazu noch aus dem Verein aus, ein schlechte Werbung für uns..
Dem Ereignis folgte der verregnete August 2006, durch den ganz Ladakh und unsere Wohnungen großen Schaden nahmen. Die Frei-

willigen durften tagelang nicht aus ihren nassen Häusern; überschwemmte Straßen und weggerissene Brücken verhinderten Fortbewegung. Ich konnte niemanden erreichen und zitterte um das Wohlergehen unserer Leute. Aber Nicole hatte alles im Griff und verbreitete gute Laune. Ihre Eltern kamen zu Besuch und unterstützten sie.
Trotz der Schwierigkeiten gelang es den Freiwilligen, zusammen mit dem C.M.O. weitere Physio-Camps für die Healthworker zu organisieren und die Ausbildungen fortzusetzen.
Die Therapeutinnen wollten ihren eigenen fahrbaren Untersatz für Hausbesuche und Besorgungen, da die Fußwege sehr viel kostbare Zeit verschlangen. Wir diskutierten lange über das Für und Wider und entschlossen uns dann, einen Skooter zu kaufen, wie er in Ladakh üblich war. Die Anschaffung war für den Verein erschwinglich und der Roller beförderte immerhin zwei Personen schnell und effizient.

## Vierte Reise ins Wunderland

Im Sommer erhielt ich Besuch von Kathrin, einer Physiotherapeutin, die gerade von ihrem Einsatz aus Ladakh zurück kam. Ihre Begeisterung steckte mich an und erweckte einen schlummernden Wunsch zum Leben: Ich würde im Herbst wieder nach Ladakh fliegen und mich vor Ort um das Hilfswerk kümmern. Zusammen mit Kathrin besuchte mich eine Therapeutin, die ab November 2006 wieder für ein Jahr nach Ladakh wollte. Diesmal war ich schon skeptisch, ob das wohl gut gehen würde.

Warum wurde Indien für mich immer mehr zum Wunderland? Wollte ich nur weg vom Alltag, vom Stress, allein sein, mich vom „orientalischen“ Strom treiben lassen oder war es pure Freude an dieser Arbeit?
Ich steckte bis zum Hals in den Vorbereitungen für den Abflug am morgigen Samstag. Jürgen kämpfte mit den Anforderungen der Schule zum Orthopädietechnik-Meister, fuhr jeden Tag mit dem Zug nach München und kam erst spät abends wieder zurück. Auch an den meisten Wochenenden nahm er an Seminaren teil. Ich hatte

bis zum letzten Moment gearbeitet und vor mir türmte sich noch ein Berg von Arbeit auf. Da rief Jürgen an, just nachdem ich das Handy angeschaltet hatte und sagte mir, dass ich ihn gleich vom Bahnhof abholen könne, er war früher zu Hause. Er half mir beim Packen und dann lud er mich zum Abschiedsessen beim Griechen ein, eine willkommene Erleichterung. Trotzdem schlief ich sehr schlecht und wachte ständig auf. Aber um drei Uhr war ich fit und „ready to go“.

4:15 Uhr ab Reisensburg, 5:20 Uhr an Stuttgart Flughafen. Jürgen raste sofort wieder zurück nach Günzburg und mit der Bahn weiter nach München. Ich checkte das Gepäck ein und musste die Krücken als Sperrgepäck aufgeben. Jacky, unser Hund, war bei mir und benahm sich vorbildlich. Eine Frau fragte mich ganz neugierig, ob ich den Hund denn mitnehmen würde und wie man denn so etwas praktisch anstelle. Ich wollte mit gar niemandem reden, denn der griechische Tsatsiki vom gestrigen Abend umgab mich mit störenden Knoblauchwolken. So früh am Morgen flatterten meine Nerven, aber ich musste noch Marco und meine Enkelin an der S-Bahnstation abholen, die den Hund mitnehmen sollten. Als ich auf das Gleis trat, kam in dem Moment die S-Bahn und meine zweijährige Enkelin Charly-Ann erkannte mich sofort und rannte voller Freude in meine Arme. Der Hund freute sich und wir zockelten zu McDonalds zum Frühstücken. Jacky zog Charly-Ann in der Gegend herum und diese versuchte den Hund zu kommandieren. Es war einfach ein Bild für Götter, das Kind im Schlepptau vom Hund. Charly-Ann verbrannte sich am heißen Kakao den Mund, dann fiel sie die Stiegen runter und schrie wie am Spieß, aber sonst war es köstlich, die Kleine da zu haben. Die beiden nahmen den Hund mit, der für die Zeit meiner Abwesenheit bei der Familie meiner Tochter in Stuttgart blieb.

Pünktlich in Paris eilte ich zum Terminal 2A und stand mir mit den vielen Passagieren die Beine in den Bauch, weil das Flugzeug noch nicht fertig geputzt war. Über 400 Leute drängten in den Flieger und ich fühlte mich immer noch schlapp. Wir starteten mit einer Stunde Verspätung, kamen 40 Minuten zu spät in Delhi an, mussten weitere 40 Minuten auf einem Parkplatz warten und dann standen wir wieder 40 Minuten am Zoll. Bis ich mein Gepäck hatte, war es fast ein

Uhr. Zuerst konnte ich die Krücken nicht finden und glaubte sie schon verloren, obwohl ich das Servicepersonal ständig danach fragte. Aber dann sah ich sie ganz zum Schluss irgendwo in einer Ecke liegen. Beim Geldwechseln wollte mich der Typ von der State Bank of India übers Ohr hauen und gab mir 2000 INR zu wenig raus. Eine innere Stimme sagte mir, dass ich nachzählen solle und ich forderte mein restliches Geld heraus.

Mit einem Pre-paid-Taxi erreichte ich später als geplant um 1:30 Uhr das Hotel. Der nette Taxifahrer erklärte mir beim Vorbeifahren die Geschichte einiger Gebäude und Skulpturen, ich musste einfach zuhören, obwohl ich todmüde war. Er bot mir an, mich später wieder abzuholen zur Weiterreise an den Domestic Airport. Überaus freundliches, exzellent englisch sprechendes Personal nahm mich in Empfang und gab mir das Gefühl, dass ich am rechten Ort war. Ich duschte und streckte mich aus, was für ein Genuss! Der altbekannte Geruch von Mottenkugeln begleitete mich in einen kurzen Schlaf, der mich erfrischte. Nach dem Wecken gönnte ich mir ein reichliches Frühstück und ließ mir vom Boy starken Tee, Rühreier und Toast bringen. Mein freundlicher Taxifahrer holte mich pünktlich wieder ab. Nachdem ich auf dem Domestic Airport viel zu früh mit dem Einchecken fertig war, ärgerte ich mich, denn ich hätte gut noch eine Stunde länger schlafen können. Ich nahm mir vor, das nächste Mal nicht so vorsichtig zu sein. Da man nur ein Handgepäckstück mit an Bord nehmen durfte, behielt ich meinen Laptop und checkte den Rucksack ein.

In Delhi erschienen mir die Leute durchweg freundlich und ich fühlte mich wie zu Hause. Ich mochte diese lächelnden, unkomplizierten Inder. Das Lächeln der jungen Menschen strahlte herzlich und offen, sie schauten mich frei und ohne Scheu an. Kein verstecktes Getue oder Überlegenheit, sondern viel Herzlichkeit und Selbstbewusstsein. Jeder half, mit vielen konnte man quatschen. Die Leute schienen mir auch nicht so abweisend und verbissen wie bei uns. Es gab immer und überall Massen von Menschen und sie schauten ungeniert, aber nicht bohrend und frech, ich fühlte mich nie bedrängt. Ich war schon gespannt auf Ladakh, wie das Land diesmal auf mich

wirken würde und was ich für das Land bewirken könnte. Ich meinte, in meinen Träumen schon einmal in Ladakh gelebt zu haben, in einem Dorf, ganz im Einklang mit der Natur.
Diesmal wurde ich mit großem Hallo von Nicole, Christine und Dolkar abgeholt. Die goldene Oktobersonne wärmte mein Herz und ich warf mich voller Inbrunst in die Arme dieses Landes.
Kühne Gedanken nahmen in meinem Innersten Form an: Mehr einheimische Angestellte, qualifizierte, kinderliebe Leute, die viel Verantwortung übernehmen konnten; ein eigener Jeep, mit dem man überall hin reisen konnte; saubere, ordentliche Unterkünfte für die Freiwilligen, vielleicht sogar irgendwann ein eigenes Gebäude mit einer Ausstattung, die dem westlichen Standard angepasst war. Träume und noch mehr.
Träume, deren Verwirklichung viel Geld kosten würde. Aber es war schön zu träumen.

Mit Nicole verbrachte ich die ersten Tage mit Austausch, Planung und Übergabe. Da wieder eine Therapeutin wegen Schwangerschaft ausgefallen war, blieben nur noch Nicole, die Ergotherapeutin Christine und ich übrig. Und natürlich Dolkar. Ich war so glücklich, als ich erkannte, dass die Anstellung dieser jungen Frau einen Quantensprung für uns bedeutete und ich wollte gleich noch mehr Leute einstellen. Aber die mussten erst noch gefunden werden.

Wir trafen uns mit dem König von Ladakh, dem Leiter des Namgyal Instituts und diskutierten seinen Wunsch, noch intensiver mit uns zusammen zu arbeiten und einen einheimischen Verein zu gründen. Wir führten viele Gespräche, trafen uns mit Helfern, die in anderen Organisationen arbeiteten und besuchten Freunde.
Da die untere unserer beiden Wohnungen tatsächlich in einem desolaten Zustand war, überlegten wir eine gründliche Renovierung. Für diese Aufgabe heuerten wir zwei Arbeiter aus dem „Valley“, aus Nordindien an. In der ersten Novemberwoche würden alle Hilfsarbeiter wieder Leh verlassen, um in den Süden zu ihren Familien zurück zu kehren. Deswegen galt es in der letzten Oktoberwoche: Jetzt oder nie. Ohne Schutzmasken schmirgelten die

zwei gründlichen und freundlichen Männer die Decken und Wände, spachtelten die vielen Löcher in den Wänden und strichen Regale, Tür- und Fensterrahmen und die Decken der Zimmer mit einer stinkenden, weißen Lackfarbe. Die vorher schmutzigbraunen Holzdecken leuchteten hinterher weiß, alles strahlte in gründlicher Sauberkeit. Die Wände wurden getüncht und wir ließen Holzlatten anbringen, an denen die ständig wechselnden Freiwilligen ihre Bilder aufhängen konnten. Die Männer verlangten gerade mal 200 INR Lohn pro Tag für ihre schwere Arbeit, eine durchaus erschwingliche Renovierung. Aber sie benötigten eine ganze Woche für die Arbeit, Christine und ich lebten auf einer Baustelle. Ich nahm den Farbgestank im Koffer und die Farbe selbst an meiner Jacke mit nach Hause, Jürgen war später entsetzt, denn da waren ordentlich giftige Dämpfe durch unsere Lungen gezogen.

Wir besorgten neue, dicke Matratzen zum Sitzen, warme Teppiche, brachten dicke Vorhänge an Fenstern und Türen an und stellten kleine Holzöfen auf. Alle Fenster wurden mit dicker Plastikfolie von außen bezogen, um die Kälte davon abzuhalten, durch die undichten Ritzen und Fugen ins Innere zu drängen.

Um den Freiwilligen das tägliche Leben zu erleichtern, stellte ich Rigzins Mutter halbtags zur Reinigung der Wohnungen ein. Für Europäer war es schwierig, dem allgegenwärtigen Staub mit den primitiven örtlichen Mitteln Herr zu werden. Jeder trampelte mit Schuhen in den Wohnungen herum und es gab keinen Staubsauger. Wir stellten neue Hausregeln auf mit der Absicht, dass die Wohnungen wirklich sauber und lebenswert blieben und die Freiwilligen sich wohl fühlen konnten.

Nicole hatte im Frühsommer einen guten, gebrauchten Laptop aus Südindien mitgebracht. Um die Ausrüstung zu komplettieren, kauften wir noch einen Drucker. Ich ließ einen Holzschreibtisch anfertigen, der genau in unser Wohnzimmer/Office passte und in dem alle unsere Ordner, Unterlagen und Materialien untergebracht werden konnten und besorgte einen bequemen, gepolsterten Stuhl.

## Der alte Mann

An einem Renovierungsnachmittag wanderte ich in die Innenstadt auf der Suche nach bestimmten Nägeln, die wir für die Renovierung benötigten. In den vielen winzigen Garagenläden kramten die Verkäufer ohne Erfolg mit mir in ihren Schachteln. Mein letzter Stopp galt einem Laden am Ende der Main Street. Ich wartete unter den Kunden, bis der alte Mann im Shop für mich Zeit haben würde. Je länger ich dem gut gelaunten Verkäufer zuschaute, desto mehr faszinierte er mich. In seiner Ladakhi-Tracht bewegte er sich in einem Wirrwarr von Schachteln, Tüten und Kisten, stieg über Balken und Körbe, wühlte vor sich hin murmelnd in Truhen. Die Käufer halfen dem Mann, ihre gewünschten Schätze mit Tipps in die eine oder andere Richtung seines chaotischen Ladens zu finden. Alle lachten und es schien mir wie ein großes Spiel, an dem alle gelassen teilnahmen. Der alte Mann fand die Plastikrolle, die ein Kunde suchte, aber jetzt fehlte ihm die Schere. Nun begann die Suche von neuem. Von meinem Standpunkt aus entdeckte ich das gewünschte Objekt, zog es heraus und gab es ihm. Überrascht schenkte mir der Alte ein freundliches Lächeln und ein paar unverständliche Worte. Unbeholfen versuchte er mit ein paar ähnlich ungeschickten Helfern, Plastik in bestimmter Länge abzuschneiden. Diese Plastikplanen wurden, wie in unserer Wohnung, in Ladakh im Winter vor die Fenster getackert, um die Kälte abzuhalten. Da ich daneben stand, griff ich einfach zu und schon war ich mitten im Geschäft und wurde zur Hilfsverkäuferin. Wir verstanden uns prächtig, der Alte und die Deutsche, auch ohne große Worte. Ich liebte sein herzliches Lächeln, das sich in dunklen Furchen tief in sein Gesicht gegraben hatte. Dann waren alle Kunden weg und ich kam an die Reihe. Mittlerweile erschienen mir die gesuchten Nägel nicht mehr wichtig, ich hatte etwas Besseres gefunden. Die spontane Begegnung mit dem alten Mann füllte mich mit warmer Ruhe und Verbundenheit. Genau das liebte ich so an diesem Land. Ich musste dieses Gefühl auch nie suchen, es begegnete mir immer wieder von selbst.

## Dank einer Mutter

Tsewang Yangdol, die Mutter des CP-Kindes Norboo, drängte uns hartnäckig mit einer Einladung zum Lunch. Sie lebte mit ihrer großen Familie mitten in Leh in einem geräumigen Haus. Der Opa brachte Norboo immer ins MAC und widmete sich dem Jungen und seiner Entwicklung mit Hingabe. Endlich fanden wir Zeit und wurden von der ganzen Familie sehr freundlich und zuvorkommend empfangen und bedient. Norboo krabbelte am Boden herum und nahm die Küchenmaschine auseinander. Er zeigte sich äußerst interessiert an technischen Geräten, ein typischer Junge. Der Papa brachte ein kleines, hübsches Mädchen von etwa 10 Monaten in den Raum. Es war Norboos jüngere, gesunde Schwester. Wir waren überrascht, denn wir hatten nicht gewusst, dass Tsewang noch ein Kind bekommen hatte. Dann erzählte uns die Mutter ihre ganze Geschichte: Als sie mit Norboo in den Wehen gelegen hatte, platzte ihre Fruchtblase. Im Krankenhaus lag die Frau mehrere Tage in diesem Zustand und quälte sich endlos mit Wehen, aber das Kind wollte nicht kommen. Endlich holte man das Baby mit einem Kaiserschnitt, aber es war zu spät. Sauerstoffmangel hatte in seinem Gehirn schon Schäden angerichtet. Die Mutter quälte sich die Jahre nach Norboos Geburt mit schrecklichen Selbstvorwürfen. Sie hatte immer nur gehört und geglaubt, dass sie selbst Schuld sei an der Behinderung ihres Sohnes. Die religiösen Hintergründe schürten diese Einstellung durch den Glauben an das Karma.

Dann erfuhr sie in unseren Camps und Seminaren die Wahrheit. Stück für Stück bröckelten alte Vorurteile und Schuldgefühle ab und wurden durch Erkenntnis und Zuversicht ersetzt. Die Frau hatte den Mut zu einer zweiten Schwangerschaft. Als die gleichen Schwierigkeiten auftauchten, wie bei der ersten Geburt, bestand sie selbstbewusst auf einen sofortigen Kaiserschnitt und die Tochter kam gesund zur Welt. Tränen strömten aus ihren Augen, als sie mich darum bat, ihren Dank an alle Freiwilligen weiter zu geben. Sie erzählte uns, dass sie selbständig in unterschiedliche Städte ihres Landes reiste, um Behinderte auf die Arbeit der Ladakh-Hilfe aufmerksam zu machen.

## Eisiger Ausflug an den Tsi Moriri See

Bei unseren Reisen durch Ladakh stolperten wir über Unerwartetes wie über staubige Steine auf dem Weg und wir wurden verfolgt von Herausforderungen wie von Jägern, unablässig auf der Suche nach Opfern. Das Lachen der Menschen in dieser Himalaya-Region wärmte mein Herz und verdrängte die Schatten der Not, des Schmutzes und der Entbehrungen dieses Volkes, die schwer in meinen Tagen hingen. Noch nie hatte ich das Land zu so später Jahreszeit erlebt. Ich wusste um die Kälte und deswegen befanden sich dicke Wollsocken, warme Fleece-Jacken, Wollpullover und ausreichend lange Unterwäsche im Gepäck.
Ich kann mich noch gut an die Winter meiner Kindheit erinnern: Im Wohnzimmer gab es einen Ölofen, der wunderbare Wärme verbreitete. Aber in unsere unbeheizten Schlafzimmer mussten wir nachts eine Bettflasche mitnehmen. Ohne Zentralheizung spielte sich das Familienleben in Küche und Wohnzimmer ab. So war es jetzt in Ladakh, und doch ganz anders. Wegen des knappen Brennmaterials wurden die kleinen Holz- und Kerosinöfen erst im November herausgeholt, vorausgesetzt, die Familien konnten es sich leisten und hatten Platz dafür. Kerosin, Gas und Holz wird im Winter rationiert, es gibt nur eine bestimmte Menge pro Familie. Elektrische Geräte dürfen ab 15.11. nicht mehr benützt werden, außer TV und PC. Es wird strengstens kontrolliert, sogar mit Sanktionen. Beim Schreiben dieses Berichtes hockte ich in meinem Zimmer bei 13 °C, eine Wärmeflasche an den Füßen, in Decken gewickelt. Mir war nicht kalt, ich hatte mich daran gewöhnt.
Da ich bei unseren ganzen Reisen nach Ladakh noch nie richtig Zeit gehabt hatte, wirklich etwas vom Land zu sehen, ohne dabei zu arbeiten, wollte ich mir, zusammen mit meiner Kollegin Christine, einer Ergotherapeutin, eine Wochenendfahrt an den Tsi Moriri-See gönnen. Er liegt auf 4500 Metern Höhe etwa 180 Kilometer südlich von Leh in Richtung Manali, ein beliebtes Ausflugsziel für Ornithologen und bilderhungrige Touristen wie uns. Der öffentliche Government-Bus kostete hin und zurück nur 400 INR, etwa acht Euro. Ich hatte mir vorsichtshalber vorher noch eine dicke Daunenjacke gekauft, ein „North Face"-Remake aus Nepal für 20 Euro. Unser

Rucksack enthielt den Schlafsack, etwas Proviant und eine Flasche warmes Wasser.

Noch ein Wort zu den Ortsbeschreibungen und Namen: Mir fiel immer wieder auf, dass die Ortnamen gerade so auf den Wegweisern und Schildern erschienen, wie sie der jeweilige Schreiber für richtig hielt. Anfangs verwirrte mich diese Praxis ein wenig, aber ich gewöhnte mich daran, dass der Tsomoriri See auch der Tsimoriri See oder Tsi Moriri See sein konnte. Mit unseren Taschenlampen suchten wir um 5:30 Uhr morgens im Oktober unseren Weg durch das stille Leh, am Wegrand wollige Hundeknäuel in Träumen, und wiederkäuende Kühe, die uns nicht beachteten. Der kalte Wind pfiff uns um die Ohren, wir waren zu früh da. Man wusste hier nie, ob die Zeitangaben stimmten: Kam man um sechs Uhr, konnte es sein, dass der Bus schon weg war. Kam man um 5:30 Uhr, fuhr der Bus erst um sieben Uhr ab. Unsere Hoffnungen auf einen etwas komfortableren Bus zerschlugen sich, als wir das klapprige Gefährt mit seiner zerfetzten Einrichtung erblickten. Nun ja, schlimmer konnte es wohl nicht werden, dachten wir und kämpften um Plätze ganz vorne, die uns laut Platzkarte gar nicht zustanden. Aber die Ladakhis arrangierten sich mit uns und wir knatterten los.

Heute waren wir froh, dass wir zusammengequetscht zu dritt auf der engen Bank kauerten, denn es war sehr kalt und vor uns riss eine Frau ständig das Fenster auf, weil ihr schlecht war. Wer noch nie mit einem Government-Bus in einem Dritte-Welt-Land gereist war, muss verstehen, dass diese billigen Fahrten bei der Bevölkerung sehr beliebt sind und ausgiebig genutzt werden. Nicht nur zum Menschentransport. Nein, wir waren nicht von gackernden Hühnern umgeben (die überleben dort oben nicht), aber auf dem Dach des Busses und im Gang wurde alles transportiert, das im entlegenen Haushalt von Nutzen war: Gasflaschen, Kommoden, Säcke mit Mehl und Getreide, Radios in Stoff gewickelt und riesige, schmutzige Taschen mit undefinierbarem Inhalt. Außerdem hielt der Bus in jedem noch so kleinen Dorf und am Wegrand, um Menschen und Lasten aufzunehmen und abzugeben. Wir schauten interessiert zu und genossen die vielen kleinen Kinder mit schwarzen Augen, die mit ihren bunt gekleideten Müttern um uns herum hockten und geduldig und brav die lange Fahrt ausharrten. Die Sonne ging auf und anstatt von der beeindruckenden Bergwelt gefangen zu werden, ließen wir uns vom Schaukeln des Busses zu einem ausgiebigen Nickerchen hinreißen; und staunten hinterher, in welchen unbequemen Positionen Schlaf möglich war. Drei Stunden später hielt der Bus zum Frühstück, das wir bei einem freundlichen Tibeter einnahmen: Omelett mit Chapatis und Schwarztee. Während der ganzen Fahrt fiel mir eine sehr alte Frau auf, die in ihrem zerschlissenen, schmutzigen Ladakhi-Kleid die Strapazen der Reise auf sich genommen hatte. Allein die Bewältigung der Bustreppen nach unten bereitete ihr enorme Schwierigkeiten. Dann hockte sie sich in den Staub am Straßenrand, und als sie wieder aufstand, blieb eine dunkle Pfütze im Sand zurück.

Plötzlich fing es an, im Bus fürchterlich zu stinken. Beim nächsten Stopp beobachteten wir eine Mutter, die ihren kleinen Jungen mit nacktem Hinterteil über den Straßenrand hielt, er litt unter einem schrecklichen Durchfall. Seine Kleidung war völlig verschmutzt und die verzweifelte Mutter, die selbst einen kranken Eindruck machte, verfügte nicht mal über Wasser, um sich die Hände zu waschen. Ich schaute schnell weg, denn die Not der Mutter und meine Hilflosigkeit zerrissen mir das Herz.

Auf der Weiterfahrt verfolgten wir den rauschenden Indus tief in den Himalaya hinein, vorbei an Bergdörfern und abgeernteten Feldern. Ich spürte, dass mir das Atmen immer schwerer fiel, ich hatte wieder mein Asthmaspray vergessen. Wir kletterten höher und höher. Die Szene wechselte mit den Höhenmetern von hauptsächlich Ackerbau zu Viehzucht. Um Nomadenzelte tummelten sich Herden von Schafen, Yaks und Unmengen von Eseln und Pferden. Ich bemerkte gerade zu Christine, dass dieser Straßenabschnitt frisch geteert sein musste, als wir just in diesem Moment in einen holprigen, staubigen Feldweg einbogen, der uns schaukelnd bis zum Tsi Moriri-See führte. Große Hochachtung erfüllte mich vor diesen klapprigen Tata-Bussen, die diese Tortur jahrelang sicher überstanden und ihren Inhalt zuverlässig ablieferten. Es gab sehr wenige Unfälle, aber viele „Punctures“, Reifenpannen. Wir hatten Glück und auch ohne „Punctures“ waren wir froh, nach zehn Stunden nachmittags um 16 Uhr anzukommen, empfangen von wirbelnden Schneeflocken. Wir streckten unsere verkrampften Beine und Rücken und machten uns auf die Suche nach einer Bleibe. Als einzige Touristen dieser Jahreszeit fiel das nicht schwer. Von einem schwarz vermummten Gastwirt wurden wir in ein schmutziges, eiskaltes Erkerzimmer mit einem „wunderschönen" Ausblick auf den verschneiten See geführt. Wir schnappten unsere Kameras, streunten durch das Dorf und brauchten nicht lange zu warten, bis uns interessante Objekte vor die Linse trabten. Ein einheimisches Ehepaar in Tracht und mit breitem Grinsen auf den Gesichtern trieb eine Gruppe schwer beladener Esel vor sich durch den Schnee. Willig posierten sie auf unser Fragen hin und lachten herzlich, als wir ihnen die Aufnahmen auf dem Display zeigten. Inzwischen verzog sich die dunkle Schneewolke und die Sonne umriss gleißend weiße Berge, die den 4500 Meter hoch gelegenen See säumten und zauberte eine wilde, einsame Stimmung. Wir wanderten langsam am Ufer entlang und ich spürte wieder, dass mir die 900 Meter Höhenunterschied zu Leh zu schaffen machten.

Das Dorf Tse Moriri, bestehend aus etwa 52 Familien, lebte hauptsächlich von der Pferde- und Eselzucht. Es wieherte und scharrte überall und ein Kind ritt lachend im wilden Vollgalopp auf einem schwarzen Esel über die Felder.

Die Dunkelheit trieb uns in die unwirtliche Gaststätte und ein junger, dick vermummter Inder kochte für uns in der kleinen, düsteren Küche und ließ sich dabei Zeit. Unsere leeren Bäuche knurrten vor Erwartung, als leckere und würzige Gerüche in den kalten Speisesaal strömten. Durch die großen Fenster beobachteten wir die herein kriechende Dunkelheit und die kleinen Gestalten, die ihre Pferde in die Ställe brachten und andere wiederum herausführten.Mit entsprechendem Appetit verschlangen wir das vorzügliche Essen, bestehend aus Reis, Chapatis, Gemüse, Daal und tranken dazu heißen Tee. Ein größerer, gelber Vogel versuchte vergebens durch die Glasscheibe in die Stube zu gelangen und wir erahnten am Fensterbrett graue, huschende Gestalten. Die gruselige Umgebung stimulierte uns, noch gruseligere Geistergeschichten zu erzählen und damit verging die Zeit schnell.

Als wir mit allen unseren Klamotten ungewaschen in den Schlafsack krochen, bibberten wir vor Kälte. Der freundliche Inder klopfte an

unsere Türe und brachte uns zusätzliche Decken. Ich konnte fast nicht schlafen und bekam im Laufe der Nacht rasende Kopfschmerzen. Bevor es hell wurde, stand ich auf und spazierte im verschlafenen Dorf herum. Über Nacht hatte es fleißig geschneit und ich war gespannt, ob der Bus überhaupt fahren konnte. Meine Gedanken verstrickten sich in eisige Phantasien, ob und wie wir diese Kälte hier ein paar Tage durchstehen würden und ich traute mich nicht, diese Überlegungen weiter zu verfolgen.
Da entdeckte ich den Bus, unter dessen Motor ein kleines Feuer brannte, um ihn zu erwärmen. Davon hatte ich bis jetzt nur in Verbindung mit Sibirien gehört. Der Busfahrer und sein Begleiter schliefen im Bus, kochten dort ihre Mahlzeiten und wuschen sich im eiskalten Wasser vor dem Bus. Ich fragte nach, wann der Bus denn abfahren würde; er wackelte mit dem Kopf und meinte, gegen sieben Uhr. Sie klagten über die Kälte und boten mir einen Tee an, der gerade auf dem Beifahrersitz auf einem Kerosinkocher blubberte. Es schneite wieder und Christine erschien, dick vermummt. Wir versuchten immer noch, mit ein paar Schnappschüssen die Eindrücke einzufangen. Meine Kopfschmerzen wurden besser, als ich etwas trank.
Um sieben Uhr hockten wir als einzige Gäste im Bus und wunderten uns. Der Busfahrer hupte nun laut und anhaltend und endlich trudelten die Einheimischen langsam ein. Manche rannten, die meisten kamen lachend und schwatzend. Als der Bus um acht Uhr vollbeladen los tuckerte, schien die Sonne über die glitzernde Schneelandschaft und offenbarte uns ein Märchenpanorama, das uns die Sprache verschlug. Die vielen Stopps boten Gelegenheit, schnell ein paar Aufnahmen zu machen und die Beine zu vertreten. Wir hüllten uns in die Schlafsäcke und blieben so während der Fahrt warm. Ich fühlte mich mittlerweile wie eine Schneekönigin. Der ungepflegte Bauer auf der Bank hinter uns sprach während der gesamten Fahrt eifrig dem Chang, dem selbstgebrauten Bier, zu, um es genauso eifrig wieder aus dem Fenster zu befördern, begleitet von entsprechenden Geräuschen und Gerüchen.
Als wir nach erstaunlich genau 10 Stunden das „etwas“ wärmere Leh erreichten, ließen wir uns nicht davon abhalten, erst mal in einem unbeheizten, kalten Restaurant den Versuch anzugehen, das

warme „Chowmein“ auch noch warm in den Mund zu bekommen, und das alles mit einem schönen, kalten, indischen Bier hinunterzuspülen.

### Eine Geschichte am Rande

Viele Dinge passieren in Ladakh am Rande unserer Arbeit, die uns begleiten und beschäftigen. Sie haben nicht direkt mit der Arbeit zu tun, beeinflussen uns jedoch auf manchmal sehr eindrucksvolle Weise. In dieser Geschichte geht es um unseren kleinen Liebling Snoopy, ein kleines Hundebaby.

Jeder Ladakh-Reisende begegnet den vielen streunenden Hunden. Nachts schlafen sie in wolligen Knäueln am Straßenrand, tagsüber durchstöbern sie den Müll nach fressbaren Resten. In Ladakh gibt es kein Hundefutter zu kaufen, wir haben gefragt. Die Hunde tragen kein Halsband und laufen nicht an der Leine, sondern stromern frei herum, übernachten im Freien, vermehren sich ungehemmt und niemand kümmert sich um sie. Manche Hunde kann man Häusern zuordnen und sie sind zutraulich und „gezähmt“. Das sind die wenigen glücklichen Hunde. Sie bekommen wenigstens ab und zu Essensreste und ein paar Streicheleinheiten.

Im Komplex unserer Personalwohnungen wohnte eine ältere Lehrerin, die seit Jahren zwei bis drei Hunde pflegte und sich um sie kümmerte. Im Winter durften die Tiere sogar bei ihr in der Wohnung übernachten. Letztes Jahr starb einer dieser alten Hunde und prompt tauchte eine junge Hündin auf, die im Garten hinter dem Haus vier Junge warf. Drei davon starben nach kurzer Zeit und es blieb ihr ein Wollknäuel zum Aufziehen. Ich lernte „Petticoat“, die Hündin, bei meinem Besuch im Oktober 2006 kennen. Eine hübsche, zutrauliche junge Dame, die sich aufopfernd um das grunzende, kleine Wollknäuel kümmerte. Sie erlaubte mir und meinen Kolleginnen, das Wollknäuel herumzutragen und zu streicheln und erhielt dafür immer ein paar Leckerbissen. Argwöhnisch von „Petti“ beobachtet, tauften wir die Kleine „Snoopy“ und liebten das tapsige Hundebaby innig. Wir beobachteten ihre ersten wackligen Schritte und sie knurrte uns mit hellem Babyknurren unsicher an, wenn wir uns ihr näherten. Mit ihrem piepsigen Gebell forderte sie Aufmerksamkeit und bald schon tapste sie uns überall hin nach und ihre Mama hatte große Mühe, die Kleine im Zaum zu halten. Ich flog im November zurück nach Deutschland, erkundigte mich jedoch regelmäßig nach Snoopy.

„Sie wächst", hieß es, „und sie läuft schon im Rudel mit, wenn es unterwegs ist." Die Freiwilligen vor Ort hatten schon Sorge um die Kleine, denn durch ihre tollpatschige Unerfahrenheit war sie den Gefahren geradezu ausgesetzt. Autofahrer nehmen keine Rücksicht auf kleine Hunde.

Ich erkundigte mich immer wieder nach Snoopy und erhielt im Januar 2007 die niederschmetternde Nachricht, dass sie leider gestorben war. Auf dem Weg zur abendlichen Mahlzeit in eines der wenigen offenen Restaurants kamen die Physios an Petticoat vorbei, die ihr totes Baby bewachte, einfach so am Straßenrand. Die Todesursache war nicht erkennbar. Vielleicht hatte sie Gift gefressen oder war eine hohe Mauer runter gefallen, wer weiß. Auf dem Rückweg hockte die Hündin immer noch über Snoopy – und schien an ihr zu nagen. Die Therapeuten dachten, der Hund wollte den Kadaver fressen und wanderten traurig heim. Noch viel schlimmer war, als sie nachts Petticoat vor der Wohnung entdeckten, mit ihrem toten Baby. Das augenscheinliche Nagen der Mama war nichts anderes als ein Versuch, ihr Kind nach Hause zu zerren, den ganzen, langen Weg. Die Kollegen haben die Tiere dann unter die Treppe (Petti und Snoopys Schlafplatz) gebracht, da Petti ganz unruhig war und ständig jaulte. So hat sie dann für die Nacht etwas Ruhe gefunden. Am nächsten Morgen beerdigten sie Snoopy im Garten, als Petti weg war und nicht mit bekam, wo das Grab war. Wieder zurück, suchte sie ihr totes Hundekind die ganze Zeit mit trauriger Miene und hängendem Kopf. Es war für uns alle ein Schock, denn wir hatten sie sehr ins Herz geschlossen und uns an ihre fiepsige Art gewöhnt.

Petticoat begleitete die Freiwilligen hinterher bei allen Spaziergängen, begrüßte sie schon vor dem Hoftor schwanzwedelnd, wenn sie abends von den Hausbesuchen zurückkamen und hielt vor der Türe Wache. Feste Freundschaften wurden geschlossen.

## Ein kleines Wunder in Ladakh

Unsere Arbeit in Ladakh konfrontiert uns sehr oft mit unheilbar schwerkranken Kindern, denen wir bestenfalls bei der Verbesserung der Lebensqualität und der körperlichen Gesundheit beistehen können. Oft müssen wir hoffnungsvollen Eltern die niederschmetternde Nachricht mitteilen, dass für ihr Kind keine Aussicht auf Heilung besteht. Deswegen freuen wir uns über jeden Fortschritt in einer Therapie. Ganz besonders berührte uns die Geschichte eines jungen Mönchs, für den es keine Hoffnung gab.

Tarchin lebt in Sheyok, einem entlegenen, malerisch schönen Dorf. Als wir ihn 2005 zum ersten Mal aufsuchten, war er 29 Jahre alt. Nach einem Unfall 2001 mit dem Motor-Skooter lag er mit schwerer Hirnblutung zuerst im Krankenhaus, dann wurde er als Pflegefall nach Hause geschickt. Dort verbrachte er vier Jahre lang in einer dunklen Ecke seines Hauses am Boden liegend, unfähig sich zu bewegen und zu sprechen. Seine Eltern, einfache Bauern, versorgten ihn so gut sie konnten, seine Mutter brachte ihn auf ihrem Rücken mehrere Male täglich aus dem Haus zur Toilette. Der Vater litt sehr unter diesem Schicksalsschlag und nutzte immer öfters den Weg über den Alkohol zum Ausstieg aus dem Leid, wie so viele andere Väter mit ähnlichen Problemen.

Vor seinem Unfall war Tarchin ein angesehener Mönch. Direkt dem Rinpoche des Klosters unterstellt, übte er eine privilegierte Stellung aus. Rinpoche ist ein Ehrentitel für einen buddhistischen Mönch, häufig ein bewusst inkarnierter Lama.

In Bewegungs- und Handlungsunfähigkeit gefangen, vegetierte Tarchin gelähmt und krank, ohne Aussicht auf Hilfe, auf seinem dunklen Platz vor sich hin. Wie die deutschen Therapeuten der Ladakh-Hilfe 2005 auf ihn aufmerksam wurden, kann niemand mehr nachvollziehen. Aber auf einmal waren sie da und kümmerten sich um ihn. Sie zeigten ihm Übungen, brachten ihm Therapiematerial, gaben ihm Stift und Papier und ermutigten ihn zu Sprechübungen. Als im Sommer 2006 die Therapeuten von Ladakh-Hilfe zurückkehrten, erkannten sie anhand des Befundes Tarchins große Fortschritte. Er schien motiviert. Wenn auch zittrig, war er in der Lage, seine Hände zu bewegen und das Sprechen machte Fort-

schritte. Aber das Problem mit den Toilettengängen bestand, denn seine alte, kleine Mutter musste ihn immer noch nach draußen tragen.
Jetzt krempelten Therapeuten und Patient die Ärmel hoch und Tarchin lernte schweißtreibende Kriechübungen. Sie richteten ihn auf und banden ihn mit Bändern an einen Pfosten im Haus. Zum ersten Mal seit Jahren stellte sich in der Aufrichtung verlorenes Körpergefühl wieder ein und er konnte die Welt so sehen, wie er sie liebte. Die Stehübungen weckten die kleine Glut der Hoffnung, endlich wieder einmal gehen zu können. Nach drei Tagen Therapie konnte der Mönch wieder seine buddhistischen Mantras singen und ein paar Schritte mit viel Hilfe gehen. Da Sheyok in einem sehr abgelegenen Tal liegt, war es den Therapeuten leider nur bedingt möglich, diesen Patienten regelmäßig zu betreuen. Durch lange Gespräche mit dem Dorfbürgermeister und den Eltern versuchten sie, leider erfolglos, vorübergehend einen Heimplatz in Leh für Tarchin zu organisieren, um ihm eine kontinuierliche Therapie zu gewährleisten. Dieses Unternehmen scheiterte an den komplizierten Strukturen, mit denen die Ladakh-Hilfe immer wieder zu kämpfen hat. Es gibt einfach niemand, der zuständig ist, und es existiert kein Heim, das solche schwer behinderten Menschen aufnehmen kann.
Das Schicksal dieses jungen, bemerkenswerten Menschen stimmte die Therapeuten sehr traurig und sie verabschiedeten sich mit gemischten Gefühlen: Traurigkeit über die schwierige Ausgangssituation, aber dennoch Hoffnung angesichts des unglaublichen Optimismus und der Motivation des Patienten. 2007 im Februar kamen sie wieder. Im ganzen Ort und auch im Haus des Mönchs herrschte eine ruhige und friedvolle Atmosphäre. Niemand der Familie wusste, dass die Physios heute ankommen und auch gleich zwei Nächte ihre Gastfreundschaft in Anspruch nehmen würden. Da es keine Telefonanschlüsse im Ort gab, konnten sie ihre Ankunft nie mitteilen. Trotz des Überraschungsbesuches wurden die Therapeuten empfangen, als ob sie schon lange erwartet worden wären. Sie brachten Nüsse, Trockenfrüchte, Zwiebeln und Karotten mit, um wenigstens etwas zu ihrer Verpflegung beitragen zu können. Für Konchok Tarchin besorgten sie einen roten Pullover, da die Mönche immer diese

Farbe tragen. Die Mutter servierte ihnen Chai (süßer Tee mit Milch) und Chapatis. Nach der Stärkung starteten sie mit der ersten Therapiesitzung. Die Unterlagen und Befunde der Therapeuten werden immer weitergegeben an die Nachfolger, also war die Gruppe über Tarchins Probleme bestens informiert. Und jetzt waren sie wirklich erstaunt über die Fortschritte. Tarchin brauchte zwischen den Kräftigungs- und Koordinationsübungen der Beine immer wieder eine kurze Pause. Seine Konzentrationsfähigkeit und -dauer war seit dem Unfall herabgesetzt. Die Mutter (auch schon über 60 Jahre alt) trug ihn immer noch auf ihrem Rücken nach draußen, um ihn zum Klo zu bringen. Die Therapeuten beschlossen, Tarchin nicht zurück zu tragen, sondern mit viel Unterstützung am Becken gehend ins Wohnzimmer zu begleiten. Müde und glücklich saß der Mönch an seinem gewohnten Platz am Fenster des Wohnzimmers.
Eine weitere Therapieeinheit mit dem Theraband wurde gestartet. Diesmal waren Tarchins Rücken-, Schulter- und Armmuskeln gefordert. Sie übten mit ihm auch das Werfen und andere koordinative Fähigkeiten der Hände. Der zweite Teil der Behandlung galt wieder seinen unteren Extremitäten. Das Aufstehen, Stoppen und Absitzen musste noch oft geübt werden. Die Türschwellen wurden für ihn eine große Herausforderung, die sie jedoch gemeinsam meisterten. Der primitive Übungsstab an der Hofmauer ähnelte einer Haltestange. Tarchin versuchte sich im Halten des Gleichgewichts und dem Seitwärtslaufen. Anstelle eines Gehbocks hielt sich der Mönch an einem Plastikstuhl fest. Diesen schob er nach vorne, um ihm schrittweise zu folgen. Als Alternative zu einem Gehbock oder Rollator klappte diese Methode recht gut. Vielleicht schaffen es die Therapeuten, gepaart mit der Motivation des Mönches, irgendwann das Wunder zu vervollständigen. Vielleicht kann er bald wieder selbständig gehen und sogar – was für ein wilder Traum – seine Tätigkeit im Kloster wieder aufnehmen.
Dann wird in dieser ladakhischen Familie und bei den jungen, deutschsprachigen Menschen, die an Tarchins Leben teilhaben konnten, ein Gefühl der Menschlichkeit und Zusammengehörigkeit zurück bleiben, das über alle kulturellen und geographischen Grenzen hinaus für immer als solide Brücke Bestand haben wird.

## Todesfälle

Wir hörten von Cynthia, dass Dorje Lamo, das geistig behinderte Mädchen, im Herbst 2006 im Gebirgsfluss ertrunken war. Ihre Leidenschaft „Wasser“ war ihr zum Verhängnis geworden. Diskit aus Kurambik sollte ihr im Winter folgen, sie starb an einer Lungenentzündung, nachdem ihre Mutter verzweifelt versucht hatte, noch die richtigen Medikamente zu besorgen. Aber die Wege sind zu lang und beschwerlich und der Tod wartet nicht.

## Der Selbstläufer

Der ersten freiwilligen Physiotherapeutin im August 2004 folgte eine große Schar von weit über 70 Therapeuten, die teils über mehrere Monate hinweg unentgeltlich die behinderten Kinder und Erwachsenen in Ladakh betreuten, und viele werden noch folgen.
Es bewegt mich sehr, wenn ich mir anschaue, mit welchem Einsatz und Hingabe diese jungen Menschen das Hilfsprojekt gefördert haben und heute noch tragen. Mir scheint es wie einer dieser Selbstläufer zu sein, den man nicht mehr in der Hand hat, sondern der wächst und wächst und sich in alle Richtungen ausdehnt, seine eigenen Gesetze kreiert und sich selber organisiert. Ich fühle mich meist nur wie ein kleiner Punkt dazwischen, der immer wieder „Impulse“ in alle Richtungen schickt, ähnlich eines großen elektrischen Netzes, das miteinander verbunden ist.
Dabei ist es auch nicht verwunderlich, wenn Dinge in diesem Netz passieren, die pure Zauberei zu sein scheinen, aber im Grunde nichts anderes sind als selbstlose Eigeninitiative der Leute untereinander und Liebe zum Menschen. Die zweite Therapeutin, die sich entschlossen hatte, ein ganzes Jahr in Ladakh zu bleiben, brach ihren Einsatz nach acht Monaten aus familiären Gründen ab und kehrte nach Deutschland zurück.
Die Therapeuten schicken mir die Berichte über ihre Einsätze in Ladakh. Ich stelle sie samt Bildern auf unsere Homepage. Die „Ehemaligen“ lesen die Berichte und handeln, die „Zukünftigen“

informieren sich über dieses Medium über den neuesten Stand der Dinge.
Physio-Camps fanden in fast allen Teilen Ladakhs für die Healthworker statt. Alle noch so entlegenen Gebiete Ladakhs wurden 2007 besucht, die Bedürfnisse der Behinderten und ihrer Familien ausgekundschaftet und Hilfe veranlasst. Alle auf den Reisen neu entdeckten Kinder und ihre Probleme werden dokumentiert und zusammen mit anderen Hilfsorganisationen und dem C.M.O. (Chief Medical Officer) besprochen. Der C.M.O. schickt uns zu Kindern, die er über seine Kanäle ausfindig macht, die Zusammenarbeit klappt meistens, nicht immer. Viele Abmachungen geraten schnell in Vergessenheit, das Personal wechselt und damit die Motivation.

Deswegen geht das „kleine Wunder in Ladakh", die Geschichte unseres Mönches Tarchin in Sheyok und die vieler anderer Menschen immer weiter. Zwei Freiwillige, die im Frühjahr 2006 in Ladakh waren, lasen in der Homepage über Tarchins Zustand und brachten Anfang Mai 2007 im Rahmen eines privaten Urlaubs für Tarchin einen Rollator aus Deutschland mit. Dieses Hilfsmittel bot dem Mönch nun die Gelegenheit, noch intensiver und besser üben zu können.

Freiwillige aus anderen Ländern meldeten sich. Mit einer Gruppe kanadischer Ergo- und Sprachtherapeutinnen arbeiteten wir 2007 und 2008 im Frühsommer sehr erfolgreich zusammen, das Gleiche mit einem amerikanischen Physiotherapeuten, der uns im September 2007 begleitete. Und alle wollen wieder kommen und helfen.

**Die Angestellten und der Jeep**

Da mir bei meinem vierten Ladakhbesuch im Oktober 2006 schon die Idee von einem eigenen Jeep im Kopf herum spukte, wollte ich einen Fahrer für unseren zukünftigen Jeep einstellen, der sich eingewöhnen und dann die verantwortungsvolle Aufgabe übernehmen sollte, die Therapeuten zu ihren Bestimmungsorten zu transportieren. Dieser Fahrer sollte auch übersetzen können und den Therapeuten bei der Arbeit zur Hand gehen. Aber die Suche gestaltete

sich ziemlich schwierig, der Fakt „Behinderungen" konfrontierte die Ladakhis mit Unbekanntem und einer Tatsache, die bis jetzt größtenteils ignoriert worden war. Aber wieder kam uns der Zufall zu Hilfe. Der Taxifahrer, der uns in den letzten Jahren bei vielen Einsätzen sicher gefahren hatte, erzählte von einem Verwandten, der einen Job suchte. Tundup war schon über 30 Jahre alt, sehr ruhig und wollte mit uns arbeiten. Die Kolleginnen testeten ihn eine Weile und wir stellten ihn im Frühjahr 2007 ein.
Da Dolkar unbedingt eine große Ausbildung zur Physiotherapeutin anstrebte, gab ich ihr zur Auflage, dass sie vorher noch einen Ersatz für sich finden musste, der ihre Arbeit übernehmen konnte. Chuskit, eine selbstbewusste junge Frau mit Führerschein, schloss sich uns nach einer Testzeit im Juni 2007 an. Alle einheimischen Angestellten geben ihr Bestes und haben mittlerweile ihr Herz an die Arbeit mit behinderten Kindern in Ladakh verloren.

Nachdem der Skooter 2006 als großer Fortschritt für die Mobilität der Therapeuten gewertet wurde, kam die Ernüchterung im Winter. Es war einfach zu kalt, um mit dem Roller durch die Gegend zu fahren. Auch die Therapeuten erkannten nun die Notwendigkeit eines Jeeps und gemeinsam setzten wir alle Hebel in Bewegung.

In dieser Gemeinsamkeit waren wir stark, schöpferische Energie machte das Unmögliche möglich.
Die Ehemaligen sammelten, wir klopften an und überzeugten. Endlich war das Geld da, eine erstaunliche Leistung. Aber nun galt es, die neue Hürde zu meistern und den passenden, neuen Jeep überhaupt nach Leh zu bekommen. In Ladakh kann man nicht einfach zu einem Autohaus gehen und ein Auto kaufen, so etwas geht schlichtweg nicht. Sicherlich wurden uns gebrauchte Wagen angeboten, aber viele Freunde warnten uns vor einer solchen Investition. Jeder half beim Suchen, aber ohne Erfolg.
Bis Mr. David eingriff, der sich mittlerweile selbständig gemacht hatte und die Sache in die Hand nahm. Innerhalb eines Monats stand unser nagelneuer, schwarzer, geräumiger Jeep im Hof und kostete keinen Cent mehr, als uns zur Verfügung stand. Seit September 2007 repräsentierten sich die Ladakh-Hilfe und „REWA SOCIETY

Ladakh Disabled Children's Group" mit diesem Fahrzeug und die Therapeuten schwärmen über diesen mobilen Fortschritt, Komfort und die vielen neuen Möglichkeiten.

Die Gründung einer einheimischen Society als N.G.O. (Non governmental organisation) wurde im Sommer 2007 zu einer Pflichtaufgabe, denn unsere Aufgaben explodierten und somit die Verantwortung. Bei offiziellen Stellen hat ein einheimischer Verein viel mehr Gewicht, es gibt eine Registrierungsnummer, nach der gefragt wird, der Einfluss wird größer, mehr Türen öffnen sich.
Nicole, die zum dritten Mal als Freiwillige in Ladakh arbeitete, erreichte im Sommer 2007 Unglaubliches und organisierte zusammen mit Mr. David die Vorbereitung zur Gründung der „REWA SOCIETY Ladakh Disabled Children's Group". Sie setzten Statuten auf und suchten nach geeigneten einheimischen Mitgliedern. Wir konnten Eltern von Behinderten, Ärzte und Freunde für die Mitarbeit in der neuen Society gewinnen.
REWA wurde 2008 mit ausschließlich einheimischen Mitgliedern, zu denen auch unsere Angestellten zählen, offiziell gegründet. Das war ein weiterer Schritt, die Verantwortung für die Behinderten des Landes in die Hände der Einheimischen zu verlagern.

**Rigzin 2008**

Sie lebt mit ihrer Mutter, Schwester und Großmutter seit drei Jahren in Leh. Unser „Urkind" Rigzin wurde 2007 bei einem Besuch des Dalai Lama in Leh in Stanzin umbenannt. Alles unterliegt der Veränderung, entzieht sich der Kontrolle, auch Rigzins schöner Name. Durch ihre schwere Behinderung wird sie nie laufen oder fließend sprechen können. Eine Freiwillige brachte ihr aus Deutschland einen Geländebuggy, mit dem ihre Mutter das immer größer werdende Kind durch Leh schieben kann, da sie zu schwer zum Tragen wird. Rigzin-Stanzin liebt Gesellschaft, nimmt aufmerksam und aktiv am Leben teil. Sie erkennt die Menschen, grüßt sie, beobachtet genau. Zwei- bis dreimal in der Woche wird sie im MAC therapiert, steht im Stehständer und kann selbständig essen. Sie verständigt sich mit ihren eigenen Lauten, kommuniziert mit den Kindern und den Erwachsenen. Rigzin-Stanzin erhält gute Nahrungsmittel, gedeiht und ist sauber gekleidet. Sie lacht voller Freude und Leben. Ihre Schwester wird von uns mit einem Schul- und Internatsplatz gefördert, sie gedeiht offensichtlich und glänzt als ausgezeichnete Schülerin. Die Disziplin und Fürsorge im Hostel veränderten das wilde kleine Bergmädchen in ein verantwortungsvolles, zielstrebiges Kind. Sie hatte eine Chance für ihr Leben erhalten und angenommen.

## Immer mehr Patienten

Die Arbeit der Ladakh-Hilfe/REWA spricht sich herum. Wenn unsere Freiwilligen zusammen mit den Leuten von NIRLAC im Sommer in die entlegenen Gebiete reisen, um „ihre" Kinder zu besuchen und zu behandeln, werden sie immer wieder zu neuen Kindern in wieder anderen Dörfern geführt. Mittlerweile übernehmen unsere einheimischen Angestellten die Organisation der Fieldtrips und kümmern sich zusammen mit unseren Therapeuten um die Kinder, leisten ausgezeichnete Übersetzungs- und damit Verständnisarbeit. Auch betroffene Erwachsene erhalten von uns Hilfe und Behandlung. Die Armut mancher Familien sorgt dafür, dass Kinder krank werden, wie beispielsweise der kleine Lobzang, der im Sommer 2008 mit einem schweren Hüftschaden durch Knochentuberkulose in Zanskar entdeckt wurde und die nächsten Jahre sehr viel Hilfe und Unterstützung brauchen wird. Unsere NGO REWA wird in diese Aufgaben eingeführt.

## Viele Brücken nach Ladakh

„Du bist eine Brückenbauerin", sagte meine Freundin Yvonne einmal zu mir. Sie hatte recht. Ich liebe ein Leben, in dem ich mich weit ausstrecken kann, Hand in Hand mit vielen etwas Neues zu erschaffen, zu helfen und zu träumen.
Zusammen mit Jürgen baute ich die erste Brücke nach Ladakh.
Der Strom der Freiwilligen, Freunde und Gönner bauten die Brücken aus, festigten und vervielfältigten sie. Diese Brücken tragen viele Namen: Brücken der Freundschaft, der kulturellen Begegnung, der Liebe zu Land und Leuten. Es sind Brücken der

Hilfsbereitschaft von Menschen, die sich mit bereitwilligen Händen und offenem Herzen den liebenswerten Kindern Ladakhs widmen und dabei ihre eigenen Grenzen kennen lernen und nicht selten großes Glück finden.

Seit einiger Zeit begleitet das Lied „Caravans" von Mike Batt mein Leben. Jedes Mal, wenn ich es höre, schwingt eine innere Seite voller Sehnsucht und Fernweh. Beim Liedtext „Moving out into the sun, oh I don't know where I am going, but I'm going" weiß ich, dass es meinen inneren Zustand widerspiegelt. Ich weiß nicht, wie es in Ladakh weiter gehen wird. Ich weiß nicht, was das Leben mit mir vorhat, aber eines weiß ich: Ich bleibe in Bewegung, meine Rolle im Schauspiel des Lebens ist noch nicht zu Ende.

Die Zeit wird ihre Geheimnisse offenbaren. Zusammen mit den Reisegesellen, die uns für den jeweiligen Abschnitt zur Seite gestellt werden, wandern wir weiter, Hand in Hand und in Zuversicht, dass wir alle in einem großen Plan geborgen sind.

Ladakh, du hast gerufen. Du bist ein Land mit vielen Religionen – und einem großen Gott, der seine Kinder liebt.

Der Wind weht am Sengge La und an der Donau. Gebete kennen keine Grenzen und werden überall erhört. Die Welt ist die Bühne und jeder spielt seine Rolle im globalen Schauspiel.

**Auf dem Hügel**

Auf dem Hügel sehe ich die Welt,
in der Höhle bin ich geborgen,
auf dem Hügel bin ich ungeschützt,
in der Höhle brauch ich nicht zu sorgen,
dort oben bläst der Wind durch meine Haare,
unten ist es ruhig und warm,
nachhinein im Blick auf viele Jahre,
schön ist's diese Plätze zu haben,
Geborgenheit und Zuflucht ohne Harm.
– Was ist es dann, das mich immer öfters treibt,
hinauf zum Hügel, zum Schauen,
zum Schnuppern,
neugierig bleibt die Sonne hängen an meinem Gesicht,
die Stürme, sie jagen die Wolken in Schatten über das Land,
die Flüsse glitzern und schimmern,
schlängeln ein gläsernes Band,
Wälder ächzen und stöhnen, singen ihr uraltes Lied,
Wiesen saftig grünen,
Nebel, der Schleier der Braut, über die Seen zieht,
Städte am Horizont, die Sonne verschlingt sie mit ihrem Feuer.
Am Abend der silberne Wächter ein Traumland zaubert,
von Feen durchwirkt, kostbar und teuer.
Diamanten am Himmel glitzern und zittern,
die Unendlichkeit so greifbar nah.
Ich gehe auf den Hügel, kein Tag gleicht dem anderen,
unzählige ich davon sah,
reiche dem Sturm die Hand, trinke die Sonne,
weiß nicht was kommt,
fühle mich wohl mit solchen Gefährten, das Herz voller Wonne!
Sie zeigen mir dies, bringen mich dorthin,
lehren mich die Schöpfung lieben,
machen mich eins mit ihr,
warum denn in der Höhle liegen,
in Sicherheit,
wenn der Himmel offen ist und mich das Leben küsst?

Karola Kostial, 1997

## Ebenfalls im Wiesenburg Verlag erschienen:

*Der Wald flüstert Geschichten,*
*Gedichte fallen von den Bäumen . . .*

Mit ihren unglaublichen Geschichten entführt die Autorin Karola Kostial in Welten so bunt wie das Leben und so abwechslungsreich wie das Jahr. Ihre Liebe zur Natur drückt sie auf eine bestechende klare Weise aus, nimmt den Leser an der Hand, führt ihn durch den Wald oder um den See und entblättert mit einfühlsamen Worten die Geheimnisse der Donauauen. Spannende Erlebnisse mit Menschen und Tieren wechseln mit sinnigen Gedichten und philosophischen Gedanken, kleine Leckerbissen für Jedermann und jede Gelegenheit.

ISBN 978-3-942063-28-9 • € 14,80